国家出版基金资助项目
"十三五"国家重点图书出版规划项目

罗 波◎著

新龙『夹坝』的历史与文化解读

芒野东南的民族丛书（系列二）

何国强 主编

·广州·

版权所有　翻印必究

图书在版编目（CIP）数据

新龙"夹坝"的历史与文化解读/罗波著. —广州：中山大学出版社，2016.12

（芜野东南的民族丛书/何国强主编. 系列二）

ISBN 978-7-306-05894-2

Ⅰ. ①新… Ⅱ. ①罗… Ⅲ. ①藏族—民族文化—研究—新龙县 Ⅳ. ①K281.4

中国版本图书馆 CIP 数据核字（2016）第 267418 号

出　版　人：徐　劲
策划编辑：嵇春霞
责任编辑：嵇春霞
封面设计：林绵华
责任校对：李艳清
责任技编：何雅涛
出版发行：中山大学出版社
电　　话：编辑部 020-84111996，84113349，84111997，84110779
　　　　　发行部 020-84111998，84111981，84111160
地　　址：广州市新港西路135号
邮　　编：510275　　　　传　真：020-84036565
网　　址：http://www.zsup.com.cn　E-mail: zdcbs@mail.sysu.edu.cn
印　刷　者：佛山市浩文彩色印刷有限公司
规　　格：787mm×1092mm　1/16　16.25 印张　277 千字
版次印次：2016 年 12 月第 1 版　2016 年 12 月第 1 次印刷
定　　价：48.00 元

如发现本书因印装质量影响阅读，请与出版社发行部联系调换

苟怀四方志，偏向边地行
（代序）

何国强

文化人类学在西方主要是研究海外民族的。中国引入这门学科时，学者们也是到民族地区做调查，了解异域的文化。例如，1929年调查广西凌云的瑶族，1930年调查松花江下游的赫哲族。到了1933年，燕京大学社会学系推行社区研究方法，派遣师生到内地和沿海做调查，开辟了该文化的实证研究方向。从此，中国民族学有了两种教学研究倾向或南北学派的划分。

虽然南派醉心于民族地区的简单社会，北派专注于汉族地区的复杂社会，但从整个学科来看，这种"自然分工"是可以接受的。1952年全国高校院系调整，南北两派不复存在，中国民族学回到南派的研究旨趣——只调查少数民族，不调查汉族，但理论指导已经有所不同。改革开放改善了这一局面，继1987年召开汉民族研讨会，更多的人开始到汉族农村做调查。回顾中国民族学走过的路程，学科的目标始终没有发生变化，那就是以田野调查方法为主，研究少数民族的文化，同时兼顾汉族的文化。

之所以如此，是因为中华民族乃一个整体，由几十个少数民族和汉族长期融合而成。各民族间，尤其是少数民族与汉族间的联系很密切。汉族人口众多，主要集中于内地和沿海；少数民族人口较少，主要分布于西部省份和边疆地区。少数民族在伟大祖国的创造与发展过程中尽到了光荣的责任，而且少数民族的民族数量多、文化类型多、占有资源多，所以民族学的首要研究目标是少数民族。但是，这种研究不能采用"单轨"的方式，因为如果只研究少数民族而不研究汉族，许多问题就弄不清楚；反之，亦然。另外，即使两者都研究，也不能平列对待。外国人类学家到中国来做实证研究，与我们面对的情况不同，无论调查汉族还是研究少数民族，在他们看来都是异文化。

研究民族主要是研究民族的文化属性，而不是研究其体质或其他自然属性。文化总是流行于确定的地域，受空间框架的限制；并且在历史长河中沿袭，受时间框架的限制。在时空条件的制约下，文化通过群体行为的传递和民族心理的投射有了固定的模式，因此，研究文化就是要寻找作为其底蕴的模式及其成因。为了揭示文化性质与时空因素的关联,有必要采用"区域文化"的概念来反映实际情况。例如,少数民族有自己的区域文化(藏文化、纳西文化等),汉族也有自己的区域文化(客家文化、福佬文化、广府文化等)。

国内区域文化的研究与黄淑娉的名字分不开。黄先生在50年的田野调查经历中,"前四十年研究异文化,后十年研究本文化"①,研究重点可想而知。她说:"对少数民族的调查研究使我深感汉族人类学研究的重要性……当我从研究异文化转到研究本文化时,发觉先前对少数民族的田野调查和研究为我的汉民族研究打下了很好的基础……对人类学理论有进一步的体会。"② 这就拓展了杨成志"在中国搞人类学,非到少数民族地区调查就很难成功"③ 的观点。笔者不惑之年受业于黄先生,继而在中山大学人类学系从教,受南北两派思想潜移默化的影响,滋生了研究两种区域文化的志趣。这种志趣推动着自己在青藏高原东部和东南部做调查,也调查广东省的汉族文化。笔者通过指导研究生深入实地调查研究,达到了为中国民族学培养人才、传承研究志趣的目的。

区域文化研究是探讨民族文化的源流关系、空间分布、内在结构、外在条件、功能特性和类型归属,从而揭示民族文化的共同性和差异性的一门学问。根据研究范围的大小,可将其分为三类,即宏观研究以全球民族文化为对象、中观研究以一国或一大地区的民族文化为对象、微观研究以局部地区的民族文化为对象。《羌野东南的民族丛书》是中观研究的成果,其中每本书所涉及的某一局部地区的一个主题则属于微观研究的成果;根据层级节制的原则,研究青藏高原东南部的民族属于宏观的区域文化研究之组成部分,其中每本书则属于中观的区域文化研究之一部分。

从技术上看,研究区域文化要讲规则。首先,一种民族文化是该民族所处的自然环境及其应对方式的交响,所以,在相似环境中的民族可能有同类型的文化,也可能没有;置身于不同环境的民族的文化类型可能不同,也可能相同。此处并不想引申这个原理,只想强调有些因素可以在书斋里慢慢品味,但民族文化非亲临其境不能完全了解,因此要坚持田野调查。

其次,区域文化是会成长、移动和变迁的,许多特质是通过民族迁徙、商贸往来、族际通婚甚至战争或征服等事件来传播的,又通过当地人的采借或抵御而产生不同程度的民族交融的结果。文化的变动性决定了区域文化研究必须

---

① 周大鸣、何国强主编:《文化人类学理论新视野》,国际炎黄文化出版社2003年版,第288页。
② 黄淑娉:《从异文化到本文化——我的人类学田野调查回忆》,见周大鸣、何国强主编《文化人类学理论新视野》,国际炎黄文化出版社2003年版,第302页。
③ 杨成志:《我与中山大学人类学系》,见《杨成志人类学民族学文集》,民族出版社2003年版,第549页。

持以动态的观点，既要注重空间的变化，也要注意时间的变化。动态观点要求把当前的文化现象作为历史的结果和未来发展的起点，要求研究不同发展时期和不同历史阶段民族文化的发生、发展及其演变规律。这不仅是区域文化研究本身的需要，而且也是这门学问在国家建设、区域开发中发挥作用的需要。

最后，区域文化的多样性决定了研究方法的多样化。从静态来看，大致有三种方法：①野外调查（或称"田野工作"）；②室内分析、综述和模拟相结合；③用正确的预设来统率材料。三者当中，田野工作无疑是最重要的，因为大部分数据和第一手资料来自于它。从动态来看，大体有三个步骤：①形成预设，指导调查并接受实证材料检验；②参与观察、收集材料、增加感受、检验或修正预设；③撰写民族志。三者是循序渐进、不断深化的过程。

以动态的观点来解释静态的社会结构需考虑文化的层次性。也就是说，物质的、制度的和精神的文化是互相作用的，周而复始就形成了惯性。传统就是一种带有惯性的文化，不论它最初是怎么形成的，原动力来自何方，一旦形成传统，其自身就成为影响历史的独立因素。传统文化有保守的功能，也有进步的功能。后者主要是对社会起稳定作用，以舒缓现代化带来的张力。因此，区域文化研究应关注四点：①族源与族体，如收集各种关于起源的传说、记录民族迁徙的故事、进行活体测量等；②物产、资源与当地人对其利用，了解其生产特点、经济结构与生活习俗；③随着生产力的提高、交通与信息条件的改善以及地区间、民族间经济文化联系的增强，民族融合与同化程度加深；④国家的民族政策内容和实施效果，行政区划和管理权限的变动与保持民族文化完整性的关系，当地民族的评判标准与评价内容。关注文化的层次性有助于国家制定科学的民族政策，更好地开发当地资源，促进民族团结，保持国家的统一；同时，有助于相关学科的建设，推动民族教育、民族地理、民族史等研究的发展。

研究青藏高原东南部的区域文化，需注意地理、民族、经济、政治、文化的互相纠缠。这片区域覆盖中国西南部、缅甸北部和印度东北部，生活着十几个民族。其中，居住在中国境内的有藏族、门巴族、珞巴族、纳西族、彝族、傈僳族、景颇族、白族、普米族、独龙族、怒族、傣族等民族，各个民族均由部落构成。这些民族的语言均属于汉藏语系，但有缅藏语族和壮侗语族之分。前者又有藏语支、景颇语支、彝语支和未定语支之分，后者则仅有壮傣语支。这片区域也是中、印、缅三国毗连的地方，边境上有些地段没有正式划界，和平时期边境民族可以自由往来。由于各种原因，当地经济和文化相对落后，各国的行政管理都有鞭长莫及之虞。目前，《芃野东南的民族丛书》的作者仅在中国境内的川、滇、藏三省（自治区）交界地带做调研，考察民族分布、人口规模、聚落构成、生计模式、生活方式、风俗制度和社区控制等内容，了解当地生态环境与人文景观的联系。印度、缅甸和英、美等国学者在中国对面边境一方做调研。中外民族学工作者共同研究青藏高原东南部，符合"礼失求诸野"的含义：文明边缘地区的文化演进迟缓于中心地区，更容易保存古朴形态的文化。假如今天要去寻访原生的文化形态，最合适调查的地点不在内地，而在边陲。2013 年，荷兰格罗宁根大学彼得·伯杰教授和德国慕尼黑大学弗兰克·海德曼教授合编了一本教科书《现代印度人类学：民族志、主题和理论》①，勾画了印度共和国成立至今 60 年的人类学历程。全书共 19 章，每章描述一个邦的民族文化。其中，第 12 章专门讲述青藏高原东南部印度一侧的情况，题目是"东北印度：民族志和政治特性"。

2013 年年底，中山大学出版社出版了《芁野东南的民族丛书》（系列一）。2015 年，系列一获得第四届中国大学出版社图书奖优秀学术著作一等奖。2016 年年底，《芁野东南的民族丛书》（系列二）即将出版。两套丛书均为中山大学出版社组织申报的国家出版基金资助项目与国家重点图书出版规划项目成果②，系列一由 7 本专著组成，系列二由 4 本专著组成，作为后续成果。科学的区域文化研究成果是长期调查、严格择材、反复构思、贯注理论和精心写作的产物，这 11 本专著就是这么循序渐进、一步步锤炼出来的。从某种程度上来说，系列二的 4 本专著后来居上，因为 4 位作者承担过系列一的工作，在后续研究中显得更有经验、更加成熟，体现了青藏高原东南部民族研究的推陈出新。

以下对系列二 4 本专著的精要概述一二：

《动力与桎梏：澜沧江峡谷的盐与税》描述了西藏自治区芒康县纳西民族乡的盐业生计模式。全书贯穿了纵横两面法：纵向从吐蕃时期到清末民初，描述了盐业生产、交换市场和权力之间的互动关系；横向则着力于社会结构的分析，通过把盐看作民族交往和交融的链环，以盐税作为主线，围绕晒盐技术、人口和制度这三大要素的内在关系层层剥离，带出与盐产品相关的诸多因素，特别揭示了澜沧江峡谷的盐场与周边民族的关系，通过分析传统的交换关系，了解各种地方势力（土司、喇嘛寺和头人等）为争取利益而发动的博弈，围绕盐的生产、流通和交换而展开的权力之争来探讨当地社会变迁的动因。

《内生与外依：迪麻洛峡谷卷入现代世界体系的研究》依据取自滇西北高山峡谷的一个民族村落的第一手资料，描述了当地逐步扩大与外界交往的过

---

① Peter Berger, Frank Heidemann. *The Modern Anthropology of India: Ethnography, Themes and Theory*. London: Routledge, 2013.

② 《芁野东南的民族丛书》（系列一）于 2011 年入选"十二五"国家重点图书出版规划项目、2012 年入选国家出版基金资助项目，《芁野东南的民族丛书》（系列二）于 2015 年入选国家出版基金资助项目、2016 年入选"十三五"国家重点图书出版规划项目。

程，反思了现代世界体系在理论和现实社会中的双重局限，即当地社会在迎合世界体系的同时也产生着拒斥。主要表现为三点：①生活自给品的大量存在；②传统生计地位的稳固；③现实能力的制约。其中，第一点是文化适应和习惯延续的结果，第二点是相对于市场的风险而言的，第三点是因为获取收入的途径有限。作者指出了人类学的"政治经济学派"的局限，回答了偏僻山区参与全球化进程的具体方式、动力及其所带来的影响和结果，当地民众的生活及命运发生的变化等问题。

《新龙"夹坝"的历史与文化解读》展示了自清以来尤其是清末至民国时期，四川省甘孜藏族自治州新龙县（原怀柔县、瞻化县）流行的一种称为"夹坝"的民风，严重时此起彼伏，屡禁不止，导致人心惶惶。作者以新龙藏族群众的抢劫民风为切入点，以历史文献材料为基础，选择历史上发生频率较高的区域做田野工作，通过走向历史现场的方式勾画此民风流变的过程，钩沉该社区及其周边社会的民风与习惯、政权与法律的关系；通过深入分析，探究藏族群众抢劫民风的具体维持机制以及历代政权的辖治方式，进而探讨新龙藏族群众抢劫频发的三个方面的维持机制以及历代政权打破这些维持机制的过程与方式，达到对此现象进行深层次历史与文化解读的目的，为理解地方独特的文化提供一种新的模式。

《三江并流核心区社会秩序的建构与维持机制研究》根据三江并流峡谷区的选点调查，再现了詹姆斯·希尔顿笔下的世外桃源：虽然这里有多种民族聚居、多样宗教共存，但人们并没有因为身份特征的差异而产生交往困境；相反，他们却能够在日常生活实践中平和共处、相互包容，共同建构并维持了一个和谐共生型的社会秩序。紧接着背景介绍，作者又提出问题：这种秩序是如何建构起来的？动力源何在？其运行机制和特征又为何？循着这三个问题展开讨论，在讨论中采取点面结合、纵横对比的方法，深入考察当地人的互惠体制、宗教信仰和政治生态，以此揭示地方秩序的整合机制。全书集思想性与可读性于一体，展现了真实的地方政治面貌，为维持藏族聚居区社会的稳定提供了有益的参考。

整体而言，系列二追随系列一的主题唱和。这个主题就是揭示川、青、藏接合部和川、滇、藏接合部的民族文化的多样性，它们一根红线贯穿两个系列，涉及当地少数民族文化的 11 个侧面，如生计模式、婚丧制度、社会组织、信仰表象、权力博弈等。如不长期深入青藏高原东部和东南部的山山水水，并且结合文献解读历史，是无法获得这些异文化的特点的。

《氐野东南的民族丛书》集思想性与学术性于一体，通过深描喜马拉雅山脉与横断山脉交接地区的民族文化，打通了历史与现实的屏障，为以区域为基础的文化研究提供了指南；特别是丛书作者用实证的方法收集材料，用科学的概念、范畴来分析材料的学科规范凸显了研究的意义，让更多人看到区域文化的价值所在，促使他们深入思考民族志对于区域文化有什么重要的贡献，族群、区域与文化类型是如何表现的，应该如何发挥民族志的特长等问题。从这个意义上来看，这套丛书确实是一种宝贵的资源。

　　长期以来，"中心/边缘"成为探讨少数民族文化的框架。那么，在这个框架中，研究重心究竟在何处？对这个问题，仁者见仁，智者见智。最近10年来，要求把着力点放在边陲的呼声越来越高。这种倾向代表了人们对民族地区与内地、沿海地区传统地位的反思，带有打破"中心论"紧箍咒的意味，正可借用来帮助厘清汉夷观念的形成及其关系，重构民族交往、交流、交融的纽带。在国家加大力度推动民族文化的研究时，我们要清醒地看到不尽如人意的方面：少数民族区域文化研究与汉族区域文化研究的比例悬殊，边陲少数民族的实证研究仍然稀少；优秀的研究成果并不多见。之所以如此，就前一种情形而论，可能是因为对田野工作的认识不到位；就后一种情形而论，不仅有田野工作不够充分完备的原因，还有理论建构匆忙甚至缺乏必要的分析综合就任意拔高的原因。

　　综上所述，继续发挥中国民族学的区域文化研究传统、端正研究风气、完善研究体制依然任重而道远。今天，经济快速发展，交通状况不断改善，一方面为边疆民族的调查研究创造了良好的条件，另一方面则导致了当地文化中某些因素的急速覆灭。在这种情形下，民族学工作者更要听从时代的召唤，苟怀四方志，偏向边地行，为深化少数民族区域文化研究做出应有的贡献。

目 录

导　论 /1
 第一节　屡禁不止的"夹坝" …………………………………… 1
 第二节　相关研究回顾 …………………………………………… 5
  一、人类学理论视野下的抢劫研究 ………………………… 5
  二、清末以来新龙藏族社会的研究 ………………………… 11
  三、对清末以来藏族聚居区"夹坝"的
   研究 …………………………………………………………… 13
 第三节　田野工作点与档案资料 ………………………………… 16
  一、田野工作点 ……………………………………………… 16
  二、档案资料 ………………………………………………… 18
 第四节　相关概念与解读框架 …………………………………… 19
  一、相关概念 ………………………………………………… 19
  二、解读框架 ………………………………………………… 23

第一章　"夹坝"的类型与实施 /25
 第一节　"夹坝"的分类 ………………………………………… 25
  一、依据抢劫的对象进行分类 ……………………………… 25
  二、依据抢劫者进行分类 …………………………………… 31
  三、依据抢劫的性质进行分类 ……………………………… 34
 第二节　"夹坝"的装备 ………………………………………… 36
  一、康区武器发展简史 ……………………………………… 37
  二、民国时期瞻化武器装备情况 …………………………… 39
  三、民国时期瞻化武器装备的获得 ………………………… 46
  四、藏族群众与枪 …………………………………………… 49
  五、藏刀 ……………………………………………………… 50
 第三节　"夹坝"的组织 ………………………………………… 53
  一、获取情报 ………………………………………………… 53
  二、谋划 ……………………………………………………… 55

三、埋伏 …………………………………………………… 56
　　　四、激战 …………………………………………………… 56
　　　五、撤退 …………………………………………………… 58

第二章 "夹坝"的维持机制之一：自然、生计与民情/62
　第一节 自然条件的牵引 ………………………………………… 62
　　　一、地理条件 ………………………………………………… 62
　　　二、气候 …………………………………………………… 66
　　　三、自然灾害 ………………………………………………… 68
　第二节 传统生计的不足 ………………………………………… 71
　　　一、多样的生计方式 ………………………………………… 71
　　　二、生计与抢劫的关系 ……………………………………… 81
　第三节 荣誉观与民族性格 ……………………………………… 88
　　　一、荣誉观 …………………………………………………… 89
　　　二、性格 …………………………………………………… 94

第三章 "夹坝"的维持机制之二：习惯法及其运作/98
　第一节 习惯法的主要类别 ……………………………………… 98
　第二节 习惯法举要：报复性抢劫与血亲复仇 ………………… 109
　　　一、报复性抢劫 ……………………………………………… 109
　　　二、血亲复仇 ………………………………………………… 115
　第三节 习惯法举要：调解与赔命价 …………………………… 123
　　　一、从互抢和血亲复仇到说官司 …………………………… 123
　　　二、说官司 …………………………………………………… 125

第四章 "夹坝"的维持机制之三：区域政治及其作用/142
　第一节 党派卷入地方之争 ……………………………………… 142
　　　一、汉藏之争 ………………………………………………… 142
　　　二、国共之争 ………………………………………………… 148
　　　三、中外之争 ………………………………………………… 152
　第二节 割据与角力 ……………………………………………… 154
　　　一、民国以来的地方政权建设 ……………………………… 155

二、县与地方土酋之间的关系 …………………………… 160
　　三、土酋之争 ………………………………………………… 167
第三节　"夹坝"主体的角色分析 ………………………………… 171
　　一、地方的军事制度 ………………………………………… 171
　　二、亦军亦民 ………………………………………………… 176

第五章　"夹坝"维持机制的打破/181
第一节　清政府的治理 ……………………………………………… 181
　　一、"夹坝"之袭 …………………………………………… 181
　　二、鞭长莫及的法 …………………………………………… 182
　　三、土司"乏力" …………………………………………… 185
　　四、军事镇压 ………………………………………………… 187
　　五、藏管瞻对及清末改土归流 ……………………………… 190
第二节　国民政府的治理 …………………………………………… 195
　　一、依法而治 ………………………………………………… 195
　　二、打击盗匪 ………………………………………………… 202
第三节　人民政府的治理 …………………………………………… 204
　　一、县人民政府之政权建设 ………………………………… 204
　　二、民主改革 ………………………………………………… 209
　　三、国家法治建设 …………………………………………… 215
　　四、经济生活的转变 ………………………………………… 219

结　语/223
　　一、具体历史环境下的暴力民风 …………………………… 223
　　二、具体文化机制下的暴力民风 …………………………… 225
　　三、从显到隐：风俗的流变 ………………………………… 227

参考文献/230
后　记/246

附图表目录

图 1　沙堆乡村落分布……………………………………………………17
图 2-1　新龙藏族群众的骑马姿势…………………………………………77
图 2-2　新龙藏族群众的盛装………………………………………………90

表 1-1　民国三十七年（1948 年）瞻化县武器数量………………………39
表 1-2　民国三十七年（1948 年）瞻化县乡镇保甲户口统计……………40
表 1-3　民国三十五年（1946 年）瞻化县民众自卫武器统计……………41
表 1-4　民国三十七年（1948 年）瞻化县自卫组织调查情况……………45
表 2-1　当时 1—10 月的气温记录…………………………………………67
表 4-1　1949 年瞻化县千户（百户）情况………………………………164

导　　论

第一节　屡禁不止的"夹坝"

　　谈及抢劫，现实生活中人们对此并不陌生；更甚者，有些人曾是抢劫的受害者。抛开当下生活现实，中外各类文献中关于抢劫的记载比比皆是。我们所熟知的《水浒传》中"智取生辰纲"的故事就是典型的抢劫行为。人类学众多民族志中也记录了许多其他人群的抢劫行为。埃文斯·普里查德（Evans Pritchard）笔下的努尔人、珍妮·理查森·汉克斯（Jane Richardson Hanks）笔下的凯欧瓦印第安人、弗雷德里克·巴特（Fredrik Barth）笔下的斯瓦特巴坦人以及著名的游牧群体贝多因人、普什图人等，他们或者抢劫周边群体，或者互劫，从而引发报复性抢劫、血亲复仇等。倭马亚王朝早期诗人顾托密就曾如此形容贝多因人及其劫掠："我们以劫掠为职业，劫掠我们的敌人和邻居。倘若无人可供我们劫掠，我们就劫掠自己的兄弟。"① 文学作品不可避免地会有夸张的成分，但一定程度上反映了真实的社会生活。与现实生活中零星的抢劫个例相比，民族志中某一历史时段内区域性、群体性、高频度与极具破坏性的抢劫显得格外"吸睛"。这些群体的生存环境、生计方式、社会组织模式、习惯法等都是学界研究的重点。同样，"夹坝"，一个屡屡出现在清代以来历史文献中的藏语词格外引人注意。在不同的文献中，该词虽有不同的释义，或指"劫盗"，或为"强盗"，或表"土匪"，或直指"抢劫"，但均含抢劫者暴力抢劫他者之意。从分布区域来看，抢劫事件遍布藏族分布的卫藏、安多、

---

① 转引自［美］希提《阿拉伯通史》（上册），马坚译，商务印书馆1995年版，第26页。

康区三大区域。例如，在藏北牧区，抢劫者既有以行劫为生的强人，也有临时抢劫的牧民。① 安多藏族聚居区也属抢劫高发区。如道光二年（1822年）的谕令中提到："据西藏年班堪布贡噶堪木扎巴等禀报：喇嘛等进贡，自藏起程，于上年九月二十六日行至西宁当噶尔地方，将自备牛只、骡马赶赴草厂牧放，至当噶尔城外二十余里，被番贼二百余人抢去牛只、骡马、帐房等物，当经报明西宁办事大臣、陕甘总督、各衙门在案。"② 民国时期，俞湘文曾深入西北游牧藏族聚居区进行调查，记录了游牧藏族聚居区的抢劫现象。③ 康区的抢劫更是屡禁不止。军队、政府官员及公职人员、商旅、寺庙等均是抢劫者的目标。20世纪上半叶，有人对西康榆科地区牧民有以下记载："西康关外民众，多半是以抢劫为最光荣的英雄事业，不抢劫或怕抢劫的，他们认为是没有本领的弱者。"④ 约瑟夫·洛克（Joseph F. Rock）在康区调查期间担心被抢劫，一方面请求"土匪"的保护，另一方面也寻求木里王的帮助。后有美国人类学家根据其经历出版了《喇嘛、土司和土匪：约瑟夫·洛克在中国藏区边地摄影集》⑤ 一书。更有统计表明，民国三十一年（1942年），康区发生邮差被抢劫21人次。⑥ 民国时期《康藏前锋》《康导月刊》《边政》《戍声周报》《华西边疆学会研究杂志》《新亚细亚》《边事研究》《边疆通讯》《边政公论》等报刊均对此种暴力行为屡有记载。

在康属众多区域中，今四川省甘孜藏族自治州新龙县⑦藏族群众抢劫尤为频繁。文献中屡有关于该地抢劫的记载。早在清代，该地藏族群众的

---

① 参见格勒、刘一民、张建世、安才旦《藏北牧民：西藏那曲地区社会历史调查》，中国藏学出版社1993年版，第261页。

② 参见西藏民族学院历史系《清实录·藏族历史资料汇编》，西藏民族学院历史系1981年编印，第1538页。

③ 参见俞湘文《西北游牧藏区之社会调查》，商务印书馆1947年版，第27页。

④ 赵心愚、秦和平：《康区藏族社会历史调查资料辑要》，四川民族出版社2004年版，第262页。

⑤ Michael Aris, Patrick R. Booz. *Lamas，princes，and brigands*：*Joseh Rock's photographs of the Tibetan borderlands of China*. New York：China House Gallery, China Institute in America, 1992.

⑥ 参见甘孜州志编纂委员会《甘孜州志》，四川人民出版社1997年版，第31页。

⑦ 今新龙县在清朝、民国等历史时期有不同的称谓，后文将对此进行详细叙述。

持续抢劫阻断官道商路，危及清政府对西藏的统治，引发了著名的"瞻对①之战"。② 清政府 7 次用兵瞻对，力图解决当地的"夹坝"问题。然而，直至清政府灭亡，该地藏族群众的抢劫仍未停止。随着历史的发展，随着国家对以康区为代表的边疆地区的重视，不少学者深入康地，了解地方社会生产、生活状况，著名藏学家任乃强先生就是其中之一。任先生如此形容瞻化及瞻化藏族群众："瞻化地薄，生业凋敝，其人多为盗劫，北道各险隘皆劫场也。"③ 不仅如此，任先生笔下的瞻化藏族群众以抢劫为荣，以至于他在瞻化调查期间，西康省政府派军队对其进行保护。地方政府虽然极度憎恨"夹坝"，也力图将"夹坝""法办"，但未能将"夹坝"之势禁止。即便在解放④后一段时间内，该地境内的抢劫事件仍时有发生。调解抢劫案件，防止血亲复仇，维护社会稳定，成为中央人民政府工作的重中之重。

　　回顾该区历史，不难发现，抢劫事件在清以来尤其是清末以来的历史时段内一直持续不断地发生着。可以说，新龙藏族群众抢劫并不是个体的蓄意或突发行为，而是一种存在于一个具体时间段内的暴力民风。在暴力民风的环境下，抢劫事件一幕一幕地上演。清人张继就曾言瞻对"其俗尚武，其人好斗"⑤，这描述如此看来也就十分贴切了。

　　综上所述，不难看出抢劫是某些游牧群体历史上甚为普遍的一种行为，也是生活在青藏高原东缘地区新龙藏族群众的一种暴力民风，更是政府治理边疆的"顽疾"。然而，时光荏苒，历史上那些曾以抢劫著称的民族群体及其社会也发生了激烈的变迁。例如，苏丹内战给努尔人及邻族带来了沉重的打击，数百万人丧生于战争的炮火中，大规模的人群迁居，其中许多人成为难民，普里查德笔下的努尔人以游牧为主的生计方式也难以为继。对于新龙藏族群众而言，持续抢劫、报复性抢劫、血亲复仇的社会

---

① 瞻对：今四川省甘孜藏族自治州新龙县旧称，原名呷绒（藏语"鱼之河谷"之意），为元时该地第一代土司领地之称，历属土司统治。清末，赵尔丰川边藏族聚居区改土归流时于宣统三年（1911年）置瞻对设治委员，为怀柔县。民国元年（1912年），改怀柔县为瞻化县。1951年，改瞻化县为新龙县。
② 参见陈一石《清代瞻对事件在藏族地区的历史地位与影响》（一），载《西藏研究》1986年第1期。
③ 任乃强：《西康札记》，中国藏学出版社2010年版，第55页。
④ 中华人民共和国成立时间为1949年10月1日，瞻化县（今新龙县）和平解放时间为1950年7月20日。本书中的"解放"时间是指当地和平解放时间，而非指新中国成立时间。
⑤ 张继：《定瞻厅志略》，中央民族学院图书馆1978年油印本。

环境也不会永远持续下去。自康区民主改革以来，尤其是20世纪80年代末之后，以新龙为代表的康区社会治安明显好转，人民的生活越来越安定，生活水平越来越高，与内地经济社会联系也越来越紧密，群体性的、高频度的、极具破坏性的暴力抢劫历史已一去不复返。可以说，新龙藏族群众的抢劫民风从"显性"过渡到"隐性"，新龙社会从"乱"过渡到"治"，阿来笔下的"铁疙瘩"① 终于融化。

至此，难免让人好奇的是，究竟是什么样的力量促使新龙藏族聚居区的暴力风俗发生了转变？对于暴力风俗本身而言，此种群体性的、高频度的、极具破坏性的暴力抢劫风俗的具体维系机制是什么？或者说抢劫民风存在的具体历史社会环境是什么？

从人类学对文化探讨的角度而言，应对这种暴力风俗进行怎样的理解呢？暴力风俗作为整个文化体系的一部分，在整个文化体系中占据何种位置？从对国家的社会治理及社会稳定而言，对此种暴力风俗的探讨对当今藏族地区的法制建设以及社会治理又有什么现实意义呢？相关问题还有许多，而这些问题的回答就需要以清末至民国这一历史时间段新龙藏族群众的抢劫为研究对象进行深入研究，去分析该区域的具体历史社会环境与文化。然而，本研究并不追求对新龙藏族群众抢劫风俗进行全面透析，而是秉承人类学理解"他者"的学科传统，试图达成对藏族群众抢劫古风的一种历史与文化的理解。探究该地区藏族群众抢劫的具体维持机制以及具体维持机制的打破过程与方式，达到对此暴力民风进行深层次历史与文化的解读目的。依据此种民风研究思路，本研究主要集中探讨两个问题。

第一，清末至民国这一历史时段中，新龙藏族群众抢劫风俗的具体维持机制是什么？无疑，如果把抢劫看成一种"果"，那么必有致使抢劫发生的"因"。具体而言，从三个方面进行探讨：其一是自然、生计与民情方面，频繁的抢劫与当地传统的生计方式特别是游牧的生计方式有什么关系？是应对资源不足及贫困生活的一种补充手段吗？与当地社会自然环境又有什么样的关联呢？与新龙藏族群众的性格与荣誉观有什么内在联系呢？其二是习惯法方面，作为维持社会秩序的重要手段——法律尤其是习惯法是怎样运作的？与地方抢劫又有怎样的联系呢？其三是区域政治关系

---

① 参见阿来《瞻对：终于融化的铁疙瘩——一个两百年的康巴传奇》，文艺出版社2014年版。

方面，康区的区域政治对抢劫之势又会产生什么样的影响呢？新龙社会的政治制度、宗教信仰、军事制度及其运作对抢劫民风的维持起什么样的作用呢？当然，除了三个大的方面外，还有一些内容需要关注，如对抢劫维持机制的探讨也涉及抢劫者、抢劫者对象的分类、抢劫的具体过程等。通过以上探讨，我们对新龙藏族群众抢劫风俗的具体维持机制图景就更为清晰了。

第二，"夹坝"的治理。"夹坝"作为一种暴力风俗，具有很强的破坏性与影响力。清末以来，新龙历经多种政权，那么清政府、土司、噶厦政府、国民政府以及中央人民政府是如何定位此种行为的？此种定位在他们的话语体系中是如何表达的，是放任还是管制？按照文化相对论的观点，抢劫者又是如何理解此种行为的？如果是管制，在不同政权的话语体系之下，他们是通过何种方式对此种暴力行为进行控制的？是军事镇压还是依法制裁？抑或是进行更深入的经济社会变革？通过回答这些具体的问题，我们一方面能对新龙藏族聚居区的抢劫民风有较为客观的理解；另一方面也能通过比较历届政权对新龙藏族群众抢劫的控制方式进而分析其得失，从而探讨能够维护新龙甚至整个康区社会稳定的机制。因此，厘清新龙藏族聚居区抢劫民风的存在根基、由盛转衰的历史过程、历届政权对抢劫的治理等，无论是对学术研究还是对现实生活而言，都有重要的意义。

第二节　相关研究回顾

一、人类学理论视野下的抢劫研究

1. 功能主义

虽然人类学功能主义流派各代表人物之间的理论出发点、侧重点以及对功能的理解各有不同，但他们都赞同这样一个观点，即一个社会及其文化是统一的、不可分割的整体，整体中的各部分都各具功能、相互联系。暴力抢劫虽然会危及他者的生命与财产安全，对社会秩序产生破坏性影响，但并不是说暴力抢劫在整个社会中一无是处，而是具有一定的功能。抢劫者将抢劫而来的各类物资用于维系本群体的生存，满足本群体的生存需求，而群体之间的互抢在一定程度上也是维持区域内各群体之间社会结构稳定的方式。布娄克（Anton Blok）描绘了18世纪活跃在默兹低谷的荷兰少数民族地区盗匪的劫掠行为。在他看来，这类盗匪的劫掠是社会抵抗的一种形式，日益增强的国家对于分离人群的控制产生了激发害怕和树立榜样的需求。① 普里查德在其经典著作《努尔人》②中就分析了努尔人与丁卡人之间为争夺土地所有权、放牧权而发生的互劫、械斗行为。对努尔人而言，尼罗河畔的生态环境对努尔人的生存政治极为重要，因为生态环境决定了努尔人的生计方式、食物供给，而土地所有权、放牧权争夺与努尔人的生计、生产密切相关。除自然环境外，同龄组群体也极为重要。普里查德笔下的努尔男孩经成丁礼后就会领到武器，成长为一名战士。于是他们具有第一次袭击丁卡人的期盼。他们期待与同年龄组的人并肩作战，并在械斗中赢得荣誉，所以劫掠在他们看来并不是可耻的事。从群体关系来看，努尔人与丁卡人之间的互劫、械斗并不是偶然性行为而是他们生存政治的表现方式，在此种互劫与械斗中两个群体的社会结构保持着相对稳定。不仅如此，普里查德对阿赞得人歃血为盟③的分析对理解血亲复仇、亲属制度、群体间的仇杀也提供了很好的视角。

2. 经济人类学

按照黄应贵的理解，经济人类学从马林诺夫斯基开始，历经形式论与实质论的争辩、礼物经济、现代化理论、乡民经济、结构马克思主义论，到政治经济学发展，其最主要的成就是如何由社会文化的脉络来了解经济，意即经济现象与社会结构、文化体系密切相关。④ 具体而言，经济人类学视角下对抢劫的研究可分为三种。

（1）生产不足论。哈扎诺夫（Khazanov）在研究了不同地区、类型的游牧社会与其他外在社会互动关系的基础上认为，"游牧是一种不能自给自足的经济生产模式，因此游牧社会人群与外在世界人群有各种互动模式，以获得外来资源"⑤，抢劫就是其中的一种互动模式。按照此种观点，

---

① 参见赵旭东《法律与文化：法律人类学研究与中国经验》，北京大学出版社2011年版，第7页。
② ［英］埃文思－普里查德著：《努尔人：对尼罗河畔一个人群的生活方式和政治制度的描述》，褚建芳、阎书昌等译，华夏出版社2002年版。
③ 参见［英］爱德华·埃文思－普里查德著《论社会人类学》，冷凤彩译，世界图书出版公司2009年版，第205页。
④ 参见黄应贵《反景入深林——人类学的观照、理论与实践》，商务印书馆2010年版，第198页。
⑤ Anatoly M. Khazanov. *Nomads and the Outside World*. Madison：University of Wisconsin Press，1994.

抢劫是弥补游牧经济生产模式不足的一种互动模式。不能自给自足的经济生产模式致使抢劫甚至战争爆发的观点也给探讨中华文化的学者以启迪。例如，有人认为"'游牧'为人类利用边缘性资源环境的一种手段，在这样的边缘环境中，人民尽可能以各种手段得到资源，甚至对外掠夺与贸易以突破本地资源边界也是他们的生存策略"①。马文·哈里斯虽然不是经济人类学研究的代表人物，但他对抢劫的论述却与生产不足论的观点相同。他把抢劫作为人类的一种生存策略，认为任何文化现象都根植于现实生活的土壤之中，都有其相应的客观现实基础。在《食人族和王国：文化的起源》一书中，他建构了一个社会进化的理论模型。人口的增长、环境的弱化、技术的进步是社会进化的主要驱动力。因此，生存的压力、资源竭尽以及更大规模的食物生产就成为理解社会政治经济关系、家庭组织等方面的关键钥匙。在生存的压力、资源枯竭以及更大规模的食物生产的综合压力驱使下，抢劫以及战争就成为群体的一种生存策略。通过对诸如麦林、桑姆巴格等部落战争的研究，马文·哈里斯认为"战争是与稳定的技术水平、人口数量、经济情况息息相关的适应环境的战略"②。布莱克-麦考德（Black-Michaud）创立了"整体稀缺"的概念，并用于解释地中海与中东广泛存在的世仇。他认为，整体稀缺是指包括土地、收益、财富等在内的物质上、制度上、精神上的生存条件不足，此种不足会引发群体间的冲突甚至世仇。③

（2）社会交换论。社会交换也是经济人类学的研究范畴。抛开抢劫中的暴力因素，从"物的流动"的角度来看，抢劫是进行物资等资源的传递与互换的方式。王明珂也支持此种观点。他认为："除了狩猎、采集、农业等生产活动外，部分游牧人群也经由其他手段如掠夺与贸易来获得额外的生活资源。掠夺与贸易，乍看来是截然不同的活动，但它们的功能相同——并非自己生产、采猎，而是由他处以交换或抢夺的方式获得资源。从更深层次的社会意义来说，掠夺与贸易以及赏赐都是广义社会'交换'

---

① 王明珂：《游牧者的抉择：面对汉帝国的北亚游牧部族》，广西师范大学出版社2008年版，第34页。
② [美]马文·哈里斯著：《母牛·猪·战争·妖巫——人类文化之谜》，王艺、李红雨译，上海文艺出版社1990年版，第82页。
③ 参见 Black–Michaud J. *Cohesive Force: Feud in the Mediterranean and the Middle East.* New York: St. Martin's Press, 1975, pp. 160–177.

的一部分。"① 在他看来，社会交换的范围要比人类常识中的物物交换、货币交换更广，而抢劫是广义社会交换的一部分，只是这种交换很可能导致群体间的矛盾激化，引发更为严重的冲突。

不仅王明珂将抢劫视为广义社会交换的一部分，萨林斯也将互惠分为三种——慷慨互惠、等价互惠、消极互惠②。其中，消极互惠的范围既包括各种程度的滑头、使诈、强取和偷窃，也包括精心策划的骑马打劫。萨林斯的三种互惠理论将交换分为三种不同类型，即一般交互作用、均衡交互作用、负面交互作用。萨林斯不仅将互惠分类，还研究了互惠与亲属关系的距离、等级以及互惠与财富的关系等。有的学者不仅将抢劫视为一种交换，还研究这种交换的规则。如路易斯·斯威特（Louise E. Sweet）认为，相互劫掠在此生态情景下有如一种经常性的、制度化的交换，各部落都可适应不时之畜产损失。部落间的相互劫掠以及相关的战争行为，都需遵守部落间的传统规矩，配合各部落之血缘谱系亲疏与空间距离远近。③

（3）生产方式决定论。生产方式决定论与生产不足论、社会交换论都强调"物"的重要性，但生产方式决定论重点强调"物的生产"。马克思认为，抢劫是由生产方式决定的。他说："要能够劫掠，就要有可以劫掠的东西，因此就要有生产。而劫掠方式本身又决定于生产方式。例如，劫掠一个 stock-jobbing nation（从事证券投机的民族）就不能同劫掠一个游牧民族一样。"④ 可见，在马克思看来，抢劫的前提是要有物质资料的生产，而且劫掠方式取决于生产方式。恩格斯认为，抢劫特别是原始部落之间的劫掠和战争与物质资料的生产、财富的积累密切相关，随着生产力的提高、人口财富的增长，原始部落与民族之间的关系发生了明显变化，"邻人的财富刺激了各民族的贪欲，在这些民族那里获得财富已成为他们最重要的生活目的之一。……掠夺，在他们看来是比创造的劳动更容易甚

---

① 王明珂：《游牧者的抉择：面对汉帝国的北亚游牧部族》，广西师范大学出版社 2008 年版，第 37 页。
② [美] 马歇尔·萨林斯著：《石器时代经济学》，张经纬、郑少雄、张帆译，生活·读书·新知三联书店 2009 年版，第 224～226 页。
③ 参见王明珂《游牧者的抉择：面对汉帝国的北亚游牧部族》，广西师范大学出版社 2008 年版，第 38 页。
④ [德] 马克思、恩格斯：《马克思恩格斯全集》（第 12 卷），人民出版社 1962 年版，第 748 页。

至更荣耀的事情"①。于是，追求财富引起的抢劫成为一种经常的职业。从上文可以看出，生产方式决定论看到了实施劫掠的群体自身物质生产资料的不足，他们成为追求财富的奴隶。

以上三种理论都从经济的角度对抢劫的行为进行理论阐释。生产不能自足的观点强调人类行为的适应性，即抢劫都是适应人类生存的一种方式，解释了许多由于生存困境致使人类从事暴力抢劫的例子，意即在生存不下去的情况下才进行抢劫。社会交换论为研究新龙藏族群众抢劫提供了较好的分析视角，能够将抢劫的行为与社会的生产、抢劫群体之间的关系以及与抢劫相关的规则运用与"物的流动"的方式联系在一起。而生产方式决定论更注重"物的生产"，在抢劫发生之前，抢劫的物资资料就必须生产出来。必须承认的是，三种理论对新龙藏族群众的抢劫具有一定的解释力，但也有不足之处。首先，新龙藏族群众的抢劫之因异常复杂，如果将新龙藏族群众的抢劫全归因于贫困而形成的一种"生计"适应策略并不能完全解释抢劫的复杂性与多因性。一个明显的例子就是清末以来的许多抢劫并不是为了抢劫生存物资，一些抢劫是因为复仇或地方土司、头人之间的争权夺利导致的。因此，以上三种观点只能解释部分抢劫行为的发生，新龙藏族群众之间的抢劫还有更为复杂的社会文化因素，如族内群体的鼓励、荣誉观、性格、社会组织模式等方面。其次，社会交换论忽视了这种交换的残酷性，因为抢劫不仅涉及"物的流动"，还涉及血亲复仇、报复性抢劫以及法的运作。因此，除探寻新龙藏族群众抢劫的生计之外，也应综合分析其社会组织、区域政治、宗教信仰等方面的内容。

3. 法人类学的相关理论

秩序问题是人类生活的永恒主题，而法律对社会秩序至关重要，法律与秩序之间似乎有某种天然的内在联系。法人类学不仅关注非国家法特别是部落社会的法律运作，也关注国家法与非国家法的互动关系。部落社会的抢劫、血亲复仇也有法律的调解。美国人类学家珍妮·理查森·汉克斯通过凯欧瓦印第安人的抢劫、偷盗、凶杀等行为来分析他们的原始法律。在她看来，抢劫马匹是他们积累财富的主要手段，而马匹主要是通过战争

---

① [德]恩格斯：《家庭、私有制和国家起源》，见《马克思恩格斯文选》（第2卷），人民出版社1962年版，第311页。

掠夺而来的。① 抢劫掠夺及血亲复仇对凯欧瓦印第安人的生存秩序带来了极大的挑战，但凯欧瓦印第安社会也有独特的法的存在并调整着社会关系。作者围绕着劫马的具体案例来分析他们如何通过"烟袋"的方式来调解这些马匹抢劫纠纷，而"烟袋"的方式就是凯欧瓦印第安人独特的习惯法。马林诺夫斯基关注部落社会中的犯罪与习俗的关系，认为习俗就是他们的法律。他在《原始社会的犯罪和习俗》中提倡通过直接观察的方式来对习惯法在实际生活中的作用进行研究，没有习俗法律就无从谈起。例如，血钱就能使杀人者从以牙还牙的责任中逃脱出来，而不会因为血亲复仇被杀害。

马林诺夫斯基之后，民族志详细深入的个案研究方法在多部民族志作品中涌现，通过对一个个法律案件的分析，展示了案件发生的背景、规则如何被利用以及具体的纠纷是如何解决的，形成了人类学纠纷处理的范式，卢埃林（Llewellyn）与霍贝尔（Hoebel）的合著《晒延人的方式》就是其中的典型。除对纠纷处理规则的关注外，一些法人类学家注重过程分析，关注个人和群体如何在特定的场合利用法律资源达到他们的目的，关注当事人争夺经济和政治利益及权力如何影响纠纷处理的结果。古利弗（Gulliver）就曾认为："法人类学领域最主要的关注是过程研究，尤其是纠纷处理过程。"② 20世纪70年代以来，法人类学在理论深度、问题取向、研究方法等方面有了进一步的发展。例如，格尔茨用阐释学的方法把法学与人类学联系起来，认为法律本身就是地方性知识。有的法人类学家则分析法律制度的多重性，提出法律多元的观点，分析不同的其他秩序形式与国家法的相互关系。这些至今仍是法律人类学的研究重点。但是，诸如格林豪斯（Greenhouse）、梅丽（Merry）等法人类学家进一步突破法律多元主义的观点，提倡将法的研究与历史的研究、权力的研究结合起来，将法人类学研究推向纵深。

尽管各法人类学家的关注重点不一，但他们的分析为理解新龙藏族群众的习惯法提供了诸多借鉴之处：汉克斯的分析为理解新龙藏族群众抢劫、复仇的习惯法提供了较好的案例；马林诺夫斯基所提倡的详细深入的

---

① 参见［美］珍妮·理查森·汉克斯著《文化的解读》，刘晓红主译、李子贤审校，云南大学出版社2002年版，第12页。

② Gulliver, P. H. "Introduction to Case Studies of Law in Non-Western Societies". In Laura Nader (ed.). *Law in Culture and Society*. Chicago：Aldine Publishing Co, 1969, pp. 13.

个案研究方法是本研究值得借鉴的研究方法，而且提示从习俗的角度理解法律；对藏族习惯法的研究既离不开对纠纷过程的关注也脱离不了对纠纷处理规则的着笔，格尔茨认为法律就是一种"地方性知识"的论断揭示了法律所处的地域、族群的特殊性；法律多元理论突出了非国家法在地方社会生活中的重要作用，格林豪斯、梅丽的论述强调了法律与国家权力的关系。因此，在分析新龙藏族群众关于抢劫的习惯法时需要结合以上理论进行把握。

二、清末以来新龙藏族社会的研究

对清末以来新龙藏族群众抢劫的研究离不开对当地社会的分析。土司统治、改土归流等是学界关注的重点内容，玉珠措姆分析了瞻对头人工布朗结（又称为"布鲁曼"）在康区兴起的特殊的社会、政治及经济环境，个人的个性和领导才能，独特的家庭背景以及当地特殊的行为准则和文化风尚等诸多因素。① 其博士学位论文《地方抱负与国家束缚：工布朗结的权力之路（1836—1865）》探索形塑工布朗结及其权力之路的瞻对甚至整个康区的社会文化图景。② 格勒分析了大土司布鲁曼起义的全过程。③ 上官剑壁以阶级斗争学说为立足点对布鲁曼兵变的性质、历史背景以及过程进行了分析。④ 朱祖明对改土归流之前清雍正与乾隆，藏管时期的土司分布、承袭，清末赵尔丰改土归流的过程，以及各个时期瞻化土司的武装反抗进行了分析。⑤ 付嵩炑是清末瞻对改土归流的见证者，他曾亲自带兵驱走藏兵，收回瞻对。⑥ 马菁林分析了鹿传霖在瞻对改土归流时的措施、背景以及失败的原因。⑦ 贾霄锋也对包括瞻对土司在内整个藏族聚居区土司制度的历史发展过程进行了详细论述，对理解瞻对土司以及民国时期的头人各方面权势也很有借鉴意义。⑧ 欧阳枢北对民国时期瞻化地方势力尤其

---

① 参见玉珠措姆《瞻对工布朗结在康区兴起的探析》，载《中国藏学》2014 年第 2 期。
② 参见 Yudru Tsomu. "Local Aspirations and National Constrinats: A Case Study of Nyarong Gonpo Namgyel and His Rise to Power in Kham（1836—1865）"（Ph. D. dissertation）. Cambridge: Harvard University, 2006.
③ 参见格勒《甘孜藏族自治州史话》，四川民族出版社 1984 年版。
④ 参见上官剑壁《瞻对土司布鲁曼兵变杂议》，载《西南民族学院学报》1980 年第 1 期。
⑤ 参见朱祖明《改流前之瞻化土司》，载《康导月刊》1939 年第 1 期。
⑥ 参见付嵩炑《西康建省记》，书林书局 1932 年刊本。
⑦ 参见马菁林《清末川边藏区改土归流考》，巴蜀书社 2004 年版。
⑧ 参见贾霄锋《藏区土司制度研究》，青海人民出版社 2010 年版。

是头人势力的养成原因、各种权力的情况进行了全面分析并对地方社会的治理提出了建议。① 杨虚生以民国时期瞻化地方大头人穷穷工布的去世为例,分析了穷穷工布与其众多仇家的关系,对穷穷工布去世后瞻化地方政治局势的走向、瞻化地方差务问题进行了预判。② 王娟也对 20 世纪上半叶包括瞻化在内的康区政治变迁、社会内部结构、国家行政体制建设等方面进行了分析。③

还有的学者通过关注社会的纠纷处理来理解地方社会。例如,许文超介绍了瞻化上瞻区日巴与哈洼两村的纠纷处理经过④,作者的亲身经历记载为理解民国时期的纠纷提供了鲜活的资料。纠纷处理还涉及新龙藏族群众的习惯法,而康区藏族习惯法的研究也是学界研究的重点。羌生《西康的几个习惯法》⑤ 中就民国时期的康区习惯法做了记载,但他的记载并没有详细的案例支撑。任乃强在《西康图经·民俗卷篇》《西康札记》等著作中不仅对民国时期新龙县的县情民意进行了记载与描述,而且列出了藏族习惯法处理纠纷的案例。这些案例都是研究民国时期藏族习惯法特别是习惯法中赔命价部分的宝贵资料。不仅如此,学界关于藏族习惯法已有多篇博士学位论文,如淡乐蓉的《藏族"赔命价"习惯法研究》、周欣宇的《文化与制度:藏区命价纠纷的法律分析》等,他们分析了藏族习惯法的运作、产生的条件等。埃克瓦尔(Robert B. Ekvall)虽未直接分析新龙藏族群众的法律生活,但他通过对复仇行为的分析来反映西藏游牧民的法律生活,指出游牧民法律的特点,认为其法律是教法、王法、习惯法的混合物,还指出了谈判行为的重要性。⑥ 弗瑞迟(Rebecca Redwood French)通过对纠纷处理习惯法的研究展示了中国共产党接管前的西藏世俗法律系统的结构及操作,是一种法律的宇宙星云学。

还有的学者研究了民国时期的差务问题。例如,陈升朝在《瞻化县差徭问题之剖析》⑦ 中分析了瞻化县的差徭问题,为了解当时藏族群众的生

---

① 参见欧阳枢北《瞻化土酋之过去与现在》,载《康导月刊》1939 年第 12 期。
② 参见杨虚生《穷穷工布死后之瞻化政途》,载《新西康》1938 年第 1 期。
③ 参见王娟《化边之困:20 世纪上半期川边康区政治、社会与族群》,社会科学文献出版社 2016 年版。
④ 参见许文超《瞻化上瞻区日巴与哈洼两村之纠纷》,载《康导月刊》1939 年第 7 期。
⑤ 羌生:《西康的几个习惯法》,载《边事研究》1936 年第 6 期。
⑥ 参见 Robert B. Ekvall. Law and the Individual Among the Tibetan Nomads. *American Anthropologist*, 1964, 66 (5), pp. 110 – 1115.
⑦ 陈升朝《瞻化县差徭问题之剖析》,载《康导月刊》1940 年第 5 期。

存状况提供了线索。张继记录了清朝时期瞻对社会的天时、山川、物产、灾异、苛政等多方面内容，成为了解清朝时期瞻对社会的重要资料。还有的学者对瞻化的矿产资料的分布、产量进行了记载。需要指出的是，整体而言，学界对新龙藏族社会生活方面的研究还比较少，但学界对青海藏族聚居区或康区其他地方藏族群众的社会生活的研究为理解新龙藏族群众的社会生活提供了借鉴。例如，杨卫的博士学位论文《清代青海藏族社会研究》对青海藏族社会组织、生计、文化教育等方面进行了历史学的分析，黄仁谦对民国时期西康妇女的生活与风俗进行了描述，格勒对同属康区的色达的游牧部落——瓦虚色达藏族群众的生活必需品的获得、宗教信仰等方面进行了分析。

三、对清末以来藏族聚居区"夹坝"的研究

"夹坝"并不是新龙藏族聚居区独有的现象，李龙江就分析了乾隆时期郭罗克部落的"夹坝"活动，指出了"夹坝"发生的大社会环境。① 总体而言，学界以"夹坝"为研究对象的研究主要集中于三个方面。

1. 对"夹坝"原因的研究

陈一石在《清代瞻对事件在藏族地区的历史地位与影响（一）》《清代瞻对事件在藏族地区的历史地位与影响（二）》《清代瞻对事件在藏族地区的历史地位与影响（三）》三篇文章中对由"夹坝"引起的瞻对之战进行了分析，刘源也在《乾隆时期的瞻对事件》中对乾隆时期的瞻对事件进行了详细分析，但二人重点并不在于分析抢劫，而在于分析瞻对之战对地方社会的影响。刘曼卿在其《国民政府女密使赴藏纪实》一书中就认为，成群结队的抢劫是一种自卫行为。她以中甸县东哇人为例，该村村民经常遭受乡城、得荣两县人的抢劫，被逼之下，他们购买枪支自卫，抢劫其他地方之牛、羊，于是他们的抢劫技艺逐渐超过曾经蹂躏他们的人。② 毅公认为，好赌也是抢劫的一个原因。赌资包括金钱、牛、羊、刀、枪、马匹、房子，甚至妻儿，赌输之后就大肆抢劫牛羊、商旅来获取赌博的资本。③ 羌生认为，抢劫是一种社会资源分配的方式。他认为，康区那些富

---

① 参见李龙江《乾隆时期郭罗克部落"夹坝"活动述论》，载《青海民族研究》2016 年第 1 期。
② 参见刘曼卿《国民政府女密使赴藏纪实》，民族出版社 1998 年版，第 144～145 页。
③ 参见毅公《乡人好赌与抢劫之因果》，载《戍声周报》1937 年第 54 卷。

有乃至具有权势的人，大半具有抢劫的历史，由此导致抢劫成为一种风俗，不会抢劫者就不能成为社会精英。① 他站在社会流动的角度来分析藏族群众社会的结构，认为抢劫是当地社会中个人的一种迅速提高社会地位的方式；同时，也强调西康社会的法律观是促使抢劫频发的另一个因素，因为在西康的抢劫行为，习惯上并不是犯罪行为，也不会被判死刑。② 任乃强认为："番俗以强武勇敢为荣，青年男子，欲在社会中取得较高地位，必于其参与之军队或匪队中，鼓勇先登，多劫财货，杀敌人，以示其勇。"③ 可见，强武勇敢的荣誉观以及对更高社会地位的渴望也是促使他们抢劫的原因。李丽从生存与尚武的精神来谈论藏族的抢劫。她认为："牲畜既是牧民的生产资料，又是其生活资料，人们赖以生存的牲畜不复存在，不仅生计难于维持，甚至连简单的再生产也无法进行。加之部落社会的生产力状况十分低下，人们通过生产劳动多增加一点财富是极其困难的，而通过掠夺增加财富是一件轻而易举而又十分荣耀的事。它成为封建游牧部落社会中一种常用的经济补充手段，更成为部落头人借以扩张势力、聚敛财富的手段。在崇尚勇武的部落里，对外掠夺既受到头人的鼓励，也能受到社会的尊重。"④ 她还提到了另一类抢劫即报复性抢劫，当村寨遭遇抢劫时，报复性抢劫就极有可能发生。才秀吉的《民国时期青海藏区的藏族土匪研究》⑤ 分析了民国时期青海藏族土匪产生的政治原因、心理原因、自然条件原因、部落社会原因。

  总结起来，以上对康区藏族群众抢劫的原因可归纳为生计论、复仇论、自卫论、荣誉论、赌博论、民族精神论、法律观论、资源分配论以及综合论等。笔者认为，上述原因都具有一定的合理性，但是这些解释很多并未与具体的案例结合起来，分析比较粗糙与空洞，也未从综合的角度进行回答；还有一些因素并未谈到，如抢劫与当时社会组织的关系、与他们生计模式的内在关联等。这些问题都是探寻"夹坝"之因时不可回避的。因此，如何从综合的角度、从实际案例中探讨抢劫的原因是本研究的关注重点。

---

① 参见羌生《西康的几个习惯法》，载《边事研究》1936 年第 6 期。
② 参见羌生《西康的几个习惯法》，载《边事研究》1936 年第 6 期。
③ 参见任乃强《西康图经》，西藏藏文古籍出版社 2000 年版，第 316 页。
④ 参见李丽《简论历史上果洛藏族的尚武精神》，载《中央民族大学学报》1994 年第 4 期。
⑤ 才秀吉：《民国时期青海藏区的藏族土匪研究》（硕士学位论文），西藏大学 2014 年。

2. 对"夹坝"身份的研究

不同的抢劫者具有不同的身份。刘曼卿认为,"康匪分两种,一为无赖汉,专以抢劫为生者;一为土著,以越货为副业者"①,可见实施"夹坝"的人是有区分的。一种是专门以此为生的无赖汉,这类人在任何一个社会中都存在;另一类人是地方普通的藏族群众,他们以抢劫为副业。任乃强提及一些抢劫"常由各村首领,编成马队,驰赴数百千里外,攻人村堡或寺院"②,可见抢劫具有很强的组织性。但是,他们并未对实施抢劫者的人群及其组织进行详细描述,比如一些藏族群众如何在"抢劫者"与"普通百姓"这两种角色间进行适应与转化,这些都是本书将要继续探讨的问题。

3. 对抢劫时间的研究

抢劫者外出抢劫的时间具有一定的规律性。王明珂分析了20世纪上半叶河湟游牧人群的季节性流动生活。他认为,从夏季中期至冬季中期是马肥的季节,到这个时候,这些人群就要外出劫掠,也要防止遭他人劫掠。而劫掠主要是为获取牲畜,对象是其他部落的牧民及商队,掠夺定居村民的情况很少。③ 埃克瓦尔在其作品《蹄上生活》中也描述了藏族群众抢劫的季节性规律,也认为马肥的季节是抢劫的高峰期。④ 具体到新龙藏族群众的抢劫,许文超在《瞻化上瞻区调查记》中认为,秋收后的四五个月中,藏族群众会成群结队外出抢劫。从以上学者的论述中不难看出,夏秋至冬季中期是抢劫的高发期。因为这一时段马匹的质量、时间、气候等方面要比其他时段更具优势。

也有学者关注"夹坝"问题的治理。例如,卢梅从瞻对抢劫频发所引起的问题来探讨清代治理康区的政策⑤,其重点仍是对清政府治理藏地边疆的政策进行分析。

总之,学界对抢劫原因、抢劫者身份、抢劫时间以及"夹坝"治理的

---

① 刘曼卿:《国民政府女密使赴藏纪实》,民族出版社1998年版,第32页。
② 任乃强:《西康图经》,西藏藏文古籍出版社2000年版,第317页。
③ 参见王明珂《游牧者的抉择:面对汉帝国的北亚游牧部族》,广西师范大学出版社2008年版,第151页。
④ 参见 Robert B. Ekvall. *Fields on the Hoof*. New York: Waveland Press, 1983.
⑤ 参见卢梅《从川边经营看清末治藏政策的演变》,载罗贤佑主编、中国社会科学院民族学与人类学研究所编《历史与民族——中国边疆的政治、社会和文化》,社会科学文献出版社2005年版。

记载、描述、分析与研究，尽管略显简单或带有一定的民族主义倾向，但对新龙藏族群众抢劫的分类、抢劫过程以及对历史与文化的解读提供了不可或缺的参考资料。

第三节　田野工作点与档案资料

一、田野工作点

选好田野调查点是确定研究对象之后必须要面对的问题。由于本书的研究对象是地方社会的一种已经消失又与当下地方社会的稳定、民族关系紧密相连的古风。若不能获得可靠的文献与田野资料，既有的框架就得不到充实，新龙藏族群众的抢劫古风也不能得到很好的解读。为了获得更多的资料，在查阅文献的基础上，笔者奔赴云南藏族聚居区的香格里拉、德钦、维西，以及西藏芒康，四川巴塘、理塘、新龙等地查找档案资料。由于身处藏族聚居区，维稳的任务与压力使得地方政府对涉藏资料查阅的管制极为严密。例如，理塘档案局要求笔者取得县委的同意后方能查阅；而理塘县委以维稳大局为由，拒绝出具相关证明。

但是，笔者在新龙县的调查也收到了意外收获。首先，新龙县档案局全体工作人员热情接待了笔者的到访，甚至牺牲周末时间将一卷卷档案找出来让笔者查阅。其次，他们向笔者介绍了新龙县的县情、乡情、民意，把入乡进行田野调查的各种优势与劣势一一道出。综合考虑之下，沙堆乡成为本研究的一个重要田野调查点。

沙堆乡位于新龙县北部雅砻江两岸，驻守着新龙县北大门，东北连甘孜县和银多乡，西北与大盖乡接壤，乡政府所在地科查村距县城83千米。1991年前，全乡辖2个村委会、6个村民小组。1992年，"撤区并乡"将日巴乡划归至今，现辖通科、女汝、觉里、然真、各中5个村委会，共300户、2000人。全乡最高海拔5992米、最低海拔3360米；年平均气温5.4°C；降水量652.7毫米，无霜期100天左右；辖区面积357.23平方千米，耕地面积5409亩（1亩≈0.0667公顷≈666.6667平方米，下同，不再标注）、林地面积98127亩、草场面积234787.50亩。乡主要单位有林业站1所，2名工作人员；卫生院2所，8名医护人员；学校2所，教师

10人，学生103人（其中沙堆小学57人、日巴小学46人）。该乡有6个党支部，党员44人，机关党员10人，农牧民党员34人；义务打火队120人；寺庙5座。该乡人口自然增长率为12‰，年末牲畜存栏6307头（匹、只），农业总产值240万元，粮食作物产量557吨，农民人均纯收入1892元。① 沙堆乡属半农半牧地区，农业主产小麦、青稞、豌豆、土豆，高山还盛产虫草、知贝母等名特药材。其境内自然资源丰富，有金、铜等矿产资源；水能资源储量大；森林资源及药材丰富。其境内的卡瓦洛日雪山，海拔5992米，是新龙县海拔最高峰，群峰峥嵘，景色壮观。图1为沙堆乡村落分布。

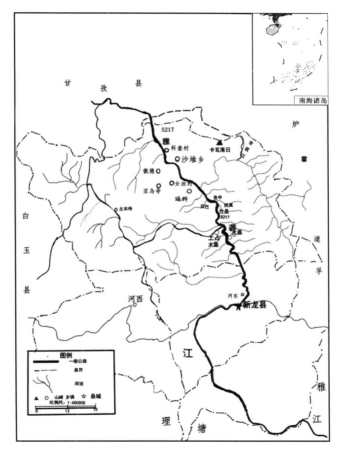

图1 沙堆乡村落分布

---

① 数据来源于新龙县政府《新龙年鉴2009》，第183页。

之所以选择沙堆乡作为田野调查点，首先是基于沙堆乡的地理位置，沙堆是新龙的北大门，无论是北上还是南下，沙堆乡均为必经之地，而且沙堆乡的村落集于新修公路两旁，方便进行田野调查。其次，沙堆乡历史上也不太平，民国文献中就记载了该乡一个叫石门坎的地方曾发生多起抢劫事件，村民们也承认他们这里过去有抢劫的事实。加之，民国时期的沙堆乡村民，或受打冤家的影响，或受政府的盘剥，逃离非常严重，这对探讨新龙藏族群众的抢劫维持机制提供了较好的突破口。但是，笔者的调查并不限于沙堆乡。民国时期的沙堆乡属于瞻化三区的上瞻区，而沙堆乡并不是上瞻区的行政与宗教中心。本书中将多次提及大盖喇嘛、赤乃喇嘛以及上瞻土酋——多吉朗加①，他们是上瞻区的政治与宗教精英。上瞻区的政治与宗教精英之间的争权夺利不仅会波及沙堆乡，也在一定程度上推动了新龙历史的进程，而且他们本身及其势力联盟就是一些抢劫与复仇行动的发起者。因此，笔者的田野调查并不限于沙堆乡。田野调查期间，笔者时而前往大盖、绕鲁等乡对乡政府、乡派出所等工作人员及当地村民进行访谈，了解前述精英们的历史事迹，以丰富本书的田野材料。

二、档案资料

正所谓"巧妇难为无米之炊"，要对新龙藏族群众的抢劫古风进行历史与文化的解读，需要大量翔实的资料。本书的材料主要有三个部分，其一是田野材料，其二是档案材料，其三是作者收集的其他文献材料。其中，最为重要的还是收集到的档案材料。

田野调查期间，笔者两次入馆查询，共拍有照片资料7000张，整理后约有18万字。收集到的档案资料横跨清末至今100多年的历史时间，以当地解放前的资料为主，其中既有民国时期瞻化县的概况，也有县司法机关处理抢劫、偷盗、复仇等司法案件的卷宗，而涉及抢劫的案卷达400多卷、案件48个。但档案资料并没有将涉及抢劫、偷盗、复仇的案件都进行详细的记录，一些案件的发生经过、背景只是草草带过，这为本研究的文本解读带来了一定的困难。除档案资料外，笔者还收集到民国《瞻化县图志》《甘孜州文史资料》《新龙县文史资料》《新龙县志》等地方文

---

① 多吉朗加是民国时期瞻化上瞻区最有势力者，对其名字，不同的文献有不同的记载，本书统一以多吉朗加标注。

献，这些材料也是本书写作的重要基础。

田野材料、档案材料及相关文献资料的记载表明，清代以来新龙藏族群众的"夹坝"并非空穴来风，也不是外界所认为的"污名化"。"污名化"实际上是一个群体对另一个群体的偏见的刻板化。不可否认的是，档案的记录者大多数并非藏族群众，也不排除文献记录者甚至部分政府官员对新龙藏族群众有一定的偏见，某些记载或不实或浮夸。但是，从收集到的档案记录情况来看，档案多记录县府认为最重要的事项。而且清末以来，新龙藏族聚居区时局动荡、政权迭变、政府官员流动极快，用当地百姓的话即为"汉官如流水"。考虑到上述因素，能有这么多档案资料已实属不易。加之，一些文献并非作者"闭门造车"的产物。作者中，有的在瞻化县为官，有的是受过专业训练的曾在该地做过实地调查的学者。他们的调查、记录具有较高的可信度。综合档案的数量、档案与文献资料的可信度、文献作者的专业水平以及"夹坝"的发生区域来看，笔者认为新龙藏族群众的抢劫之风是"污名化"致使的观点是站不住脚的。

第四节　相关概念与解读框架

一、相关概念

本书中多次使用"夹坝""强盗""土匪"以及康区、历史解读、文化解读、维持机制等概念，为了更好地把握本书的主要内容，对书中出现的相关概念进行界定很有必要。

1. "夹坝""强盗"与"土匪"

"夹坝"一词曾多次出现在清代以来的文献中。《清史稿·庆复传》中称，郭罗克土番处青海界上，地寒不能畜牧，屡出为"夹坝"，"夹坝"，华言盗也。① 此处的"夹坝"相当于汉语中的强盗。《阅微草堂笔记》中也对"夹坝"进行了注释，认为"西番以劫盗为夹坝"②，此处的"夹坝"为劫盗。彭向前对"夹坝"进行了考究，认为"夹坝"是藏语的

---

① 参见赵尔巽《清史稿》（点校本），中华书局1976年版，第10396页。
② 参见纪晓岚《阅微草堂笔记》，内蒙古人民出版社2008年版，第223页。

音译,是指强盗。① 张怡荪主编的《藏汉大辞典》中,"夹坝"为"强盗、盗匪、劫掠财物者"②。可见,"夹坝"在文献中的解释大体一致,与强盗、劫掠财物者、抢劫者联系在一起。对于"夹坝",今新龙藏族群众也给出了自己的解释。一些藏族群众认为,"夹坝"就是抢东西的人,对应着文献中的"强盗""劫掠财物者"。此外,他们还列出了一个叫作"gengma"的词,该词的意思是偷东西的人。可见,抢东西的人与偷东西的人在当地的语言中并不是用同一词语来表示的,但他们经常用"gengma jiaba"来对应汉语中的"偷抢"一词。从抢劫者的抢劫方式来看,他们大多以刀、枪支为武器实施暴力抢劫,甚至伤人性命。综上而言,"夹坝"实为以刀、枪为武器的暴力抢劫者。

"强盗"在《辞海》中意为"以暴力劫夺财物者"③,《中文大辞典》中也将"强盗"定义为"以强力劫夺他人之财物者"④。由此可见,"强盗"与藏语中的"夹坝"本意相同,都是指以暴力的方式抢劫他人。同样,"匪"也有强盗的释义。《辞海》中将"土匪"解释为"以抢劫为生,残害人民或者一贯窝藏盗匪、坐地分赃的分子"⑤,有的将其解释为"啸集而为寇盗也"⑥。从辞典的释义中不难看出,强盗与土匪能通用。除辞典的释义外,国内外研究"土匪"的学者也给出了一些定义。例如,英国社会史学家霍布斯鲍姆(E. J. Hobsbawm)认为,匪徒是"专事抢劫的暴力团伙成员"⑦。这是一个较为宽泛的定义。蔡少卿在总结国外学者的定义的基础上指出,"土匪就是超越法律范围进行活动而又无明确政治目的,并以抢劫、勒赎为生的人"⑧。他还归纳了土匪的四个特点。笔者通过比较"夹坝"与"土匪"发现,二者在使用上既有联系又有区别。第一,从资料来看,新龙的"夹坝"并没有实施"勒赎",因此,蔡氏的概念并

---

① 彭向前:《读史札记:正史胡语考释四则》,载《青海民族大学学报》2012 年第 3 期。
② 张怡荪编:《藏汉大辞典》,民族出版社 1985 年版,第 872 页。
③ 夏征农、陈至立编:《辞海》(第 6 版彩图本),上海辞书出版社 2009 年版,第 1806 页。
④ 中文大辞典编纂委员会编:《中文大辞典》(十二册),中国文化研究所 1982 年印行,第 4979 页。
⑤ 辞海编辑委员会编:《辞海》(一九六五年新编本),中华书局香港分局 1965 年版,第 934 页。
⑥ 中文大辞典编纂委员会编:《中文大辞典》(十二册),中国文化研究所 1982 年印行,第 2933 页。
⑦ [英]埃瑞克·霍布斯鲍姆著:《匪徒:秩序化生活的异类》,李立玮、谷晓静译,中国友谊出版公司 2001 年版,第 22 页。
⑧ 蔡少卿:《民国时期的土匪》,中国人民大学出版社 1993 年版,第 3 页。

不适用于新龙藏族群众的抢劫。第二，新龙藏族群众的抢劫并不是"农村社会周期性灾荒的直接产物"①，如果视其为灾荒的产物未免过于简单。第三，从"夹坝"的构成来看，除少数惯犯外，大部分抢劫者还会从事农牧性生产活动。抢劫后，抢劫者一般会回到自己的家，而不是立刻隐藏自己。可见，完全以民国时期四川、山东等地出现的"土匪"等同于新龙的"夹坝"是不可取的行为。而且在具体情景之中，在不同的话语体系之下，抑或在不同的阶级立场观点之下，"强盗""土匪"也会有不同的含义。比如，革命时期的中国共产党就被国民党当局者污蔑为打家劫舍的"土匪"，增添了"土匪"含义的复杂性。撇开此种含义，为了研究的便利，在暴力抢劫他人的行为层面，若书中没有特别说明，"夹坝""强盗""土匪"三个词汇能够通用。

2. 康区

藏族传统的地理概念中，藏族地区分为"卫藏""安多""康"三个区域。三区域不仅是藏语的三大方言区，也是三个不同的人文地理单元。"卫"在藏语中有中心之意，"康"一词在藏语中有边地、躯干、种子、大地等多种含义。如果我们以中心与边地这一对立关系的含义来理解，只有确立了中心区域才有对应的边地的区域。事实上，在7世纪吐蕃王朝定都拉萨之后，拉萨河谷才成为当时藏族的政治、经济与文化中心，"康"即为相对卫藏中心地区而言。历史上，"康"并无固定疆界。习惯上，"康"泛指鲁共拉山以东、巴颜喀拉山以南、大渡河以西、高黎贡山以北的青藏高原地区，包括今西藏的昌都、四川的甘孜藏族自治州（简称"甘孜州"）、云南的迪庆藏族自治州（简称"迪庆州"）以及青海玉树、果洛部分操藏语康方言的广大地区，居住在这些地区的藏族群众也就是康人或康巴。从建制上看，清末赵尔丰在该区实行改土归流，并准备在这一带建立行省——"西康省"。"东自打箭炉起，西至丹达山止，计三千余里，南与云南之维西中甸两县接壤，北踰俄洛色达野人与甘肃交界，计三千余里。"② 清帝逊位，建省的愿望没能实现。民国二十八年（1939年）西康省成立，下辖48县，涉及今四川西北与西藏昌都、林芝等地，而瞻化就是其下辖的一个县。

---

① 蔡少卿：《民国时期的土匪》，中国人民大学出版社1993年版，第3页。
② 参见付嵩炑《西康建省记》，书林书局1932年刊本，第1页。

3. 历史解读

恩格斯在谈道德时认为，道德不仅是一个历史范畴，还是一个社会范畴。与道德相同的是，新龙藏族群众的抢劫也是一个历史范畴与社会范畴。首先，从发生的时间来看，新龙藏族群众的抢劫是过去很长一段时间内存在的一种民风。之所以选取清末至民国时期这一时段，是因为收集的材料集中于该时段，但并不意味着"夹坝"在清代以前的历史时段中并不存在。由于历史文献对清代以前的新龙社会记载较少，因此进行分析与解读毫无根据。由于从元朝瞻对第一代土司之后，该地一直处于"土司分治"的状态。在当地的生产方式、地理条件以及管理状态大体相同的情形下，可以推测的是当地的"夹坝"之风及土司之间的争权夺利同样会存在。因此，这就需要我们从历史的角度对此民风进行分析，而本书选取的历史时段中新龙藏族群众的抢劫在强度与烈度方面均甚为突出。其次，新龙藏族群众抢劫的存在并不是无本之木，必定有深厚的社会历史基础，有一定的社会历史条件。历史解读就是要挖掘抢劫持续存在的具体社会历史条件，以较好地呈现历史上新龙社会的图景。

4. 文化解读

除对新龙藏族群众的抢劫进行历史解读外，还需要从文化的角度对其进行解读。功能学派认为，一个社会及其文化是统一的、不可分割的整体，整体中的部分都各具功能。布朗谈及南非一些部落中存在的舅父与外甥的特殊关系时就认为："这些相关联的习俗之间并不是独立的，而是某种体系的一部分。"① 从民风的角度来看，新龙藏族群众的抢劫民风也是一个统一的、不可分割的整体，整体中各部分相互支持。例如，藏族习惯法特别是"赔命价"的习惯法就是维持抢劫民风持续存在的重要机制。威斯勒（Clark Wissler）从文化特质与文化丛的概念来分析一个部落及区域的文化。文化特质是人类学学者研究民族文化的切入点，许多文化特质形成一个文化丛，如猎头、图腾、祭祀等都是著名的文化丛。② 如果将抢劫行为视为一种文化丛，就需要从文化解读的视角来分析这一文化丛及各文化特质以及各文化特质之间的关系。如抢劫需要刀、枪等利器的支持，于

---

① [英] A. R. 拉德克利夫·布朗著：《原始社会的结构与功能》，丁国勇译，中国社会科学出版社2009年版，第4页。
② 参见 [美] 克拉克·威斯勒著《人与文化》，钱岗南、傅志强译，商务印书馆2004年版，第47～59页。

是就需要分析新龙社会刀、枪的分布以及藏族群众如何获得枪支的情况。另外，抢劫也是一种人为的现象和结果，即人为事实必定有支撑抢劫民风存在的价值观念体系。需要指出的是，在对新龙藏族群众的抢劫进行分析时需要将历史解读与文化解读相结合，在历史环境中透析文化，通过文化的脉络理解历史，这样才能达到深层次解读的目的。

5. 维持机制

作为一种民风，新龙藏族群众的抢劫持续了很长一段时间。那么，在抢劫民风持续存在的历史时段内，必定有支撑其存在的相关机制。从系统论的角度来看，系统需要相关机制来维持系统的平衡，否则系统就会失衡甚至崩溃。人类学的整体观也表明，要从整体上把握新龙藏族群众的抢劫民风，整体中的各部分对整体都有相应的功能，维系着整体的存在。本书所指的维持机制是指维系着新龙"夹坝"或抢劫民风长时间存在的诸如生计、自然、荣誉观、习惯法、区域政治关系等相关因素。当然，系统也不是一成不变的，在外力等因素的作用下，支撑系统存在的机制被打破，那么整个系统就会出现变动甚至崩溃。在中央人民政府的治理之下，新龙传统的政治、经济、军事、社会组织等均发生了翻天覆地的变化，那么支撑新龙藏族群众抢劫民风的维持机制自然就被打破，抢劫之势也就随之弱化，抢劫民风也就发生了根本性的转变，地方整体的治安环境随即发生了根本性的改变。

二、解读框架

本书一共有七个部分，除导论和结语之外，正文由五个部分组成，分别研究不同的问题，这些问题构成了一个密不可分的整体。

导论部分首先阐明了本书的选题缘由，即新龙藏族聚居区"夹坝"危害地方社会秩序，对这一特殊现象进行解读有着重要的理论与现实意义；接着对学界的相关研究展开回顾；继而对本研究的田野工作点及研究材料情况进行了交代；最后对本研究的相关概念予以界定。

第一章致力于对与抢劫相关的过程、武器装备的获得等方面做具体的分析。从分类的角度来看，新龙藏族群众的抢劫依据抢劫对象、抢劫者的不同可以分成不同的类别，不同的类别具有不同的特点。虽然抢劫并非千篇一律，但一般而言，一次完整的抢劫会有相应的基本过程。在实施抢劫的过程中，枪支是抢劫者实施抢劫的利器。他们通过各种方式获得这些利器，而枪支的泛滥加剧了新龙社会局势的混乱。

第二章分析新龙藏族群众抢劫的维持机制的第一个方面，主要从三点入手。首先是分析自然条件对藏族群众生产、生活等方面的影响，因为自然条件是人类生存的基础，也是"夹坝"的生存之基。事实上，新龙藏族群众生存的自然条件与当地的物质生产资料有着密切关联。传统生计的不足以及荣誉观与民族性格是促使新龙藏族群众抢劫的另外两个动力。这三个方面的因素交织在一起，形成一种合力，导致藏族群众持续抢劫。

第三章分析新龙藏族群众抢劫的维持机制的第二个方面，即关于抢劫的习惯法及其运作。藏族习惯法是维护藏族社会秩序的重要保障，也有着深厚的存在基础。抢劫事件发生后，被抢劫者或选择报复性抢劫或选择说官司的方式进行解决。在民族—国家体系之下，无论选择哪种方式，藏族习惯法都与国家法存在着互动关系，双方都试图在地方社会发挥更大的作用。

第四章分析新龙藏族群众抢劫的维持机制的第三个方面，即藏族群众抢劫与区域政治的关系。笔者试图阐明藏族群众抢劫与清末以来康区动荡与混乱的政治局势以及县辖各土酋、头人之间的你争我夺的密切关系，尤其是后者极有可能引发新龙县的社会动荡甚至整个康区的社会局势的变化。在此种政治局势下，新龙藏族群众承担亦军亦民的角色，以应对此种跌宕起伏的政治局势。

第五章分析历代政权打破"夹坝"维持机制的过程。抢劫行为在清政府、国民政府以及中央人民政府看来都是严重的违法行为，是必须予以严厉打击的行为。因此，历代政权采取军事打击、法律控制、社会变革等多种方式试图控制地方的抢劫之风。当然，不同的方法就会取得不同的效果。

结语部分，笔者对全书进行总结，概述对新龙藏族群众抢劫民风的理解、抢劫民风的维持机制、习惯法与国家法的关系、中央与地方的关系以及国家对地方社会的治理，并就此提出笔者粗浅的看法，期望能够推动学界对此种暴力风俗进行更深入的研究。

第一章 "夹坝"的类型与实施

"夹坝"的实施一般会经历几个阶段，而依据抢劫对象、抢劫者自身特点的不同，新龙藏族群众的抢劫可以细化为不同的类型，这些不同的类型有不同的特点，却都不是徒手实施抢劫的，他们有获得抢劫利器的途径与方式。

第一节 "夹坝"的分类

分类，是人类最基本的能力之一，也是指导我们认识客观世界的一个重要指针。按照不同的分类标准，如根据抢劫的对象、抢劫者、抢劫的性质等，"夹坝"有不同的类别。

一、依据抢劫的对象进行分类

根据文献与档案资料的记载，新龙藏族群众抢劫的对象众多，有政府官员、商旅，甚至有士兵。具体来说，抢劫对象可以分为六大类。

1. 官兵及公职人员

新龙地处南北两条通藏大道之间，地理位置十分重要，抢劫者南下北上均可劫掠。雍正六年（1728年），下瞻对"夹坝"不仅"啸聚抗官"，还在川藏大道上"纠党劫掠"，致使四川总督黄廷桂派出汉兵、土兵12000余人征讨。乾隆九年（1744年），西藏江卡汛撤防官兵36人行至理塘海子塘附近被瞻对"夹坝"抢去驼马、行李、军器、银粮等物。同治年间，新龙藏族群众屡次出巢抢劫，致使川藏"大道几至不通"[①]。光绪

---

① 《清高宗实录》，中华书局1986年影印本，第23页。

六年（1880年），驻藏帮办大臣维庆由川藏线赴藏任职，途经与新龙交界的芒康大石包地方时遭新龙藏族群众抢劫。新龙藏族群众恃其险阻，屡为"夹坝"，并抢劫驻防台站撤回兵丁的行李、银两等物，扰害地方。事实上，清代文献中关于新龙藏族群众抢劫官兵的记载远不止以上所列举之例。

民国时期的抢劫并没有因为清朝灭亡而减少。"诺那事件"（详见本书第四章第一节）时期，瞻化上瞻区土酋甲日多吉朗加及其女儿青梅志玛洗劫县城，将县长、师爷以及驻军的一个退役营长杀害，并将驻城的一个排武装解决，抢劫城区居民财产以及政府和军队的枪械、粮食、器物、财货等物，可谓胆大之极。抢劫官兵在康区的其他地方也屡屡发生。例如，民国元年（1912年），乡城彭错大吉率千余人围攻理塘，他们将原理塘宣抚司房纵火焚烧，劫得赵尔丰时留下的枪支数百支、银10万两，并占据理塘城，当时的理塘粮务陈廉也中弹身亡。

政府工作人员也常遭抢劫。如民国三十五年（1946年）瞻化县政府军事股股长陈忠因公事从甘孜县返回至沙堆石门坎之地就遭到8名抢劫者鸣枪抢劫，抢劫者当即就打死马一匹，陈忠本人也被乱石击伤胸部。由于石门坎两岸无藏族群众居住，且凶险无比，所以陈忠任由"夹坝"宰割。其所带被盖、线毯、藏毯、大衣、香皂、糌粑、猪肉、猪油、法币、瓷碗、牙筷、卷烟杆、枕头、被套、皮革、手巾、面巾等生活用品一并被劫走。事后查证，抢劫者是瞻化县属下瞻区朱倭村村民。又民国三十七年（1948年）元月二十日，瞻化县公教人员邓生能因支差马的问题与上瞻区俄色村村民发生争执。该村村民随即将他暴打半小时之久至昏死过去。醒后，他发现手脚被捆，随身携带之珊瑚两颗及黄金五钱全被抢去。事后，邓生能认为此事完全是村民想劫夺财物而有意为之。

官兵及政府公职人员被抢，是抢劫者对政权以及军队权威的公然挑衅。对任何政权而言，此类行为从来都是绝不能容忍的。因此，派兵剿灭抢劫者是当政者最常用的解决之道。例如，清政府多次派兵试图剿灭新龙抢劫者；民国时期曾劫掠县城的青梅志玛在密谋再一次举兵叛变时于民国二十八年（1939年）被瞻化驻军先发制人活捉，并被公开枪毙。当然，青梅志玛被处决之事绝不只因率众劫掠那么简单。

2. 寺庙

众所周知，寺庙在藏族聚居区是一个巨大的经济实体，且所属山场、牛马等财产众多。百姓的捐赠、土地放租、高利贷、经商等是寺庙的主要收入方式。如瞻化"喇嘛寺多以放贷为生息之道，其放利之物，以粮食为大宗，金钱及其他抵押品次之"①。放贷的利息非常高，属于典型的高利贷。如借粮一斗，到明年秋季，就要还一斗五升，相当于50%的年息。借藏洋的话，借5元则到期要还6元，为20%的年息。因此，寺庙在当地也是富甲一方的。从生存或获得财富的角度来看，抢劫寺庙能够达成抢劫者的目的。乾隆四十四年（1779年），理塘土司丹津衮布报称："所属热寨地方之麻塘寺，于五月十五日半夜，有瞻对夹坝二百余人，到寺焚劫殿宇、住房及佛像经典、衣服器皿等物，并杀死喇嘛二名，裹去一名，随即散去。"② 此次抢劫人数多，麻塘寺可谓人财两失、损失惨重。又如民国三十年（1941年）瞻对县上瞻区土酋甲日多吉朗加下属抢劫了甘孜洞拖寺。据洞拖寺统计，被劫去的财物有马匹、骡子、鞍垫、各种品牌枪支、子弹、茶叶、草烟、糌粑、皮箱、牛肉、经书、砖茶、铁锅、珊瑚、衣服、镀金佛、氆氇、骡马铃子、口袋、木碗、皮靴等多种物品，约损失藏银9000秤③。民国三十四年（1945年）六月十五日，瞻化麦科金厂抢劫甘孜白利寺属山上牛马，七月十一日抢去该寺骡马22头。

然而，抢劫寺庙困难重重。首先，寺庙人员众多且有自己的武装，小寺庙有枪七八十支，大寺庙枪支可达百余支。例如，长青春科尔寺是长康南最大的藏传佛教格鲁派寺院，有僧侣3000多人，枪支700余支，是当时理塘县最大的一支武装力量，所以抢劫寺庙会遭到寺庙人员的武装抵制。其次，寺庙在地方上极具影响力，如果寺庙受袭，周围群众势必赶来助阵抵抗抢劫。新龙县寺庙多，一般是一个村或几个村就有属于自己的寺庙。如民国三十五年（1946年），沙堆亚乌寺有喇嘛100人，大部分喇嘛是沙堆本地人，如寺庙被劫，他们及沙堆乡人能迅速集合进行抵抗。再次，寺庙本身也有防护措施。有的寺庙用围墙围住，有的寺庙建在山高地险的位置而易守难攻。例如，沙堆旧亚乌寺的位置比周边民房都要高，大有居高临下之势，如要进行抢劫，难度极大。加之，寺庙是活佛或堪布所

---

① 许文超：《瞻化上瞻区调查记》，见赵心愚、秦和平编《康区藏族社会历史调查资料辑要》，四川民族出版社2004年版，第194页。
② 西藏民族学院历史系编：《清实录·藏族历史资料汇编》，西藏民族学院历史系1981年印，第1086页。
③ 秤，是康区的一种计量单位，等于白银50两。

住之所，且有藏传佛教诸类佛像。对于教民来说，触犯佛是大忌，罪孽更为深重，不利于他们的转世。最后，从抢劫成本而言，康区习惯法规定抢劫喇嘛的赔偿倍数更多、成本更高。

3. 商队与行商之人

商队一般运送各种生活物资，如茶叶、布匹、食品等。他们一般用牦牛驮着货物，少数人使用马匹驮。大型商队牛马行走在川西高原上也是一道亮丽的风景。对藏族群众而言，牛马是重要的财富，需要雇人进行跟队。因此，商队的经营需要大量人力、财力的支撑。放眼新龙藏族聚居区，在该地只有土司、大头人、寺庙才有自己的商队。清末藏管时期，一些藏军军官也曾建立自己的商队。一些藏族群众为了生计，也从商。由于商队物资充沛，假若能抢到商队的物资，对抢劫者的生活则是极大的补充。

民国三十五年（1946年）十月十六日，天兴隆号商队四人四马护送骡驮36只行至甘孜锣锅果子山处，被瞻化"夹坝"20余人行劫，四人全部被杀，所带货物都被抢走。此案影响极为恶劣。一是被劫物资价值巨大，有步枪、骡、马、刀、金戒指、骑鞍、帐篷、绸子、饭锅等，约值藏洋39690元。二是不仅劫财还杀害了四人，其中还有一位喇嘛。因此，天兴隆号负责人先后多次上书西康省政府要求省府派兵剿灭抢劫者。个人从商者被抢之事更多。例如，丹巴商人陈万山到瞻化进行贸易，经过蝦须时被"夹坝"拦路抢劫，其所带金钱、货物等也全被抢去。又如民国三十三年（1944年），汉族商人王安云于该年六月二十日赴甘孜贸易，返回至炉霍境内时，在炉霍沧浪口被瞻化县上瞻区藏族民工数人将其所携法币2万元、四寸（1寸≈0.0333米，下同，不再标注）布一匹劫走，并且其本人也被"夹坝"用刀击伤。"夹坝"得手后立即乘马而去，消失在深山密林中。商队中有"驮脚"。驮脚意指赶着牲口从事驮运的人，他们也容易遭到抢劫。民国三十六年（1947年）十二月，乾宁县隆登乡百姓其来仁真、四朗降错去康定驮脚，返抵海子山时遇瞻化"夹坝"四人拦路抢劫。因寡不敌众及行路疲乏，最终被"夹坝"劫去牛二头、马一匹。被劫的两人急忙抄近路搬救兵阻拦抢劫者，试图挽回损失。拦截后，双方鸣枪激战，一名抢劫者被击毙。

4. 邮运与邮差

康区海拔高、气候复杂，民国时期交通极为不便。西康省政府与县政府的公文往来、消息传达曾一度主要依靠邮运。民国三十四年（1945年），瞻化县县长张楷请求省府拨发电台，可见此时瞻化仍未通电报。瞻化县府与省府之间的邮运一般是四日一差，同年瞻化邮局提出改四日一差为八日一差的建议时就遭到瞻化县县长的强烈反对。邮差除带有公文外，还带有自己沿途的生活用品及帮人购置的物品。由于邮差往返时间、路程上有规可循，他们很容易成为被劫的对象。民国三十五年（1946年），瞻化邮差邓英于七月十一日由甘孜返回瞻化，行至洞真与沙堆乡属石门坎之间，突遇"夹坝"。他们从森林中开枪射击，逼迫邓英就范。无奈之下，邓英只得亮出身份与"夹坝"谈判。几番交涉，"夹坝"根本不听从劝告，频频开枪示威。最后，邓英只好弃物躲藏。所有邮件、随带之物以及沙堆差马、鞍替等物品均被"夹坝"抢去。被劫物件中有邮件41件以及牛舌头、盐巴、麻布口袋、子弹、茶叶、油、毡子、皮绳、生粉、面巾、酥油等。

不仅新龙地区劫邮事件频现，康区其他县劫邮事件也屡屡发生，而此类事件的发生严重影响了政府命令、文件的上传下达，妨碍了地方交通。长此以往，后果不堪设想。对此，民国三十年（1941年）十月西康省政府下文要求各县"务于所辖区内交通要隘随时派队防守或巡弋，以免再有劫邮案件发生，遇劫案发生亦须立即负责缉办"①。当地解放后，劫邮事件也有发生。如1960年5月16日由新龙县城发往拉日马牧区邮件一班，在离扎宗寺还有一个半小时路程的扎瓦地方被四名"土匪"用枪逼迫，将全部邮件及乡邮员所带的全部口粮抢走，乡邮员也被毒打一顿。

5. 牛厂

牛厂有数目不等的牦牛、马匹、绵羊等牲畜。牛、马既可以出售（尤其是马，好马的价格与四头牦牛的价格相当），也可以食用，满足生活所需的肉类。因此，抢劫牛厂往往"有利可图"。又因牛场面积较大，放牧者人数较少，所以抢劫牛厂也容易成功。民国三十四年（1945年），甘孜孔马寺牛帮在竹土地被"夹坝"抢劫，劫去牛65头，并打伤二人；同年，瞻化县谷日牛厂被阿色麻抢劫，损失大、小牛315头，谷日农牧民损失惨重。于是，他们向驻军请求派兵剿办。民国三十七年（1948年），炉霍县

---

① 卷宗号：002—002—156。本书所引用的档案均藏于新龙县档案局，在这三组构成一列的数字中，第一组代表全宗号，第二组代表目录号，第三组代表案卷号。以下不再赘述。

寿宁寺附近西北牧场马群被瞻化色威、屋色、泽西三村百姓劫去良马数匹，双方均集结人马，准备以武力解决此次劫马事件。今俄巴 70 岁的真正告诉笔者，他记得沙堆的女汝牛厂和日巴牛厂就曾被人抢过，抢劫女汝牛厂的人是大盖下面"阿色沟"的，而抢劫日巴牛厂的人是甘孜一个牛厂的。沙堆乡的何莱也向笔者讲述了一个抢劫的事例：

> 有个叫仍巴的人带着两个人从甘孜走路过来，趁着天黑的时候抢了科查村一个牛厂的牛，并且把三个放牛的女娃娃捆了。

日巴村村民其美多吉也讲到大盖"muru"地方的人抢了一家牛厂，日巴管家得信后召集百姓去追，管家出发追在先、百姓追在后，最后把牛全部追回来了。

可见，牛厂娃①也有自己的武装，遇到抢劫时，他们一般都会进行武装抵抗。

6. 普通民众

汉族与藏族的普通民众也经常遭到抢劫。以支差百姓被抢为例。沙堆为甘孜与新龙交界之地，过往百姓较多，许多支差藏族群众经常在沙堆境内尤其是在石门坎被劫。如民国三十三年（1944 年）十二月，甘孜县差民哈西充翁直勒"此次应支乌拉到瞻化于国历本月十三日返，经瞻化所属沙堆地方突遇土匪五六名持枪出击，将差马七匹全数劫去，牛一头跌死岩下"②。民国三十五年（1946 年）二月，甘孜孔撒乡村民支差到沙堆时，就被沙堆百姓抢去了马五匹。又如民国三十六年（1947 年）七月二十八日，麻书乡差民多吉五须为甘孜驻军追击炮连留守处廖排长运粮赴瞻化县；两天后返甘孜，行至石门坎突然被"土匪"多人拦路抢劫，抢去马二匹，一匹为黑色、一匹为青色。民国三十三年（1944 年）六月，瞻化麻日村村民六人抢劫了理化县噶垻乡小村，抢劫马十匹；后小村村民追击，并与抢劫者发生枪战，夺回马七匹、快枪一支，击毙一人。另外，一些在瞻化挖金的汉族金夫也经常遭当地百姓抢劫。如民国三十一年（1942 年）十月中旬，四川巴县金夫就被四名藏族群众抢劫，将其挖金三年多的积

---

① "娃"在藏语中是人的意思；"牛厂娃"也是康区文献中常见的一个词语，意为专门从事畜牧业的人。
② 卷宗号：002—001—357。

蓄、挖金器具及随身衣服全部抢去。民国三十五年（1946年）农历七月二十五日午夜，四川仁寿金夫辜瑞卿被七名携有四支枪的抢劫者抢劫。抢劫者先在金棚外射击三枪，然后入棚将所有财物器具尽行搜刮，劫掠无遗。民众中的喇嘛也是被抢的对象。如瞻化县盖呷绒寺喇嘛多吉降泽赴雅江境内求神转经，于途中被雅江县所属谷谷村保正马热登巴率阿洛村村民杀扯家父子等四人，劫去该喇嘛马三匹、鞍垫三副、降魔杵一只、帐篷一顶及诵经用品、食物、藏洋、银子等，约值人民币3200元。

二、依据抢劫者进行分类

根据抢劫者自身特点，抢劫有不同的分类。例如，根据参与抢劫的次数多寡，抢劫者有惯匪与临时抢劫者之分。在藏北牧区，抢劫者既有以行劫为生的强人，也有临时抢劫的牧民。① 刘曼卿认为，抢劫者有不同类型，"康匪分两种，一为无赖汉，专以抢劫为生者；一为土著，以越货为副业"②。福格森（W. W. Forgusson）根据其在甘青地区的生活体验也将劫匪分为两类，即职业性强盗和业余性强盗。"在职业性强盗和业余性强盗之间，存在着一个明显的区别，即：职业性强盗为了抢劫大宗财物而精心策划，只要一行动，总是攻击大群牲畜，抢走大量牲畜；业余性强盗则抢掠小商队，不择巨细，只要对他们有用的东西，只要能够得到，他们都'笑纳'，但是很少杀人害命，除非情势逼迫。"③ 笔者认为，惯匪以抢劫为生，他们并不安心从事耕作或畜牧，对家庭也少有责任。临时抢劫者平日仍有耕种，养家糊口。从性质上说，二者还有很大的区别。道孚县鱼科区区长认为，瞻化阿色马头人杜根果为一惯匪。杜根果曾劫杀该县桠乡头人阿斯噶，并将其牛马财产全部劫走，还杀害了许多过往汉族民众。在民国时期的"西康各县治安概括调查表"④ 中，杜根呷（与上文的杜根果为同一人）在"匪首"一栏中。该人拥有"从匪"约50人、约20户，有快枪50余支。他经常集合队伍，出没无常，居无定所，居于甲地则行劫乙

---

① 参见格勒、刘一民、张建世、安才旦《藏北牧民：西藏那曲地区社会历史调查》，中国藏学出版社1993年版，第261页。
② 刘曼卿：《国民政府女密使赴藏纪实》，民族出版社1998年版，第32页。
③ [英] W. W. 福格森著：《青康藏区的冒险生涯》，张文武译，西藏人民出版社2003年版，第18页。
④ 卷宗号：002—001—402。

地，居于乙地又行劫丙地，可谓到处劫掠，康区道孚、泰宁、理化等县百姓屡遭其害。然而，瞻化县并不能立刻"为民除害"。其计划的办法是，能将劫匪招抚就将其招抚，不能将其招抚就会同驻军拟订计划将其剿灭。但制订剿灭的计划并不可行。第一，此类抢劫者居无定所，在交通以及通信极度落后的瞻化山区找人，会受到气候、地形等自然条件的限制。第二，对瞻化县政府而言，出动军队进行剿灭会耗时较长，成本极大。所以，对一些惯匪的抢劫，包括瞻化县在内的许多地方政府都睁一只眼闭一只眼。第三，杜根果的势力较大，如果政府军与他们交火，政府军并不一定能够占据上风。除杜根果是惯犯外，瞻化麻日村村民六人抢劫理化县噶堪乡小村案中的两位抢劫者也是惯犯。他们经常抢劫，无法容于村，只好投靠了上瞻区土酋甲日多吉朗加。

　　同样，根据抢劫者的主要生计模式，大致可以将抢劫分为农耕者抢劫与牛厂娃抢劫。阿色马头人杜根果就是典型的牛厂娃抢劫。他作为牛厂的头人，经常率众四处劫掠。此外，根据抢劫者的身份，可把抢劫分为平民抢劫、土司头人抢劫和喇嘛抢劫。一些普通藏族群众或迫于生计或利欲熏心，外出抢劫牛厂、商人以及其他村寨百姓的事件并不少见。俄巴的真所讲述的沙堆女汝牛厂被劫事件以及日巴牛厂被劫事件的抢劫者就是普通百姓。许文超根据其在瞻化上瞻区的调查认为："自秋收后起，至废历正二月止。此四五月中，除留数人于村内为政府应差外，其余一概集中，数十成群，将枪支、马匹、口粮整理齐备，开往炉霍、甘孜、白玉、理化、德格、道孚等县之边界上，大肆抢劫，饱载方归。"① 此处抢劫的主体均为普通百姓。不仅瞻化藏族群众如此，乡城藏族群众外出抢劫时"常由各村首领，编成马队，驰赴数百千里外，攻人村堡或寺院"②。历史上，突厥部落行劫也是以平民为主体，"部落平民在生产、利益和部落安全方面有着平等的权利和义务，不存在任何差别和特权，他们共同占有牧场，负有互助、救济、保卫和为部落成员复仇的责任"③。但民国时期的瞻化虽不是纯牧区，但其社会组织也不是部落。

　　土司、头人抢劫则较复杂。工布朗结在统一全瞻对时，常率队外出抢

---

① 许文超：《瞻化上瞻区调查记》，见赵心愚、秦和平编《康区藏族社会历史调查资料辑要》，四川民族出版社2004年版，第197页。
② 任乃强：《西康图经》，西藏藏文古籍出版社2000年版，第317页。
③ 何星亮、郭宏珍：《突厥史话》，五洲传播出版社2008年版，第55页。

劫，挑起事端。此类抢劫土司本人亲自参与，并与土司本人的政治抱负联系在一起。可以说，一些抢劫是土司与土司之间争权夺利的方式。以瞻化县为例，20世纪30年代的上瞻区与河西区两位土酋之间经常发生抢劫、械斗。有时，土司头人的抢劫是与复仇联系在一起的，这类抢劫事件数不胜数。还有一些抢劫则是根据土司头人授意进行的，土司本人并不亲自参与。土司在地方上实力雄厚，依附其生存的人员众多。他能号召所属百姓参与械斗、战争以及抢劫之类的暴力活动。由于土司、头人势力庞大，他们参与的抢劫、械斗规模一般较大，后果也比较严重。

如果普通农牧民、土司头人参与抢劫可视为"正常"，那么少数喇嘛参与抢劫则颇为意外。按常理，喇嘛应以诵经祈福为业，以慈悲为怀，普度众生；但少数喇嘛不务正业，抛弃对佛的信仰，也抢劫他人。如民国二十九年（1940年），四川永川县采金棚首张信之及手下两名金夫被见利忘义的喇嘛乌鸡登子率众抢劫。有两名金夫被打死，张信之也被捆绑，同时被抢去赤金一两六钱、被盖五套、铁锤六把、荒钯八张、食粮一包半、腊肉五斤（1斤=0.5千克，下同，不再标注）、铁锅二口、铜瓢三个、零星物件等。清朝时期，驻藏帮办大臣凤全对喇嘛教的盛行及喇嘛人数极为担忧。光绪三十一年（1905年）正月，他在上书光绪帝时写道："理塘……僧多民少，大寺喇嘛多者四五千人，借以压制土司，刻削番民，积习多年。驻防营汛单薄，文武相顾，莫敢谁何。抢劫频仍，半以喇嘛为逋逃薮，致往来商旅竟向喇嘛寺纳贿保险，即弋获'夹坝'，辄复受贿纵逸。"① 在凤全看来，喇嘛数量过多并无益处，其中的一些人以喇嘛的身份实施抢劫，躲避官府的捉拿。不仅如此，喇嘛对"夹坝"态度暧昧，即便抓住了"夹坝"，其行为仍未收敛。这也是引起社会秩序动荡的潜在因素之一。笔者认为，在清末动荡的历史条件下，凤全的言语虽有一定的道理，但过于夸张。不可否认的是，清代以及民国时期的寺院有自己的武装，也是影响地方格局的重要政治力量。本书第四章第一节讲述的"大白事件"中的主角就是两大寺庙及其附属藏族群众。当寺庙喇嘛拿起武器时，他们也成为"战士"。从互惠的角度来看，一些抢劫者将抢劫而来的财物部分捐给了寺院，在抢劫者、寺院之间形成了利益同盟。但就笔者收

---

① 四川省民族研究所《清末川滇边务档案史料》编辑组编：《清末川滇边务档案史料》，中华书局1989年版，第40页。

集到的资料而言，喇嘛抢劫的事例仍然比较少。笔者也曾问过一些沙堆百姓对于有些喇嘛偷、抢的看法。大部分藏族群众认为，那些偷、抢的喇嘛并不是真正的信佛者，他们是假喇嘛，真正信佛的喇嘛是不会有偷抢行为的。

三、依据抢劫的性质进行分类

根据抢劫的性质，可将抢劫分为复仇抢劫与非复仇抢劫。简单来说，复仇就是被伤害人可以寻找他的仇人予以同样的伤害。复仇的观念和习惯，在封建社会及原始社会中极为普遍。①

我国自古就讲究以其人之道还治其人之身。人类学经典民族志中也可发现因纽特人、美洲印第安人、美拉尼西亚人、东非土著以及非洲和澳洲的土著都有复仇的习俗。

以斯瓦特巴坦人为例："抢对方的财产以示报复，如对方偷了自己的东西，就去把对方的牛牵来作为补偿，这样的行为往往是佃农和牧民这样一些普通人干的。这样一些小东西并不能给首领们带来荣誉。在一代人以前，相互间的掠夺比较普遍，居住在不同地方的人之间还没有建立像今天这样的经常性联系，抢夺对方的财产和人质作为报复更普遍一些。"②藏族也是如此，藏族的报血仇或血亲复仇"是一种古老的风俗，流行于原始的氏族社会之际，虽然没有成文的法律来约束，但是在当时却是人们共同遵守的准则"③。这种准则至今在甘孜藏族聚居区仍延续下来。如果把这种准则视为一种文化法则，那么在此种文化法则的支配下，甘孜地区一些械斗、杀人事件则屡屡发生。

就发生在康区的抢劫案件来看，非复仇抢劫范围较广，事件也更多。前文的喇嘛乌鸡登子率众抢劫金夫致人死亡案、雄龙西甲谷村村民偷牛案、四川仁寿金夫辜瑞卿被劫案以及大盖呷绒寺喇嘛多吉降泽在雅江境内被劫案等，这些案件或出于利欲熏心或为生计所迫。以下重点谈一下复仇抢劫。

复仇有许多种方式，报血仇只是其中的方式之一。事实上，抢劫也是

---

① 参见瞿同祖《中国法律与中国社会》，商务印书馆2010年版，第78页。
② ［美］弗雷德里克·巴特著：《斯瓦特巴坦人的政治过程：一个社会人类学研究的范例》，黄建生译，上海人民出版社2005年版，第120页。
③ 王尧：《西藏文史探微集》，中国藏学出版社2005年版，第437页。

一种复仇行为。例如，川康地区的牧民"他们每年去劫掠有冤仇的部落或个人，如果确实没有可作为抢劫对象的冤家，则去远而不熟悉的地方实施抢劫"①。任乃强谈及西康的抢劫时也认为，复仇是抢劫的动力之一。例如，理塘毛垭牧区和曲登之间的冤家械斗，是由曲登经常来抢毛垭的牲畜，并杀害毛垭的头人和牧民所造成的。②同样，瞻化县因复仇而发生的抢劫事件也屡禁不止。例如，上瞻区土酋甲日多吉朗加与甘孜俄巴俄须多吉纠纷案，两家就曾多次发生互劫事件，"情甲日家同俄巴家纠纷已经三年，所为甲日家粮食、银钱、牛、马、羊等一共值藏一万余元，全被俄巴家抢去"③，这也只是甲日家对县府的单方面陈诉。民国二十六年（1937年）五月，河东区总保从中理说清理双方互劫财物中，甘孜俄巴家被甲日家抢劫物件值6000多藏洋。两家的纠纷历经三年多，后经甘孜驻军长官、两县县长以及瞻化河东区总保、寺庙负责人等从中调息判结，双方也赔偿了命价以及财物。但双方积怨太深，军政官员的判结并未能使双方的纠纷平息。判结后，两家仍有抢劫、杀人等行为发生。此两家的纠纷致使双方所属百姓相互攻击、抢劫、仇杀数年，给双方所属百姓造成严重的灾难。一些百姓难以承受人财的损失，不得不离开所在之地而去他乡避难。沙堆乡百姓大都需要在两家之间站队，有的亲甲日家，有的亲甘孜俄巴家，也有的中立。因此，沙堆百姓在三年多的纠纷中时有死伤，有的家庭财物被劫，一些亲俄巴者就逃亡到甘孜俄巴家避难。

又如，民国三十七年（1948年），瞻化上瞻区卡娘村村民抢劫德格仲萨寺及希泥家活佛与商队五人案，抢去武器、商品、骡马等物共值藏洋7000秤并杀害了三人。在调解过程中，卡娘村人就宣称此次抢劫是为了报复民国三十四年（1945年）该村村民在德格境内被击杀而实施的。卡娘娃还宣称："不但此次劫案不受理处，以后如遇德格人行商，无论人与财，还要一并劫杀。"④但德格仲萨寺及希泥家认为其报复的理由纯属借口，并对其理由一一进行了反驳，还指出了三年前击杀该村村民的"真凶"。因此次被杀的人中有一名活佛，案情严重，所以引起了两县的高度

---

① 陈庆英：《藏族部落制度研究》，中国藏学出版社1995年版，第281页。
② 参见四川省编辑组编《四川省甘孜州藏族社会历史调查》，四川省社会科学院出版社1985年版，第257页。
③ 卷宗号：002—002—003。
④ 卷宗号：002—001—462。

重视。陆军整编 24 师独立团第三营派队一连以及瞻化县军事股政警共同前往军事镇压,但卡娘村也做好了迎战的准备。全村人戒备并破坏道路设施,进村的路上还有监视,而且村里的老少已转移,战争一触即发。但在乡长甲日宜马、甲日多吉朗加以及喇嘛代表的担保下,战争最终并未打响。

有时,因抢劫导致的人员伤亡也会导致新的复仇。民国三十四年(1945 年)炉霍县惟德乡民牖牛六头在牧场上被探根等多人劫走。在随后的追击过程中双方发生枪战,探根负伤逃走。由于负伤较重,探根逃回后不久就死去。但探根在临死之前,曾嘱其家人务必为其报仇,而且其余抢劫者也四处扬言他们必将伺机报仇,加之探根是投靠了多吉朗加的。因此,炉霍县惟德乡村民非常恐慌。他们立即报请瞻化县府要求县长制止报复行为,且发出了警告之词,即如该乡有行劫、偷盗事件发生就是探根家人以及其余抢劫者所为。民国三十六年(1947 年)十二月的乾宁县隆登乡驮脚百姓在海子山被瞻化百姓抢劫一案,被击毙抢劫者的同伙在撤退时就扬言要进行报复。该乡则严加防范并报告瞻化县府要求县长制止抢劫者的报复行为,以免酿成持续的暴力冲突。

如果抢劫事件得不到调解赔偿结息,复仇就是首选的解决方式之一。发生在瞻化县内以及周边县的一些抢劫案件,乍看是新的单个抢劫案件,但其实就是对先前抢劫事件的复仇。当然,并不是所有的复仇行为都是由于抢劫引起的,许多争端都会引起百姓之间、土司与土司之间、土司与寺院之间,甚至寺院与寺院之间的争夺与互抢,从而引发新的报复性抢劫。

第二节 "夹坝"的装备

抢劫需要一定的装备支持,毕竟抢劫者并不是徒手实施抢劫的。纯粹使用双手进行抢劫,其成功率一般会低于使用刀枪等武器进行抢劫的成功率。从前文的抢劫案中可以看出,"夹坝"均有武器在身。那么,他们在抢劫中主要使用哪些装备呢?这些装备是从哪里来的呢?枪支在抢劫中起什么作用呢?本节将对这些问题予以分析。

一、康区武器发展简史

从已知的抢劫案例中不难发现,枪是抢劫中的必备武器,但康区何时开始使用枪支的呢?在枪支成为主要抢劫利器之前又是使用什么武器呢?任乃强认为:"番人武器,常较中国落后,当岳钟琪西征时,其人尚用刀矛与竹,后乃仿中国制角弓木箭,甫成功,值乾隆朝西征,已用火枪。其仿中国造火枪,甫成功,值赵尔丰西征,又用快枪。现在番人虽多购快枪,而大炮与机关枪仍未得见。"① 即在岳钟琪西征时,康区尚使用刀矛与竹箭,稍后仿制内地的角弓木箭。在清乾隆西征后,康区开始仿制内地造火枪;仿造成功后,火枪才在康区传播使用。意即康区的武器经历了刀矛、竹箭—角弓木箭—火枪—快枪的发展过程。

总体而言,关于清时康区武器情况的文献资料较少,但也可以从康区的一些战役中发现线索。"今此次用兵,亦系恃其各路碉楼坚固:或山腰有寨,山梁必有防护战碉,临河临崖,枪眼重重,又多聚礌石以防,进取原属险恶。"② 这是对乾隆十年(1745年)七月开始的瞻对之战的战事的描述。礌石即从高处推下大块石头,这是一种较古老的作战方式。碉楼中枪眼重重,表明在乾隆十年(1745年),新龙当地已有枪,这与"乾隆朝西征,已用火枪"的记载大体相符。可见,当时石头与枪都是战争中常用的武器。既然有枪,那么,当地的枪是什么枪呢?乾隆发动此次瞻对之战的目的就是为了剿灭下瞻对土司班滚,但未达其初衷,"据俄木丁等认出班滚随身带鸟枪、铜碗等物件"③,可见当时碉楼中使用的枪很可能为鸟枪。而且下瞻对土司班滚之父策冷工布于雍正六年(1728年)被清军黎雅营游击高奋志用鸟枪与铁杆击毙。此处虽没有阐明班滚火枪的来源,但乾隆九年(1744年),江卡汛撤回把总张凤及兵丁36人,行至理塘海子塘地方就被瞻对藏族群众二三百人抢去驼马、军器、行李、银粮等物。由于清军在雍正六年(1728年)就有使用鸟枪,可推测,此次被抢去的军器中就有鸟枪,而班滚所用的火枪很有可能是抢劫清军武器得来的。笔者推测,瞻对在乾隆时期就有火器——鸟枪,当地用枪的时间要早于乾隆十年(1745年)。另清雍正五年(1727年),据川陕总督岳钟琪报雍正皇帝

---

① 任乃强:《西康图经·民俗卷》,南天书局有限公司1987年版,第92页。
② 《朱批奏折》(民族类),全宗号1324第5号,中国第一历史档案馆藏。
③ 张其勤原稿:《清代藏事辑要》,吴丰培增辑,西藏人民出版社1983年版,第139页。

"千总范义齐送敕书进藏，被翁布中贼抢夺什物等项，射伤人役"①，此处的翁布中贼就为瞻对藏族群众。"射伤人役"则表明他们在此次抢夺中使用的武器为箭或弓。这也与任乃强的记载相符。至于土枪，在工布朗结统一全瞻对时期使用的武器就有土枪、长矛、刀剑等，而具体的传入时间则由于资料缺乏并不可知。根据付嵩炑的记载："枪以熟铁造成，子药均由前膛装入，即内地鸟枪之类，其枪托上有无饰者，有饰以金银珠玉者，木托之首，用山羊角二支，长尺余，锭于托上为叉，能伸能屈，放枪时以叉支地，取枪不摇动而命中，铅弹以铅铸之，乃圆形。"② 文献中常出现的明火枪就是土枪的一种。在快枪引入前，土枪是康区甚至整个西藏较为常见的武器。

为了解决清政府的武器换代问题，光绪三年（1877年）十月，四川机器局在成都东门下莲池建立，开始生产前膛和后膛步枪，后续生产了洋火药、后膛炮、重机枪、子母炮、枪弹、铜帽等，不过生产的后膛炮、重机枪、子母炮非常少。光绪二十七年（1901年），该厂仿制成毛瑟手枪、毛瑟抬枪等。该厂仿制生产的毛瑟M1871式九发步枪颇为著名，俗称"九子快枪"，而快枪一词也就在这时传开。赵尔丰经边时使用的快枪就产自该厂。九子快枪能装九发子弹，相比土枪则先进许多，颇受康地藏族群众喜欢。除九子快枪外，快枪还有独子、三子、五子、七子几类，又可称五子枪、七子枪等。而对于有无大炮，则各持不同的观点。在曾担任代理川滇边务大臣的付嵩炑看来，在清末光绪宣统时期，康区已有大炮，"大炮每支重三四十觔、五六十觔不等，有铜铸者，有铁铸者，长三四尺（1尺≈0.3333米，下同，不再标注），能容火药十余两，铅弹三四十两"③。除有大炮外，当时的康区还有土枪、快枪、戈矛、钢刀、弓矢等武器。又在清末赵尔丰筹备将瞻对改土归流时，探得瞻对藏官正"调瞻民，两户出一人、一马、土枪一、刀一"④。其中还提到藏中并无巨炮，只有土炮，九子枪也不甚多。由此，笔者认为，付嵩炑关于康区武器的记载更为准确。原因是，付嵩炑在1905年入赵尔丰幕府，一直跟随赵尔丰

---

① 转引自张秋雯《清代雍乾两朝之用兵川边瞻对》，载"中央研究院"近代史研究所集刊编辑委员会编《"中央研究院"近代史研究所集刊》1992年第21期。
② 付嵩炑：《西康建省记》，书林书局1932年刊本，第145页。
③ 付嵩炑：《西康建省记》，书林书局1932年刊本，第144～145页。
④ 次旺俊美：《近代康藏重大事件史料选编》（第二编上），西藏古籍出版社2004年版，第155页。

在康区改土归流,并曾担任代理川滇边务大臣职务,也有亲自带兵作战的经历。任乃强并未发现有大炮和机关枪的原因是可能当时大炮较少,或隐蔽或废弃。不管怎样,可以确定的是,在清末光绪宣统年间,康区存在的武器种类主要有大炮、土枪、快枪、戈矛、钢刀、弓矢。

根据以上分析,笔者认为新龙之地在清雍正五年(1727年)时,使用的武器主要为箭或弓。当时清军的武器中就有鸟枪等火器,通过抢劫清军的军器,新龙一些土司获得了在雍正末期、乾隆初期就已经使用过的鸟枪。在乾隆十年(1745年)的瞻对之战时期,这种鸟枪在碉楼中大显身手。当然,碉楼中的枪眼也可施放弓、箭。后经过模仿改制,康区已能够自制土枪,后又有四川本省生产的快枪流入康地。至清末光绪宣统时期,康地已有大炮、土枪、快枪、戈矛、钢刀、弓矢等多种武器。至于机枪,在川军中则有使用,1913年尹昌衡在攻打乡城时的部队中就有两个炮兵连、一个机关枪排;而普通新龙藏族群众较少有这类杀伤力较大的武器。

二、民国时期瞻化武器装备情况

民国时期,如果用"枪支成林"来形容康区枪支数量,一点也不为过,以邓柯县为例。"邓柯一县据调查共有男人1817人计467户,内有壮丁640人,可是单快枪就有850支,子弹29930发,另还有鸟枪694支,合起来就有枪1544支,差不多是一人一枪了"①,真可谓武装到人头了。那么,同时期瞻化县的武器装备情况又是怎样的呢?先看看民国三十七年(1948年)的数据(见表1-1)。

表1-1 民国三十七年(1948年)瞻化县武器数量②

乡　　镇	城厢镇	上瞻乡③	下瞻乡	河东乡	河西乡
步枪数(支)	122	146	97	102	120

---

① 谢天沙:《康藏行》,工艺出版社1951年版,第42~43页。
② 卷宗号:002—001—546。
③ 民国五年(1916年),瞻化三个保被改为四个总保,即上瞻总保、下瞻总保、河东总保、河西总保;民国十一年(1922年),川边镇守总署改四个总保为区,既上瞻区、下瞻区、河东区、河西区(至今新龙仍有四区之分);民国三十三年(1944年),区下开始设乡(镇)。而当时并无上瞻乡、下瞻乡、河东乡、河西乡之类的划分。据此,可推测档案资料的此种用法是档案资料的填写者人为地将上瞻、下瞻、河东、河西四区写成上瞻、下瞻、河东、河西四乡。因此,此节的内容,为了与当时的资料相呼应也使用上瞻乡、下瞻乡、河东乡、河西乡的名称。

续表 1-1

乡　镇	城厢镇	上瞻乡	下瞻乡	河东乡	河西乡
土枪数（支）	5	25	12	14	9
特种枪炮（支）		1			
步枪弹药（发）	610	2550	2180	2460	2230
		花筒式枪			

根据表 1-1，民国三十七年（1948 年），全县有步枪 587 支、土枪 65 支，共 652 支，步枪弹药共 10030 发，其中上瞻乡还有特种枪炮一挺，武器主要是步枪和土枪两类。从四个乡的枪支弹药数量来看，四乡实力较为平均，以上瞻乡实力最为雄厚，共有 171 支枪、弹药 2550 发。同样根据民国三十七年（1948 年）十二月的西康省瞻化人口统计（见表 1-2），全县共有 19450 人。算下来约每 30 人一支枪。以男性人口为计，约为 11 人一支枪，人均有 1.38 发子弹。具体到上瞻乡，约为 15 名男性一支枪，人均有子弹 1 发。如以壮丁人口数计算，全县约每 2.78 人一支枪，人均 5.5 发子弹。上瞻乡则约每 4.14 人一支枪，人均子弹 3.58 发。

表 1-2　民国三十七年（1948 年）瞻化县乡镇保甲户口统计①

区域	乡镇	保	甲	户	人口 共计	人口 男	人口 女	壮丁	备　注
总计	五	39	371	3751	19450	9255	10195	1817	
瞻化县	城厢镇	2	19	185	677	287	340		查城镇人口数字即包括县城之人口统计在内
瞻化县	上瞻乡	10	94	967	5225	2553	2672	712	
瞻化县	河东乡	9	85	786	3976	2009	1967	176	
瞻化县	河西乡	8	84	912	4588	2171	2417	553	
瞻化县	下瞻乡	10	89	901	5034	2235	2799	376	

在另一份民国三十五年（1946 年）瞻化县武器数量资料中则记载瞻

---

① 卷宗号：002—001—567，原表无统计单位。

化的民枪数为步枪 821 支、手枪 30 支①，共 851 支，比 1948 年的枪支数量多 199 支。而在民国三十五年（1946 年）的瞻化县民众自卫武器统计（见表 1-3）中，瞻化县的枪支数量与弹药数量远多于民国三十七年（1948 年）的。具体来说，枪支数目比为 4.23∶1，弹药数量比为 14∶1。而民国三十四年（1945 年）瞻化共 14644 人，共 3783 户，其中男性 6718 人、女性 7926 人。如果以民国三十五年（1946 年）的枪支数量除以民国三十四年（1945 年）的人口，则 5.3 人一支枪、人均 9.6 发弹药，每户约 0.74 支枪、37 发弹药。若以男性人口数量计算，则每人 0.41 支枪、人均 21 发弹药。但是，同为民国三十五年（1946 年）的资料，资料数据却出现了极大的差别。那么，哪份资料更为准确呢？在"西康省各县局人民私拥武力调查表"②中，就认为上瞻土酋甲日多吉朗加私拥枪支 30 支，能号召的枪支约 500 支。以此为准，多吉朗加能号召的枪支与民国三十七年（1948 年）的全县枪支数量差距并不大。在"西康省全县保安司令部康区土头概况考察表"③中则认为，多吉朗加的实力为人枪 150 余，这与民国三十七年（1948 年）上瞻全乡的枪支数量相当。可见，不同年份中关于同一人的武器数量的记载也有较大出入。

表 1-3　民国三十五年（1946 年）瞻化县民众自卫武器统计

乡　镇	枪　种	数　目	弹药数量	备　注
上瞻乡	步枪手枪	700 支	34000 发	该乡乡长私有轻机枪一支
河东乡	步枪手枪	520 支	26000 发	
河西乡	步枪手枪	715 支	35750 发	
下瞻乡	步枪手枪	800 支	40000 发	
城厢镇	步枪手枪	25 支	5000 发	

综合以上数据，笔者认为在民国三十五年至三十七年（1946 年至 1948 年）期间，新龙县档案局文献中关于枪支以及弹药的数量记载均不准确，甚至出现了数据相矛盾。但是，我们从数据记载中不难得出以下判断。

---

① 卷宗号：002—001—431。
② 卷宗号：002—002—173。
③ 卷宗号：002—001—431。

一是瞻化县内枪支数量总数较多。尽管档案记载的枪支数量只能代表政府统计的数量,并不能代表民间实际拥有的枪支数量。民间枪支由两部分构成。一部分是经县府认可的合法枪支。根据时任瞻化县县长卸任之际移交的清单中的记录,他任内共登记烙印枪支 56 支,计步枪 54 支、马枪一支、手枪一支。① 登记烙印的枪支即为合法,这说明经过登记烙印的合法枪支一直源源不断地流入民间。另一部分是民间私自制造、购买的枪支。这部分枪支数量无法准确估计。但总的来说,若以民国三十七年(1948 年)的数据为准,每三个壮丁一支枪。如果再加上民间隐藏不报的武器,壮丁拥有枪支比例会更高。沙堆乡人吴朱卡就表示,自己家里以前没有枪,大概有 1/4 的家庭拥有枪支。虽说吴朱卡的话不一定十分准确,但也印证了文献的记载。

二是瞻化县除城区外,四区的实力大致相当。从枪支与弹药数量来看,四区相差较少,上瞻区略有优势。19 世纪,普鲁士著名军事家克劳塞维茨曾言"战争是政治的继续",从新龙县军事实力与地方政治的关系来看,四区在军事上的旗鼓相当也表明瞻化境内并没有形成一支独大的政治势力,四区之间政治上势均力敌。除清道光时期的工布朗结曾短暂统一全境之外,新龙在区域政治上更多的表现为各土司或各区之间的分治。可见,军事上的均衡与政治上的分治密切相关。

三是土司或民国时期的区长、乡长的实力较为雄厚。以上瞻区多吉朗加为例。他原为瞻化县上瞻区土千户,后经国民政府委任上瞻区区长。他不仅私自拥有大量枪支,还有轻机枪一支,而且还能号召下属百姓及武器,多则四五百,少则一百多支枪。从政府统治的角度来看,任何一个政权都希望垄断暴力。如果地方军事实力过强,政权及行政机关就无法驾驭地方,会严重威胁政权的统治地位,更不用说各种政策的实施。

不仅多吉朗加势力雄厚,其他三区区长的军事实力也颇为雄厚,如河西区区长丁曾扎巴,其父巴登多吉曾为该区区长,也是世袭土千户,其下辖河西区各村,直接掌握雄龙溪百姓约 300 户,计有人枪 200 余。河东区区长巴金,其父也是世袭土千户,其辖内实辖百姓约 500 户,枪 350 余支。如此军事实力,瞻化县政府岂能不忌惮?

那么,民国政府采取了什么办法来控制新龙武器数量的膨胀呢?马克

---

① 卷宗号:002—001—431。

思认为，"原来意义上的政治权力，是一个阶级用以压迫另一个阶级的有组织的暴力"①，那么统治阶级并不容忍另一个阶级的暴力能力超过统治阶级本身。因此，瞻化县政府迫切想解决县内枪支泛滥的问题。在民国三十五年（1946年）的"推行政务情形调查表"中，当局在"民枪管制办理有无困难？原因为何？"中就认为，因为枪支是民众自发购置的，其目的就是为保家防身。言外之意，即当时的新龙藏族聚居区甚至整个西康省处于动荡不安以及战乱频繁之中。事实也是如此，如国将不国，岂有平静之地？但要将全部原因归结于总体社会外部环境，那么当局者也有推卸责任之意。

其实，西康省当局也曾想控制地方枪支泛滥之势。以加强枪支管理为例。西康建省委员会于民国二十四年（1935年）五月十六日公布了《剿匪区内各县自卫枪支登记烙印及给照办法》，意图控制民间持有枪支数量，要求民众将枪支上交政府烙印予以合法化。正因为西康建设委员会的发文规定，各县才要求民众将枪支上交烙印。上文中的卸任县长在其任内就对56支枪进行了烙印。而且，该办法还规定，如果持枪外出，需有县政府出具的发枪执照。民国二十六年（1937年）十月十八日瞻化县政府出具的一份发枪执照的内容如下：

> 兹有尼麦登子自卫双筒七九马枪一支号码3712，配子弹五十发，业经遵照剿匪区内各县自卫枪炮登记烙印及给照办法具保登记烙印是实，合行发给执照，以资保护。保人 阿洛。②
>
> 发给护照事，兹有银巴携带连枪一支号码54153子弹六发，因由康定事赴业经本部查明属实，合行发给护照以利前行，此照仰沿途军团关卡验明枪弹数目相符即予放行，勿得需索留难，该携枪人亦不得藉照滋扰致干查究，倘有夹带着即阻止，饬其自赴本部补请给照为要须至护照者。③

没经县府烙印的枪支，就是非法的"黑枪"；如遇到关卡的检查，这些枪支就会被收缴，持枪者也有可能会被定为"匪类"。检查时还会查明

---

① 马克思、恩格斯：《马克思恩格斯文集》（第2卷），人民出版社2009年版，第53页。
② 卷宗号：002—002—137。
③ 卷宗号：002—002—153。

子弹的数量，如子弹数目与执照上登记不一致且又没有开枪的正当理由，持枪者很有可能被当作"匪类"抓起来。最具特色的就是持枪者还需要具保，意为要有担保人担保持枪人不能有持枪抢劫等行为。如有发现，保人也获同罪。因此，从这份枪支登记烙印及给照办法中不难看出该枪支管理办法规定甚严。根据卸任县长烙印枪支以及发给持枪执照中可看出，该办法在瞻化县内也有遵照执行。单从子弹追踪的技术角度而言，如果严查，通过该办法确实能追查到持枪抢劫的凶犯。因为从登记烙印枪支及子弹的查验再溯源，能查到持枪者与开枪者。但从前文所引民国后期发生的众多抢劫案来看，此项枪支管理办法并没有达到政策的初衷。

再来分析民国时期瞻化当局的军事实力。瞻化当局的军事实力分为三部分，其一是驻军，其二是政警，其三是地方自卫队。在清末改土归流之前，瞻对划归西藏地区政府管辖，并有藏军进驻。改土归流之后，瞻对境内并无清军驻扎。"大白事件"时期，藏军于1931年5月攻下瞻化县城，并将瞻化知事及属员眷属30余人押解昌都。此时的瞻化并无驻军，"瞻化县长张楷，纠民兵固守至五月，援军不至，城陷被俘"①。"甘孜事变"时期，瞻化县驻军有一排，但"遂在瞻化城内发生变乱，背叛政府、肆行骚扰，是役杀害驻军王排长"②。民国二十八年（1939年）"班辕事变"，瞻化县城一度失陷。民国二十九年（1940年），瞻化归西康省第四保安司令部管辖。民国三十五年（1946年）八月前，瞻化驻军有两连，但此驻军需开往定乡县平定定乡之乱；八月后，有甘孜县驻军一连进驻瞻化县。综上可见，民国时期的瞻化长期无政府驻军镇守。

瞻化政警实力又如何呢？瞻化县政府内设警佐室，下辖警官、长警共26人；拥有步枪16支、弹药160发，其中的60发弹药还属借用。民国三十五年（1946年）"推行政务情形调查表"中对政府公枪有如此记载："县属共29支，火枪28支，手枪1支，多系废枪，经修后13支勉可为用，内有16支不能修理适用。"而同表中民间枪支却有851支。一经比较，地方政府自身军事实力明显要弱于地方势力。

自卫队情况又是如何呢？由于驻军以及政府自身实力的限制，出于维护地方社会治安的目的，瞻化县成立了自卫队组织。根据自卫队的组织原

---

① 任乃强：《任乃强藏学文集》（下册），中国藏学出版社2009年版，第533页。
② 卷宗号：002—002—130。

则，各乡自卫队由该乡乡长组织。表1-4是民国三十七年（1948年）瞻化县自卫组织调查情况。

表1-4　民国三十七年（1948年）瞻化县自卫组织调查情况①

机构名称	民众自卫总队部	常备中队	上瞻乡民众自卫中队	河东乡民众自卫中队	河西乡民众自卫中队	下瞻乡民众自卫中队
负责人姓名	兼总队长邓朱朗杰	分队长阿白	乡长兼中队甲宜马	乡长兼中队长巴金	扎巴	夺足
官佐人数	5	4	5	5	5	5
士兵人数	2	40	95	80	90	90
枪支数		7	90	80	80	80
弹药数		无	1800	1600	1600	1600

从表1-4中不难看出，民国三十七年（1948年）瞻化县四个民众自卫中队的负责人有两个是乡长本人兼任，河西乡自卫队负责人扎巴就是上文所说的丁曾扎巴的儿子。由于各乡自卫队由该乡乡长组织，因此，自卫队实际上在形式上合法化了民间军事实力。各土酋就能借助此种形式合法地自行储备枪弹，如上瞻自卫队还要求每户至少购步枪或手枪一支。如果严格执行，那可谓装备至户，其实力大大增强。于是，也致使地方上枪支越来越多。因此，一方面政府想依靠地方自卫队维持地方治安，维护自身的统治；另一方面地方政府又非常忌惮地方势力的膨胀，而且地方政府又没有足够的军事以及政治能力限制地方实力的膨胀，形成了严重依赖地方与驾驭地方的矛盾循环之中。

从以上分析中不难看出，由于地方驻军少、政府自身军事实力弱小以及不足以依靠的地方自卫组织，地方军政当局即便有控制地方枪支泛滥的意愿，也没有足够的实力来实现这一意愿。而且，政府维持地方治安的政策又反过来刺激了地方武装力量的扩张。地方势力尾大不掉，违背了政策实施的初衷。总之，民众防身之需的内部因素，加上社会动乱以及政府无力控制枪支泛滥之情，致使民国时期瞻化境内枪支众多。

① 卷宗号：002—001—546。

三、民国时期瞻化武器装备的获得

基于枪支泛滥之情,瞻化的枪支必定有其获得渠道。如果杜绝了枪支的来源,也就能控制枪支的数量。那么,民国时期的瞻化民众从哪些渠道获得武器与弹药呢?

1. 自制

上文谈及清代以及民国时期的枪主要有两类,一类是土枪,一类是快枪或者步枪。在快枪流入康区前,民众以用土枪为主。"按康人铁工,只能造戈、矛、刀、剑、火枪"①,火枪就是土枪的一种。不仅铁工能造枪,由于装配较快枪简单,在部件齐全的时候,普通民众有时也能自己组装。沙堆村村民多呷谈及枪的来源时认为:

> 有的枪是自己做的,枪点火的时候有个白石头与一根干草摩擦就会有火星。

仁青也谈到当地解放前的枪有两种枪,一种是猎火枪,一种是火药枪。火药枪就是土枪的一种。表1-1中,民国三十七年(1948年)瞻化县步枪与土枪数量比为9:1,可见土枪在当地的数量并不多。不过,与刀、弓箭等武器相比,土枪有一定的战斗优势。但是,使用几次后,土枪特别容易坏,特别是枪膛发热会直接导致枪的报废。"汉藏兵所用土枪,率皆朽废,臣去年到藏,亲莅校阅枪弹,多半不合腔口"②,而且土枪枪击的准确性不佳,所以装备土枪的军队的战力相对有限。而对于普通藏族群众来说,携带自制土枪进行抢劫也很不适用。如果自己的武器装备不如被抢劫者,加上没有人员数量上的优势,若遇反抗时,不仅很难抢劫成功,己方很可能在交战中落入下风。由于新龙藏族群众无法自己生产快枪,其售价自然要比土枪昂贵。对于一部分买不起快枪的贫民来说,拥有土枪也是一种强有力的威胁,所以即便在新龙解放后土枪在当地仍存在。

2. 购置

购置是瞻化藏族群众获得武器装备的重要渠道。笔者查阅档案统计发

---

① 付嵩炑:《西康建省记》,书林书局1932年刊本,第210页。
② 冯明珠:《中英西藏交涉与川藏边情:1774—1925》,兰州大学出版社2007年版,第181页。

现，民国时期瞻化当地出现了七九步枪、汉阳步枪、英造步枪、九子步枪、单筒步枪、中正步枪、新式步枪、拉筒步枪、双筘步枪、日本枪、俄制枪、云南枪、贡县枪、三八式枪、霞牌铁枪、白克门枪等多种类别枪支。这些枪支大部分由购置所得。购置枪支涉及两个因素，一是向谁购置，二是购置价格。向谁购置，即谁是具体提供可出售枪支的人。多呷虽认为有的枪是从阿坝那些地方买过来的，但是他并未告诉笔者是阿坝哪些人提供枪支的。真正也认为，那时候有枪、有子弹，枪也买得到，五六十个圆形的钱就能买到，到处都能买，但也未向笔者透露具体提供枪支的为何人。根据资料，笔者认为获取枪支有三大渠道。

一是从西藏购置。瞻化县在改土归流之前划归西藏地区政府管辖46年之久，后在"大白事件"中藏军又将瞻化县占据。一些头人具有极强的亲藏意识，普通百姓把去拉萨朝佛作为他们的重要任务，西藏地区的商队也穿梭于拉萨与康定之间，两地之间的联系非常密切。而且西藏地区与周边的印度、尼泊尔等地有贸易往来，英造、印度造枪支能从边境贸易中获得。上文中的英造步枪极有可能通过这种渠道流入瞻化地区。有时，他们也并不需要远赴西藏地区购枪，一些商队就带有枪支，如果价格合适，瞻化藏族群众就可以从西藏地区商队购置枪支。

二是从部队与战场中流出。众所周知，军队是当时最大的武器库。战争年代，枪支需求极旺，国民革命军与藏军均有武器流入民间。任乃强谈枪支来源时认为大多数由边军出卖。笔者在新龙县档案局搜集的一份民国二十九年（1940年）关于军纪的资料中规定"卖武器弹药者枪毙"[①]，这表明当时有武器从部队流出，不然也不用明文禁止。在20世纪初，西藏军队也着力进行军事现代化，经现代化改革后的藏军淘汰落后的土枪，代之以快枪。不过，他们向外国政府购买，"1914年应西藏地区政府的要求，英国向西藏出售了5000支来复枪和50万发弹药"[②]。后续，英国、印度又向西藏军队提供了大批武器。这批武器在1917年藏军与川军的交战中便显示出优势来。"大白事件"期间，西藏地区政府曾向大金寺提供了300支快枪，后藏军又攻占过瞻化县城，因此，藏军的武器极有可能从战场流落民间。"诺那事件"期间，瞻化上瞻土酋甲日多吉朗加附和诺那活

---

① 卷宗号：002—002—163。
② ［美］梅·戈尔斯坦著：《喇嘛王国的覆灭》，杜永彬译，中国藏学出版社2005年版，第34页。

佛，出动武装200多人令驻守瞻化县城的一个连士兵缴械，他获得了大批武器。同时，在"甘孜事变"期间，多吉朗加又领得班辕之武器，"甲日家至今尚存有班辕武器，且为数不少，该武器多数精良，均散布于上瞻各村"①。

三是向西宁以及内地购置。上文中的七九步枪、汉阳步枪、九子步枪、云南枪、贡县枪极有可能从内地尤其是康定购置。康定是民国时期西康最重要的贸易中转站，也是西康省政府所在地，同时也是重要的信息交换中心。有需求，就有供应，一些瞻化藏族群众就会跑到康定城购置所需的武器。多呷认为，民国时期沙堆的一些枪支是从阿坝购置而来的。付嵩烋也认为，一些枪支是从西宁等地购来的俄制快枪。本书中的云南枪是从云南购置的。

至于购置的价格，在玉树藏族聚居区，那时的子弹是可以公开陈列出售的，价格是八块藏洋一粒步枪弹，拿羊毛去换要合到十五六斤②，价格不菲。当然，枪支也贵，品牌、质量、新旧不同的枪支，价格也不一样。甲日家抢劫洞拖寺案中枪支与子弹作价如下：

> 八木林枪1支连子弹100发，共值30秤；布挪1支，子弹80发，值25秤；双筒枪一支连子弹70发，值6秤；贡县枪1支，子弹60发，值15秤；白克门1支，子弹70发，值5秤。③

此处的货币单位是藏洋，一秤共50两。瞻化境内虽有法币流通，但民众更习惯使用藏洋流通。每枚藏洋含银三钱二分，一秤银就为藏洋160元。贡县枪1支、子弹60发，就为藏洋2400元。而当时一头牦牛值藏洋40元，一匹好马的价格则是五秤即藏洋800元。可见，要3匹好马才能买1支贡县枪和60发子弹。而三八式枪1支，值银六秤，合藏洋960元。又在抢劫天兴隆号的理赔清算中共"三万四千五百四十元，系以长短快枪一十五支合价赔缴"④，平均每支合价藏洋2302.67元。任乃强也认为，一支枪值藏洋七八百元，足见当时枪价之贵。

---

① 卷宗号：002—001—204。
② 参见谢天沙《康藏行》，工艺出版社1951年版，第43页。
③ 卷宗号：002—001—010。
④ 卷宗号：002—001—058。

3. 抢劫

抢劫也是获得枪支的途径之一。正如前文介绍，瞻化县枪支众多，商队、行人以及普通藏族群众都以枪支傍身。抢劫成功后，抢劫者就会拿走他们随带各项财物，包括枪支。甲日家抢劫洞拖寺一案中，甲日家就抢走了洞拖寺5支枪。天兴隆号被劫案中也有诸如十子手枪、八名利步枪、连枪、一三式步枪、中正式七九步枪等多支枪被劫走。劫枪成功后并不代表抢劫者就能获得枪支，因为被劫者追查抢劫者的下落，找出抢劫者的下落后就会走各种渠道进行追赔。笔者收集的案例中，许多被劫走的枪支又退还给被抢者。而且，每个人的枪支会有自己特别的标记，即使被劫后未能及时找到抢劫者，被抢者还可以通过枪支标记来寻找枪支下落。当然，还是有抢劫者成功地将被抢者的枪支收归己有。

四、藏族群众与枪

民国时期的瞻化县藏族群众把两样物品视为珍宝，一是马匹，另一为快枪。马匹对藏族群众的重要程度在前文已述。藏族群众也非常爱枪，他们会根据以前的用枪习惯，把枪支装上叉子。"昔用明火枪时，恐火发手颤，有误准头，特在枪端装木叉子一具，用时，将叉子抵地，架枪轰击，每能命中。现在买入快枪，亦概装配叉子"①，叉子枪由此得名。叉子枪对叉子材质要求非常高，藏族群众通常选用极坚之黄木做成，而且尖端配以羚羊角，中央包裹铜皮。一些名贵枪支"更用金银装饰，枪拖上亦嵌珠贝"②。一支值七八百元藏洋的枪支，有的装饰物甚至值四五百元。在枪支装饰上如此花费，不得不说藏族群众非常爱枪。有的还通过各种方法装饰枪支，如"各人的枪架形形色色，别出心裁地装饰它，有的人甚至用银皮来镶配这架子，大概是宝贵这支枪的意思"③。可见，在枪上装饰还有一定的社会文化意涵。藏族群众争相把价值不菲的珠宝装饰在枪上能显示出枪支拥有者的社会财富与地位。同时，枪支能为当地藏族群众提供防护，这也是他们爱枪的重要原因。安全需求属于马斯洛需求层次中的生理需求范围，在面对不同政治军事集团的争夺以及可能被抢劫的危险的时候，枪支就能提供一定的安全保障。

---

① 任乃强：《西康图经·民俗篇》，南天书局有限公司1987年版，第92页。
② 任乃强：《西康图经·民俗篇》，南天书局有限公司1987年版，第92页。
③ 谢天沙：《康藏行》，工艺出版社1951年版，第42页。

藏族群众不仅爱枪，而且能使好枪，"康人用枪，不轻发枪，发必杀人"①。沙堆老人告诉笔者，他们年轻的时候能在行进中的马上开枪，并击中很远的目标。如此好的枪法与康民经常使用枪支分不开。以抢劫为例，枪支是重要的威胁工具，在枪支的威胁之下，被抢劫者往往会放弃所带财物，毕竟生命之贵远胜于财物之价。被抢之后，被劫者会再行追击，有时双方会发生枪战，这时枪支就成为保障生命安全的重要工具。除用于抢劫外，枪支在狩猎中也大有用处。瞻化动物资源非常丰富，藏族群众用枪支狩猎获取肉食。而且，瞻化局势变化频繁，政治动荡导致藏族群众时时做好武装的准备。此外，子弹价格也是限制藏族群众乱发枪的一个因素。由于子弹价格高、消耗快，如果藏族群众轻易发枪，就会消耗自己的财富，所以他们发枪极为谨慎，尽量做到"弹无虚发"。

同时，藏族群众装备枪更是一种义务，如果不装备，就会受到头人的惩罚：

> 西康习俗，凡属村民，无论贫富，均需置备武器。富者每家至少须置快枪一支，子弹百发，马匹具全。中人之家，无力购置快枪，则以明火枪代。次贫之户，则置长矛刀枪之类。极贫之户，亦须置备柴斧一把。每年由村长（现称为村主任，下同，不再标注）头人点验一次，其有不备者，则处罚之不少贷。近年边局不靖，各地人民，变家产以购枪支者，更比比皆是也。②

无论贫富，在地方军事制度压力的驱使下，他们都会购置枪支。当然，贫者与富人购置枪还是有差别的，极贫者也要购置长矛刀枪，这和前文中枪支代表着社会地位的观点是一致的。在如此制度压力之下，新龙藏族聚居区枪支泛滥之势岂能易控？

五、藏刀

旧时的新龙藏族群众可谓刀不离身，清代以及民国时期文献中的藏刀常被称为"蛮刀"。藏刀以钢材锻炼而成，所以付嵩炑称之为钢刀。其笔

---

① 任乃强：《西康图经·民俗篇》，南天书局有限公司1987年版，第93页。
② 杨仲华：《西康之概况》，载《新亚细亚》1931年第3期。

下的钢刀长二三尺、宽一二寸，或以铁为鞘或以皮为鞘，而且会在刀鞘上装饰金银珠宝。可见，这类钢刀较长。与装饰枪支一样，藏刀的主人会装饰自己的刀具。这类长藏刀常常横别在腰间，显得十分英武。除长刀外，还有一种稍短的藏刀。短刀长约 30 厘米、宽约 4 厘米，刀鞘上也会镶嵌各种饰物。两种刀做工均十分精美，有的刀上有神兽纹的装饰，刀的主纹与底纹相得益彰，再加上各种物件的装饰。康区的藏刀以白玉县所造最为有名，2008 年白玉藏刀还被列为国家级非物质文化遗产。民国时期的藏刀会根据质量、装饰的不同有不同的价格，有的藏刀一把值藏洋 20 元，有的则值更多。

提起藏刀，很自然就会与暴力事件联系在一起。事实上，藏刀与武力械斗确实密不可分。恩朱就告诉笔者，沙堆以前有藏刀，打架的时候就用得上。现实生活中，用刀进行械斗的事多有发生：

> 两被告人是当地有名的惯偷。当地多数群众不敢与他们打交道。2004 年春节，正月初三，两被告人在当地的一个小茶馆里赌博时与一个 25 岁的青年发生争执。该青年被殴打，为反击抽出长 2.5 寸的藏刀准备砍上去时，洛桑用一把短枪，一枪打死了被害人。①

此案例中，随身携带藏刀成为打架斗殴的重要工具。械斗中也常常用到刀。真正告诉笔者，"打仇家的事情也是很多的，凶的话就是用刀，不凶的话就是用拳头，也有人用枪"，意即械斗的严重程度与所用的武器存在着关联，有互殴、用刀及用枪之分。但藏刀对藏族群众而言不止于械斗，"一些古老的历史遗留或文化现象，其原初的意义可能因年代久远和社会条件变迁而逐渐丢失，以致后人遂以其派生意义来对其进行解释而造成一种普遍的误读"②。外界对藏刀及其使用也存在一定的误读。藏刀首先是人的日常生活用具之一，笔者的房东曾告诉笔者，以前他们牛肉多的时候，都是用刀削着一块一块地吃。这种吃法在其他藏族地区也经常见到。而且新龙山高林深，当地人外出狩猎时，携带的刀具就成为他们披荆斩棘的利器。再者，宰杀牛羊等牲畜也都需要刀具。笔者在香格里拉的一

---

① 杨双华：《藏族习惯法的现实表现与处理建议》，见赵心愚主编《西南民族研究》（第一辑），民族出版社 2010 年版，第 333 页。

② 石硕：《青藏高原东缘的古代文明》，四川人民出版社 2011 年版，第 345 页。

位房东就曾告诉笔者，携带刀具最先的意义是宗教上的，而不是后人所认为的用于格斗。

就藏刀与抢劫而言，笔者承认藏刀是藏族群众生活中的重要帮手，但一些抢劫者也用藏刀进行抢劫。吉美俄泽向笔者说了一个用刀抢劫的案例：

> 我的叔叔叫"de jia ma"，村里有一个女的叫"bo qiu"。她才25岁的样子。这个"bo qiu"的老公死了，有一个女儿与儿子。那时候当官的路过这边，家里要出马帮他们运送东西。刚好轮到"bo qiu"。她带着女儿送回来路过石门坎的地方，马就被两口子抢了，男的叫"ji le"，女的不知道姓名。他们是新龙下瞻区的人。她回来之后就向我的叔叔"de jia ma"请求帮助。于是，我的叔叔带着枪向石门坎的地方走去。刚好我的叔叔碰到他们了，于是就打了起来，被"ji le"在脸上砍了一刀甩下路边。他们两口子也就跑了，马也不要了。最后，我的叔叔把马牵了回来。

此案例中，"bo qiu"与其女儿并没有携带武器，也不具备反抗能力。实施抢劫的男女二人并未使用枪支，还将前来解救的人砍伤。方清云、潘甫臣二人在报告被抢一案时就声称被枪刀齐加。不过，从笔者档案中收集的案例来看，很少抢劫者使用纯藏刀进行抢劫。如果对方持有枪支而抢劫者只有藏刀，相信没有人会这么愚蠢地进行抢劫。当然，在枪支出现之前，抢劫者使用的武器就不一样，刀、弓、箭是抢劫的主要利器。

除枪支外，马匹也是抢劫的重要装备。一般来说，马匹越肥，能跑的距离越远，所能负载的也越重，抢劫者就能去更远的地方抢劫，撤退时也更便利。事实上，藏族群众非常喜欢马匹，他们的马技也非常好。马匹对藏族群众的重要性、马匹与抢劫的关系将在后文予以详细叙述。

第三节 "夹坝"的组织

抢劫是一场精心组织的活动，这项活动需要可靠的消息来源，需要有胆量的人带领，也需要在某处险要位置进行埋伏。在抢劫过程中，有时双方不可避免地会进行激战；抢劫成功后，要迅速撤离以免被被抢劫者追击。本节笔者将从获取情报、谋划、埋伏、激战、撤退五个方面对抢劫的过程进行描述，试图呈现抢劫活动的一般过程。

一、获取情报

获得被劫者的信息是实施抢劫前的重要步骤。主要信息包括被劫者的人数、武器装备、行程安排等，有了这些信息，抢劫者就能做相应的谋划。埃克瓦尔亲身经历过一次被抢的经历。在与"夹坝"谈判中，他得知以下信息：

> 这一伙人的主力有七十人之多，此时正在山中等待着。他们埋伏在那儿也有许多天了，他们在此之前得到消息说有一支汉族大商队将要从这儿经过。①

正是抢劫者事先得知一支汉族大商队的消息，他们才在此埋伏。但埃克瓦尔一行先到达设伏地点，抢劫者将他们一行误认为是汉族大商队，在跟踪一段距离后才突然采取行动。在民国三十一年（1942年）十月四川丹巴县汉族金夫在瞻化大盖被抢一案中，四名抢劫者也事先获取了被劫者的钱财信息：

> 查匪四人中有一个实系上瞻阿鸡隆村之阿珠，因此人原与民讲好，故所见识后伊悉民稍有财帛，遂存不良之心，串同夷匪四人将民

---

① ［美］罗伯特·彼·埃克瓦尔著：《西藏的地平线》，刘耀华译，西藏人民出版社1992年版，第180页。

所有各物估抢携去。①

上例中的抢劫者是通过"外人"得到商队过路的情报，与上例不同的是，本例中的抢劫是与被抢劫者相识后获得被抢劫者身有财物的情报而见利起贪心。又在民国三十三年（1944年）吴须村村民阿哈告呷哈宜马偷枪一案中，原告就认为被告"宜马因在山上驮运帐篷，与民相见之枪借去观看，只有子弹二发，深知内里情况"②。此处虽为盗窃案，但也可从中看出偷盗者如何获取信息，借枪观看是假，获取情报为真。又如，1960年11月河东区朗日村发生的二人抢劫本村老妇的案件。据被抢者回忆：

这两个面目不清的人就开始翻箱倒柜，四处搜查，其主要目标是抢劫户主的一头耕牛（系大的阿角牛）。盗者下楼后由于报应，四处漆黑而找不到耕牛。于是上楼点火，此刻户主阿亚已清醒了一些。从床上窥视盗者的面庞：一个是本村的中农阿格，一个是里五村的中农乃朱。③

此案中，抢劫者一人为本村人，一人为邻村人，本村人熟悉被抢老妇家里的财产、人员、作息情况。正是有了这些情报，二人才放手实施抢劫。

从以上四例中不难发现，情报获得渠道有两类，一类从他处得知，另一类是亲自获取。至于他处具体为何，由于现有文献的缺乏，我们无从得知，但笔者在档案中发现当地存在着"眼线钱"的线索。"眼线钱"指为获得某种信息所给出的报酬。如民国三十五年（1946年），邮差邓英在石门坎被色威娃抢劫后，邓英就花费了"眼线钱"藏洋300元，从而寻得抢劫者的下落，进而上报县政府，希望通过县府追赔失物。又在民国三十三年（1944年）地隆阿北以盗窃罪控告汪登一案中，地隆阿北花费"眼线钱"藏洋700元换得汪登盗窃的证据。可见，出"眼线钱"是换取情报的一种重要方式，且情报十分准确。因此，抢劫者从他处得知情报，就需付出一定数目的"眼线钱"，或者让提供情报的人从所抢之物中获利。一

---

① 卷宗号：002—001—400。
② 卷宗号：002—001—285。
③ 卷宗号：002—001—658。

般来说，付出了"眼线钱"的情报较为准确，抢劫者无须核实情报的准确性，而亲自获取情报则更为准确。在一些串通外人抢劫本村的案例中，村内人就为外人提供了村内具体可靠的情报。有了关于被劫者确切的行程路线、人数以及装备等信息，抢劫者就能做相应的谋划。

二、谋划

有了可靠的情报之后，抢劫者需要做出相应的判断——是否应实施抢劫。做出这一判断需要综合考虑以下因素：第一是能否集结足够的人与枪。人与枪的对决是决定抢劫能否成功的最重要的因素。抢劫埃克瓦尔的人员达七八十，远远超过被劫者一行。甘孜藏族群众哈西充翁直勒在支差过程中遇到五六人持枪抢劫，在此情境下，他无心反抗，因为深知自己势单力薄，如果反抗则很有可能会产生比被抢马匹更坏的结果。汉商王安云在报告其被抢时就声称被"数人"抢劫，并将其击伤。此例中，他试图以寡敌众，以致负伤。又如清乾隆九年（1744年）的抢劫清军的藏族人多达二三百人，即便在武器落后的情况下，他们还是抢劫成功了。除要召集足够的人之外，还应筹备足够的枪弹。足够的枪弹既是对抢劫者的威胁，也是一种自我保护的手段。第二是口粮、马匹等物资的准备。虽然有眼线提供的情报，但由于恶劣的天气、交通因素的限制，被抢劫者不一定能够按期到达预定的抢劫地点。因此，抢劫者需要准备足够的口粮。马匹是重要的交通工具，精壮之马更有利于抢劫者的撤退。第三是可以预计的抢劫结果。在抢劫之前，抢劫者会对因抢劫而造成的结果进行预判，如可承受的死伤程度、被抢劫者的追击以及可能面临政府及军队的镇压与赔偿要求。综合考虑以上因素，如果可行，他们就会着手实施抢劫的相关准备。首先是集结人与枪，如前文所言，康区的群众以能抢者为荣，抢劫者中越勇猛的人越有地位，在下次抢劫中就会被尊为首领，集结人与枪的任务一般就会由这样的首领进行。抢劫者一般是同村或者有亲戚关系者，这与藏族群众社会的组织原则有关。村落中的藏族群众之间多少有些亲戚关系。笔者的房东告诉笔者，科查村36户中跟他有关系者多达20户。因此，同村或者亲戚外出抢劫谋划起来较为方便，同时抢劫而来的财物也在"自己人"中分配。集结人与枪的同时，也要求各成员准备好口粮、马匹等物资。其次，是商量好实施抢劫的地点。这类地点一般位于交通要道旁或者地势十分险要且较隐蔽之处。前文所述的沙堆石门坎、道孚县松林口等地就属于典型之地，埃克瓦尔被抢之地一年之中至少会发生十来次抢劫。抢劫时间会依据情报而定，没有定则。正所谓不打无准备之仗，在做好抢劫的时间、地点、人枪、口粮、马匹等准备后，则是等待抢劫目标的到来。

三、埋伏

抢劫者做好各项准备之后就出发到指定地点埋伏下来等待被抢劫者。由于交通、天气等因素的限制，被抢劫者并不一定按照事先所计算的时间准时经过埋伏地点，所以抢劫者必须等待。同时，抢劫者也需要时间来准备抢劫，他们必须尽早到达目的地进行准备，而且埋伏还有一个好处就在于能够突然袭击。在河东桥头村村民被抢时，他们"行至上瞻桑郎地方，从树林中跳出夷匪数人，开枪射击"①，"伏于丛薄乱石间"的抢劫者突然发动袭击给被抢劫者一个措手不及。当然，既然能够埋伏，也有能够发现是否有埋伏的办法。埃克瓦尔就曾站在高处拿望远镜观察，如在丛中发现有反光，则表明丛中就有埋伏。他的做法是比较有经验的，但并不是所有人都会像埃克瓦尔那样去装备。因此，路过一些经常发生抢劫事件的地点如沙堆石门坎、易日沟等地时，过往的人群则会倍加小心，防范被抢。

由于不能准确计算埋伏的时间，所以并不是所有的人都在埋伏，埋伏者会进行相应的分工。抢劫埃克瓦尔的一伙人就派出了七八人进行跟踪观察，确认抢劫目标是否正确。如果确认是抢劫的目标，他们就会提前折回报信给在埋伏的等待者。如果不是情报中的目标，他们也不一定会放过，如对付埃克瓦尔一行，他们七八个人就有能力实施抢劫。而有了侦察，等待者则可以原地休息，养精蓄锐。埋伏的过程较为艰苦，他们要随时做好战斗的准备，也不能随便暴露自己；同时，他们还要照顾好自己随身携带的马匹。有时，一等就是好几日。为了不使前期的付出付之东流，他们得"风餐露宿"，一旦目标出现，他们就立即进入战斗状态。

四、激战

激战是实施抢劫中最为关键的一节。因为激战成功则乘胜而归，战败则退。不过从笔者收集到的案例来看，大多抢劫都能成功。抢劫的成功取

---

① 卷宗号：002—001—400。

决于以下几方面的因素：第一，实力占优势。抢劫者出发之前就已经做好了人与枪的准备，如果没有人员、枪支上的优势，他们一般不会贸然行动。第二，抢劫者突然袭击。兵法有云"兵者，诡道也"。突然袭击就是攻其不备、出其不意，能给被抢劫者造成极大的心理上的恐慌。例如，上文"从树林中跳出夷匪数人，开枪射击，当时即将民父击毙"①。第三，突然袭击能造成对方自乱阵脚。由于商队、行人等被抢劫者或骑马或赶着驮牛，这些牲畜在受到突然而来的枪响时就会四处奔走，乱了已有的阵型。瞻化县的交通条件十分落后，有的地方不能容二马相过，此时突来的袭击就会使得牲畜大乱，急忙之下，一些牲畜就会掉到雅砻江中。不要说牲畜，就是军队在遭遇突然袭击时也会自乱阵脚。如民国三十六年（1947年）前来镇压甲日多吉朗加及扎巴家与大盖赤乃喇嘛纠纷的驻军在遭受突然袭击时，就阵脚大乱，致使官兵受伤、物品散失。可见，突然袭击往往会奏效。第四，抢劫者占据了有利地形，处于居高临下之势。抢劫者居于高处，向下开枪，既有视野也能击中目标，能在火力上处于优势。一些抢劫者伏于深林之中，交战时被抢劫者还击时根本无法打中抢劫者。如果继续交战下去，只会消耗自己的弹药，待弹尽后任人宰割。

  抢劫过程中双方并不会只进行交战，还会进行语言谈判。语言谈判的目的主要有两个。第一是尽量使自己脱离险境。在枪林弹雨中，保全性命为第一原则。瞻化县众多抢劫案中，只有少数案件涉及人员的死伤。毕竟伤及人命的后果更为严重。因此，被抢劫者在交战中落入下风时就会进行谈判，尽量保全性命。第二是想从交谈中获取抢劫者更多的信息，包括被抢劫者的口音、人数等，以便在抢劫之后进行追击或赔偿。因此，被抢劫者往往会摆明自己的身份与实力。例如，邮差邓英与抢劫者进行交谈时就亮出自己的公职身份，说出自己与政府、军队的关系，希望被抢劫者知难而退；但交谈无效，其所带各物均被劫走。又如，卡娘娃抢劫德格仲萨寺及希泥家活佛与商队五人案一案中，他们也摆出自己与寺庙的关系以及保长之子的身份，但同样无效。因此，想通过交谈使抢劫者放弃抢劫并不现实，不过保全性命却不难。但抢劫者同样也深知此点，他们也惧怕抢劫之事引发的后果，因此希望速战速决，不会轻易地暴露自己的身份，以免被抢者上门寻仇。所以，整个激战的过程并不会持续很长时间。

---

① 卷宗号：002—001—400。

五、撤退

如抢劫成功，抢劫者拿走相应财物后，他们就会撤退。由于大部分抢劫案件并不会伤及被抢者的性命，于是被抢劫者就有找帮手及时进行追击拦截的可能。如果拦截成功，双方则会再次发生激战。如乾宁隆登乡乡民在海子山处被劫一案，被抢劫者就向该乡乡长报告，请求乡长的武力支持，于是其"遂加调武力于乱石窖布防。未几，见该匪等驱赶牛马扬长而来，职遂下令阻击，匪亦鸣枪应战，结果当场击毙匪徒一名，仍将被劫去牛马夺回，其余三匪徒不支溃去"①。此案的被劫之物在追击拦截时被找回，除此之外还将抢劫者击毙一名，其余三名抢劫者见此情形只得逃走。被劫者能够找回被劫之物的原因，归结于他们及时的布防、人与枪的优势以及抢劫者较慢的撤退速度。众所周知，牦牛的行进速度要比马匹慢许多，抢劫者撤退的速度被牛的前进速度拖慢了。如果是纯马匹，则抢劫者早已撤退。不单是此案，像抢劫牛厂或牛羊之类的抢劫案，抢劫者撤退的速度均较慢，这就给了被抢劫者时间进行拦截。当然，有的追击拦截并未成功，在炉霍牛厂被下瞻甲拉多村人抢劫一案中，被抢劫者报请炉霍县参议会副议长王义仁，第二天其"率马队十二人，跟寻失牛脚踪沿沧浪沟越雨大山而达大可地方，即倒毙所乘之青色牦马一匹，续至麦科，以蹄印失迹，乘马多因疲乏至病，又难雇脚，无法前进"②。此案中的追击者因为马匹倒毙、马蹄失迹以及乘马疲乏而无法继续追击。有的被抢劫者还会请求驻军的支持，追捕抢劫者。在民国三十四年（1945年）阿色马抢劫谷日村牛厂一案中，谷日牛厂数百头牛被劫，损失惨重，瞻化县府以事关重大就"曾派警兵六人并请驻军魏连长新民派兵一班由李排长运发率领指挥，协同谷日民兵前往追捕"③。此案中，政警以及驻军的追捕也没有及时将抢劫者追捕到县。有时，追捕只会进行跟踪，并不会立即发生争夺。如麦科金厂多次抢劫白利寺一案，"喇嘛寺跟即派喇嘛六人赴锣锅梁子截拦，旋匪人即将骡马经锣锅梁子赶过，但喇嘛人数太少不敢争夺，一旦开枪又恐有伤匪人，此为教中严禁"④。此案中，跟踪喇嘛虽然在锣锅梁子

---

① 卷宗号：002—001—530。
② 卷宗号：002—003—056。
③ 卷宗号：002—003—034。
④ 卷宗号：002—003—033。

碰到抢劫者，但是他们并没有直接与抢劫者交火而是暗自跟踪。首先是跟踪喇嘛人数少，一旦交火，他们很有可能遭受人员损失。其次是受藏传佛教的影响，杀生是佛教的大忌，他们也不愿意在交火中有人员伤亡。不过，他们在跟踪中发现了一个信息，即认出了其中一个抢劫者为麦科百姓。根据这条信息，他们派人去麦科牛厂清查，果然找到了前几次被抢之物。

当然，以上各例中的被抢者都在抢劫者撤退时找到了相关的线索：有的是撤退的必经之路，有的是认识其中的某个抢劫者。但有一些抢劫者在抢完之后立即就消失在高原大地上。如邮差邓英被抢一案，抢劫者在石门坎抢完之后就消失了。抢劫者撤退之后消失并不意味着他们不会留下相关线索，因此，被抢者会千方百计地找寻这些线索，找寻相关线索要付出"眼线钱"。邓英就在被抢之后多方查访，花去"眼线钱"300元藏洋才得知行劫之人。而在抢劫天兴隆号一案中，负责货物押运者全部被杀，无法跟踪抢劫者。不过经过两个多月的查访，商号负责人最终查找到抢劫者。

当然，笔者此处所阐述的抢劫的过程并不是所有抢劫事件的必经过程。一些抢劫事件的发生即是不期而遇的抑或说并不是计划之中的。如方清云、潘甫臣等来瞻化县城谋取生计夜晚歇息时被抢一案，日落后，他们在路边歇息，没睡多久就来了抢劫者数人，"民等意为过路，故未防卫，不料该蛮人近身凶凶难敌，竟将枪刀齐加民等颈胸，余蛮即劫银物并将全套艺器俱概行抢去。当民等呼天不灵叫地无应，只得冻绥来瞻"①。从所知的材料来看，抢劫者事先并没有准确的情报，并不知道方清云、潘甫臣等人会经过该地，也不知道他们在何处落脚歇息。此案中，抢劫者也没有事先埋伏等候。抢劫过程中，他们也只是用枪刀等武器进行威胁，并没有开枪射击导致人员受伤。可以判断，这是一起贪财抢劫案件。由于是黑夜，抢劫者很快就消失在夜色之中。他们在向县府报案时也没有提供更多有关抢劫者的信息，而只是请求县府帮助将劫走之财物、谋生器具追回。又如1973年8月，沙堆喇嘛普巴抢劫过路者一案：

> 普巴带领指使下的四人，在一天傍晚登上山去，忽见山下公路从甘孜来了两人，吆来驮牛四头（驮柴系），而普巴大显反革命之能事，

---

① 卷宗号：002—001—024。

将组织的人立即下山，拦住关卡，架其鸣火枪对准来人，一跃而上，抢走驮牛四头，杀吃（黄公牛），鞍垫四套，绳子四根，口袋两条，弯刀两把，打莲一个，碗二个，茶壶一把，皮火筒一个等物资，价值400元以上。①

此案中的抢劫者只是从山上见到从甘孜方向赶来的两人，他们事先也没有得到被抢劫者将路过的情报，也只是使用鸣火枪对过往的两人进行威胁。抢劫成功后，他们逃往了沙堆附近的山上躲避。他们的抢劫案立即惊动了甘孜的驻军和民兵，引来搜山，而他们则在山上将抢劫而来的一头黄公牛杀毙为食。

以上两例表明，并不是所有的民国时期以来的新龙当地的抢劫都有一套完整的抢劫模式。从分类的角度来看，不同的抢劫类型、不同的抢劫对象，其抢劫过程均有不同。复仇类型的抢劫更为复杂，互抢的双方均知道抢劫者的身份，抢劫的目标也明确。如果有仇家的信息，他们就会精心组织抢劫；如果在路上偶遇，他们也不会放过。这些抢劫也不完全经历以上谈及的获取情报、谋划、埋伏、激战与撤退的过程。需要指出的是，一些抢劫者在抢劫之后会留下一些信息，后来者可以根据这些信息来判断抢劫者是否走远：

唯彼等之施劫掠虽多在他乡而非本地，但彼等之出发地，则尚有蛛丝马迹之可寻。盗匪经过处，每架三石为灶，去则拔去其一，继至者见而知之，且可探其余烬是否温暖，以征其去之远近。②

后来者通过三石灶的信息判断抢劫者是否走远，如此就能避免被抢劫。

行文至此，我们可以发现清末以来以新龙藏族聚居区为代表的抢劫并不是铁板一块。根据抢劫对象的不同，其抢劫主要可分为抢劫官兵及政府公职人员、寺庙、商队及商人、邮差、牛厂、普通民众六类。根据抢劫者

---

① 卷宗号：079—001—011。
② 刘曼卿：《国民政府女密使赴藏纪实》，民族出版社1998年版，第32页。

的特点，抢劫也有不同的分类。如根据参与抢劫的次数多寡，抢劫者有惯匪与临时抢劫者之分。根据抢劫者的主要生计模式，大致可将抢劫分为农耕者抢劫与牛厂娃抢劫。根据抢劫者的身份，可把抢劫分为平民抢劫、土司头人抢劫和喇嘛抢劫。根据抢劫的性质，可将抢劫分为复仇抢劫与非复仇抢劫。类型不同，各抢劫案件就会表现出不同的特点。抢劫也需要各种装备的支持，以武器为例，在土枪引入前，弓、箭、刀是主要的抢劫武器。清末，快枪流入西藏地区，很快就取代土枪成为主要的抢劫工具。民国时期，瞻化县枪支众多，当时的藏族群众主要通过自制、购置、抢劫的方式获得土枪、快枪等武器。他们喜爱武器，会在自己的刀、枪等武器上装饰各种饰物。武器不仅是抢劫的利器，还具有一定的社会文化意涵。同时，一些抢劫也是一场精心策划的活动。一般而言，一次抢劫会经过获取情报、谋划、埋伏、激战与撤退五个过程，在这一系列的过程中，抢劫者有着密切的分工与合作。于此，勾画出清晰的抢劫图景。著名人类学家利奇在构建社会变迁理论时提出了社会转型的三个变量：一是物质环境或生态，二是政治环境，三是人文因素。① 就新龙藏族聚居区的抢劫而言，利奇所言的物质资料和政治环境也构成了"夹坝"的维持机制，具体情形将在下面的章节中阐述。

---

① 参见［英］埃德蒙·R. 利奇著《缅甸高地诸政治体系——对克钦社会结构的一项研究》，杨春宇、周歆红译，商务印书馆2010年版，第218页。

第二章 "夹坝"的维持机制之一：自然、生计与民情

第一节 自然条件的牵引

纵观人类文明的发展历程，人类与自然环境的斗争是发展过程中不可或缺的重要组成部分。地理决定论（geographical determinism）认为，地理环境和自然条件是决定人类社会发展、各地区生产方式和文化发展差异的主要因素。极端的地理决定论虽不可取，但不能否认的是地理环境和自然条件在人类生产力水平发展的较低阶段确实对人类社会起到了极大的制约。同样，生态人类学同样看重人类的生态与自然环境对人类文化、社会的影响。那么，对于新龙藏族群众的抢劫而言，它与当地自然生态环境有怎样的联系呢？

一、地理条件

新龙，藏语称"梁茹"，意为林间的河谷。它位于甘孜藏族自治州中部，东邻炉霍、道孚县，南接雅江、理塘县，西依白玉县，西北靠德格县，北界甘孜县，其范围为北纬30°23′~30°31′、东经99°37′~100°54′，东西阔290千米，南北长350千米，共8675平方千米。从地形、地势上看，新龙县处于川西北高原横断山区，属沙鲁里山脉北部，地势由北逐渐向东、向南倾斜。县境平均海拔3500米，最高点为北部卡瓦洛日雪山，海拔5992米，山上积雪终年不化；最低点为南部子托西雅砻江河谷，海拔2760米。高山之间有新龙县最重要的河流——雅砻江贯穿，雅砻江北入南出，西纳阿色曲、霍曲、通宵河及热衣曲，东有仁达等水注入。它就

好比一把利剑，在崇山峻岭之中切出了一道深陷的河谷，形成典型的"两山夹一川"。如此，高山峡谷、高山低谷、高原低山丘陵、现代冰川、原始森林组成了新龙县的主要地貌。岭高谷低也构成了新龙独特的地理景观，映入眼帘的既有高耸的雪山、开满鲜花的草地，也有茂密的原始森林与纵深的河谷，四者相映生辉，异常漂亮。

如此地形地貌对生活在这片土地上的人们的生产、生活以及人本身影响极大。先谈交通，民国时期"本县因地居偏僻，且地势险峻，不通车船，故交通困难特甚，现交通工具全仰赖于苦力与畜力"①。可见，民国时期新龙与外界的交通极为不便，路难走、耗时长，亦较为危险。以沙堆乡为例，它位于本县最高点卡瓦洛日山脚下，其主要村落分布在雅砻江两岸的谷地上。在连通南北的省道开通之前，从县城北上甘孜并非沿河谷而行而是要翻山越岭。所以，无论是北上甘孜还是南下新龙县城，交通均十分不便，不仅路途遥远难行，到县城还必须在途中住宿一晚。北上甘孜以沙堆属石门坎最险，"这里平均海拔3500米以上，在丛山之间只有一条蜿蜒、曲折、忽起忽伏的羊肠小道，左边全是高入云霄、刀劈一样的峭壁乱石和错落起伏的原始森林，山腰上是终年不化的积雪，银光耀眼，寒气袭人，右边是深达数丈波涛汹涌的雅砻江，这条独路，单人可以勉强通过，过去一到石门坎都是慢慢地爬行。不经此地，绝无他路可走"②。这种天险使得石门坎是打伏击的好地方，也是各土司、头人的必争之地，大有"一夫当关，万夫莫开"之势。如此险地，稍有不慎，人畜就会掉下深谷，抢劫者在此处抢劫乌拉、商旅行人往往容易成功。沙堆乡科查村的老人对此地很有印象，说此地经常发生抢劫。民国三十六年（1947年），因新龙上瞻区土酋甲日多吉朗加及扎巴家与大盖赤乃喇嘛发生纠纷，双方均调动人与枪，剑拔弩张，大有一触即发之势。西康省政府为此派驻军一连前来镇压。谁知该连行至沙堆与日巴途中，突遭河对面袭击，"因地形险恶，经常暴露且两山夹峙，中属河流，两岸狭隘，仅相距百余公尺，致军方当时受伤……"③。从以上两处来看，用"险"来形容石门坎的地形地

---

① 卷宗号：002—001—331。
② 罗印俊：《回忆新龙县的民主改革》，见中国人民政治协商会议《四川省甘孜藏族自治州文史资料选辑》委员会编《四川省甘孜藏族自治州文史资料选辑》（第七辑），甘孜报社印刷厂1989年印。
③ 卷宗号：002—001—011。

势一点也不为过。如果"险"再加上两岸茂密的原始森林，就为"夹坝"的埋伏提供了绝好的条件。

把视线移出沙堆，转向甘孜境内的锣锅果子、新龙的易日沟（民国时期属新龙县管，现已划归炉霍县）、道孚境内的松林口等地。这些地方常为"夹坝"出没之所。它们的共同之处就是地势险峻、森林茂密，尤以松林口为著。笔者坐车经过松林口时向开车师傅询问松林口"夹坝"的情况。师傅回答说因为都是树，以前"夹坝"多，抢了马上就消失了。司机所说的"以前"指的是20世纪90年代初期，套用官方的话语来说，这一带车匪路霸比较多，为了加强管控，特别在松林口设置了警务站。"夹坝"选取险地、森林茂密之处实施抢劫也在李劼人的小说《夹坝》中得到印证，"其善施叉子枪，伏于丛薄乱石间，狙击行人"①，其中，丛薄就是草木丛生之地。埃克瓦尔也谈到一处常发生抢劫事件的地形："峡谷的一侧杳无人烟，另一侧，一条小路在悬崖和山脊之间时隐时现……峡谷的端头是块巨大的半圆形岩石滑坡，滑坡周围是高山草地。"② 可见，与石门坎一样，康区其他有名的抢劫频发地的地理位置都十分险要。

如果把范围扩大到整个新龙县，不难发现新龙县所处的地理位置也为新龙藏族人的抢劫提供了便利。清时，瞻对毗邻两条川藏大道（通常北路被称为商道、南路被称为官道），又界甘孜、德格、理塘、道孚、炉霍、白玉等地。"夹坝"北上可以袭击商道商队，南下可挑衅官道官吏。所以，新龙藏族人的抢劫很容易引起中央政府的关注。如乾隆四十年（1775年）八月谕曰："瞻对番人常在邻境施放夹坝，乃以捕杀构怨，辄复挟忿报复，劫杀多人，实属凶顽不法，不可不严行查办，以示惩创。"③ 而且由于地理位置特殊，施放"夹坝"者一旦得手后，他们很快能撤退，很难当场被擒获。由此，清乾隆时期就发生了两次讨瞻之战。然而，战争讨伐并没有使得瞻对"夹坝"戛然而止。嘉庆与道光两位皇帝相继两次用兵瞻对，其起因还是屡禁不止的"夹坝"。与前两次一样，这两次用兵并未取得预期的效果。当然，用兵失败的原因有很多，其中一条就是当地险要的

---

① 李劼人：《李劼人选集》（第四卷），四川人民出版社1980年版，第142页。
② ［美］罗伯特·彼·埃克瓦尔著：《西藏的地平线》，刘耀华译，西藏人民出版社1992年版，第172页。
③ 西藏民族学院历史系编：《清实录·藏族历史资料汇编》，西藏民族学院历史系1981年印，第1087页。

地理条件。瞻对"四面环山,地方险阻"①,延误了清政府大军的进剿。试想一下,如果交通便利,清政府大军能在"夹坝"发生的时候迅速出动并予以剿灭,当地的抢劫还会如此盛行吗?即便当今,交通仍是制约当地经济社会发展的最大瓶颈。到甘孜境内旅游的人能知晓巴塘、理塘、稻城、德格、甘孜、丹巴、色达等地,但提及新龙,很少人能详细言说。俨然,新龙至今仍是康区的"边地"。

水路交通同样受到地形的限制。雅砻江源于青海省巴颜喀拉山系尼彦纳玛克山与冬拉冈岭之间,由甘孜南下新龙。新龙境内的雅砻江水量大,但也受季节性影响且河道弯曲不利通航,档案文献中用"唯河流滔激、浅险、难渡"来形容。渡江主要有修桥、牛皮船与冰桥三种方式。冬季时河流结冰,行人就可以从冰上通行;夏季时可用牛皮船通行,但如果河流水大,就极易酿成事故,沙堆乡的渡江大桥就曾被洪水冲垮。

不仅交通,新龙藏族群众的生计方式也受地形的影响,当地地形的多样性也决定了藏族群众生计方式的多样性。沙堆乡的主要村落分布在雅砻江两岸的谷地上,这些谷地有适宜农业发展所需的日照、温度、雨量以及土壤条件。藏族群众在谷地上种植小麦、青稞、豌豆等作物。谷地之上就是山坡,不同的坡向有不同的植被,森林资源十分丰富。现沙堆雅砻江西岸属于阴坡,长满了茂密的树木,而阳坡树木较少。据村民回忆,当地解放前沙堆雅砻江两岸山坡上的树林比现在更为茂密,一些藏族群众以伐木为生。时隔多年,当今村民也受益于两岸的森林资源。他们建新房的主要原材料——木材取自两岸的森林。不仅如此,密集的森林也是各种动物的栖息之所,也为当地人提供了狩猎资源;同时,也是各种菌类生长的温床。山坡及以上则是以粗放畜牧业为主,村里的牛厂分布于此。现在沙堆乡科查村的牛厂就仅有一户,而在20世纪80年代家庭联产承包时还有14户。虽然纯牛厂少了,但大部分家庭还是养有牦牛、马等牲畜。有的藏族群众清晨就把牦牛放上山去,傍晚时再牵回来;有的直接把牦牛放在山上,定期去看管。由上可见,海拔不同,生计方式也不同,此种区分在新龙的拉日马、麦科等地表现得更为明显。事实上,海拔高度已是造成当地农牧之分的最主要因素。

至于对人本身的影响,可以从人的体质和人的心理两方面来理解。首

---

① 《清高宗实录》卷二三九,乾隆十年四月戊午条。

先，山高谷深的独特自然环境以及恶劣的气候条件塑造了新龙藏族群众的体型。恩格斯曾谈及如果动物去适应和平常吃的不一样的食物，那么它们的血液就有了和过去不一样的化学成分，随之整个身体的结构也会发生渐变。类比可以发现，在不同环境中的人群的体型也有不同。20世纪上半叶，戴烈斯勒（F. Delisle）、杜纳尔（W. Turner）、莫仁德（Morant）三位外国人类学家对60多个藏族群众的头颅进行了测量和分析。根据分析，他们将藏族分为两种不同的人类学类型，即 A 型与 B 型。藏 A 型又称"僧侣型"，其特点是头颅较宽、面孔宽、身材较矮小。藏 B 型也叫作"武士型"或"康区型"，其特点是头颅较低、面孔较少宽阔、身材较为高大。他们认为，康区是藏 B 型的故乡，藏 A 型遍及于除康区之外的整个藏族聚居区。① 他们的研究与藏族群众的实际情况相符，即康区一带的藏族群众的体格普遍比其他地区藏族群众的要高大。心理方面，人们很容易把体型与性格联系起来，如中国北方人性格憨厚、身材高大。对于新龙藏族群众而言，在如此恶劣的自然条件与环境中，他们必须要有强大的心理来应对环境中的种种不确定性。试想一下，在"物竞天择、适者生存"的背景下，要是没有强大的心理素质，他们早就被自然所淘汰。

二、气候

新龙不仅地理条件十分恶劣，气候条件也极差。因属高原区，其气候有着明显的垂直变化特征，用"一山有四季，十里不同天"来形容最为确切。新龙县"年平均气温7.4 ℃，1月平均气温 -3.5 ℃，7月平均气温15.1 ℃。年降水量603.5 毫米，年均日照 2160.8 小时，无霜期 115 天"②。海拔不同，年平均气温也不同，"从海拔 2760 米以下的下瞻区河谷地带到 5992 米的沙堆乡卡洼洛日雪山顶，年平均气温由 9.9 ℃下降到 -9.9 ℃"③。从民国时期一份西康省瞻化县的气候调查表中可知，新龙从每年10月到次年4月属于雪期，积雪时期从当年11月至次年3月，霜期从当年9月开始至次年5月。这段时间内，新龙很少下雨。表 2-1 是

---

① 参见［意］古瑟普·詹纳《西藏拉萨出土的古人类遗骸》，杨元芳、陈宗祥译，载《中国藏学》1990 年第 4 期。
② 甘孜州志编纂委员会编：《甘孜州志》，四川人民出版社 1997 年版，第 131 页。
③ 西川省甘孜藏族自治州新龙县编纂委员会编：《新龙县志》，方志出版社 2010 年版，第 44 页。

当时 1—10 月的气温记录。

表 2-1　当时 1—10 月的气温记录①

月份 温度	1月份	2月份	3月份	4月份	5月份	6月份	7月份	8月份	9月份	10月份
最高	15 ℃	17 ℃	30 ℃	39 ℃	49 ℃	50 ℃	50 ℃	48 ℃	43 ℃	41 ℃
最低	10 ℃	10 ℃	10 ℃	30 ℃	42 ℃	44 ℃	43 ℃	40 ℃	35 ℃	30 ℃
平均	12 ℃	14 ℃	22 ℃	35 ℃	46 ℃	47 ℃	46 ℃	43 ℃	41 ℃	39 ℃

备注：本县气候随地势高低迥异，本表以地势较低为准。

再有，民国三十五年（1946年）九月填制的"西康省政府政务考察团三十五年度瞻化县地方概括调查表"中载有："以摄氏温度表考察温度，每年夏季最高为三十二度，最低为二十度；冬季最高为二十一度，最低为九度。"②民国三十七年（1948年）瞻化县上瞻区资料载有："本乡镇降雨最多在5—6月，降雨最少在1—3月，最热在5—7月，最冷在10—12月。"③尽管4份不同时期当地气温的记载数据并不一致，也可能都不太准确，但大致可以判断的是当地气温冬夏两季温差较大。笔者第一次到新龙县是10月末，那时新龙仍为晴天，白天的气温较高，但清晨和晚上气温迅速下降。昼夜温差极大，晚上睡觉一定要打开电热毯。沙堆乡属于河谷寒温带半湿润地区，最冷的为1月，最热的为7月。乡内热量资源较好，每年4月开始，当地的气温就逐渐升高。此时，山上的冰雪也随着气温的升高慢慢融化，雨水也开始增多。新龙藏族群众也逐渐忙碌起来，从这段时间开始就要准备耕地，播种小麦、青稞、豌豆等作物。到了4月末，村里的年轻男女就要准备上山挖虫草，这将持续两个月的时间。到了冬季，气温迅速下降，人们主要的生产活动就是照看好自己的牲畜，大部分时间还是待在家里。如果天气好，他们也会进行伐木等活动。相比于县城，沙堆海拔更高，昼夜温差更大。

至此，我们也只是粗略谈及气温变化以及藏族群众随着气温的变化进行的生产活动。那么，气温的变化与当地的"夹坝"有什么关系呢？此前我们分析的是气温变化对人的活动的影响，但不要忘记，抢劫行为的实施

---

① 卷宗号：002—001—199。
② 卷宗号：002—001—431。
③ 卷宗号：002—001—541。

还需要当时最为重要的交通工具——马匹的配合。众所皆知，各种类、各品种的动物都因其动物性而有其所宜的生活环境。新龙藏族群众的主要牲畜是牦牛、犏牛、绵羊、马以及少量的黄牛。相比于牦牛、绵羊等牲畜，马对新龙藏族群众来说更为重要。冬季时，特别是皑皑大雪把草场上的草层层盖住。马匹如果要远行，它无法在行进过程中获得充足的草料，而且当地没有修圈储草过冬的习俗，动物主要靠秋季养膘来过冬。所以，冬季的马相对来说比较瘦也不利于远行。再加上恶劣的气候原因，人们也不愿意出远门进行伏击。而到了夏秋季节，情况则完全不同。雨水的增多使得山区有足够的水源与草，这是马增膘的必备条件，"夹坝"也能行至更远的地方。同样，从经济价值的角度来看，夏秋季节里的牛、羊、马等牲畜更肥。如果抢劫牛厂的东西，抢劫来的东西用于出售，他们就能获得更大的经济利益。王明珂比较了中国历史上的游牧部落匈奴和一般游牧部落抢劫掠夺的模式认为："匈奴在一年四季皆出击，而后者为了配合游牧季节，大多只在秋季外出劫掠。"① 虽有例外，但不难看出夏秋季节是外出劫掠的主要时间段。这一点同样得到了在藏族聚居区生活了12年之久的美国人类学家埃克瓦尔的证明。云南中甸的"夹坝"情形也是"秋收既罢，清闲无事，哨集成群，荷枪乘马，四路抢劫"②。另外，从撤退的难易程度上来说，夏秋季节比冬季更方便也更安全。

被抢劫对象商旅、行人等的活动也受气候变化的影响。与"夹坝"的活动规律类似，夏秋季节官道与商道往来的商旅与行人增多。一旦进入冬季，过往人群减少，抢劫的目标也随之减少。实施抢劫的时间虽受抢劫者生产活动、交通工具、行劫对象等方面的限制，但并不意味着冬春季节就不会有"夹坝"。从笔者收集到的案例来看，一些抢劫就在冬季实施。因此，如果以四季为横轴、以抢劫发生的数量为纵轴，那么"夹坝"发生轨迹大致就是一条顶点在上开口向下的抛物线。

三、自然灾害

由于人们无法自主选择生存环境，那么，他们就要面对生存环境中的不确定因素。国外从事游牧社会田野调查的学者都会提及当地种种不利农

---

① 王明珂：《游牧者的抉择：面对汉帝国的北亚游牧部族》，广西师范大学出版社2008年版，第151页。

② 刘曼卿：《国民政府女密使赴藏纪实》，民族出版社1998年版，第45页。

业的因素，不仅如此，他们也都注意到环境中的不确定因素。对游牧者来说，移动也是他们应对环境中不利因素的一种办法。而对于常年生活在高寒地区的新龙藏族群众来说，"风雹霜灾，历年俱有"，大风、干旱、大雪、降霜、冰雹是他们不得不面对的自然灾害。"由于生态破坏严重，导致的雪灾、干旱、洪灾、泥石流、山体滑坡、大风、冰雹、霜冻、病虫害、森林火灾等自然灾害，几乎年年交叉发生，大灾不断、多灾并发特点突出。"① 现以干旱与大雪为例进行详述。

1. 干旱

雅砻江贯穿全县，水量充沛。江两岸的村子受旱灾，确实有点让人难以置信。虽属于河谷寒温带半湿润地区，降水量较丰富，年降水量为619.7～659.6毫米，但季节分配不均，总体上是夏多冬少，具有明显的干雨季之分，有些年份在作物生长期内还有水分不足的现象，以至于还会有春旱、伏旱发生。1987年5月全县发生旱灾，"全县受灾面积1666.7平方米，占总面积的46%，旱灾引起虫害面积240平方米"②。据统计在1959—1990年期间，整个甘孜州出现"区域性干旱（受灾范围9县以上）有21次，区域性伏旱10次，春旱11次"③。2014年5月，笔者在沙堆乡时恰逢日巴抢种青稞，但是没有雨水。于是，日巴三个行政村于汤布寺念经求雨，一共念经三天。巧的是，第三天下午还真下起了小雨。觉里村支书向笔者介绍道，日巴每年这个时候都要念经祈雨并且特别灵，可谓"有求必应"。沙堆乡政府所在周边的6个村已种下的青稞刚长出苗，这时也需要雨水的滋润，虽然这场雨雨量不大、持续时间也不长，但还真是"好雨知时节"，暂时缓解了当地的旱情。

2. 大雪

雪灾是新龙最为常见的自然灾害，翻开文献便知历史上新龙雪灾频发。当地解放后，随着国家机构设置的完善，灾情记录比清代及民国时期的更为详细。入冬后，由于寒冷空气入侵，气温急剧下降，特别是冬末春初的2—5月风大雪多期间，如连续积雪日大于或等于5天，且日降雪量大于或等于20毫米，就有可能造成雪灾。

---

① 胡德明：《甘孜州可持续发展战略理论与实践》，四川民族出版社2006年版，第53页。
② 刘永红、李茂松等：《四川季节性干旱与农业防控节水技术研究》，科学出版社2011年版，第456页。
③ 甘孜州志编纂委员会编：《甘孜州志》，四川人民出版社1997年版，第216页。

整个甘孜州"按区域性发生雪灾统计，1950—1990 年，全州共发生雪灾 211 次，其中严重雪灾 14 次，遭灾农牧民达 20.4 万户次"①。如 1970 年 10 月 1 日，新龙县下大雪，"最大雪深 7 厘米，压坏未收青稞、小麦、树木等，损失较大，公路塌方严重"②。1984 年 3 月 3—31 日，新龙县内连降大雪，农村积雪厚 30 厘米以上，牧区达 135～180 厘米，交通中断，牧区人畜被大雪围困。③ 而 1985 年"3 月 4 日至月底，受西伯利亚强冷空气的影响，甘孜、阿坝两州连续 20 余天普降大雪、暴雨。两州绝大部分地区降雪天数在 10 天以上，其中甘孜、新龙、道孚、康定达 18 天，降雪量一般是多年同期降雪量的 3～9 倍"④。这次仅甘孜州就死亡牲畜 22 万头（只、匹），约占当时牲畜总头数的 4.5%。1988 年冬春季大雪，甘孜州"暴雪加上低温阴雨天气，造成牲畜死亡 22.5 万头"⑤。1989 年 11 月至 1990 年 5 月，甘孜、阿坝两州遭受严重风雪灾害，18 个县中有 15 个县遭受雪灾，石渠、理塘、炉霍等县尤为严重。1991 年年底至 1992 年 3 月，甘孜、阿坝两州出现了持续 3 个月的大雪天气，最大过程降温 10.0～14.0 ℃，总降雪量是常年的 2 倍，大部分地区草场积雪 10 厘米，牧场长期被积雪覆盖，牧民无法放牧，牲畜无草可吃，大量死亡。从 1995 年 10 月开始，甘孜州多县出现了降温、降雪天气过程，气温下降超过有气象记录以来的最低值，县属 11 个镇、11862 人受灾，其中重灾户 728 户、5 人重伤。1998 年 1—4 月、10—11 月甘孜州"巴塘、新龙、色达、丹巴、石渠、理塘、雅江、炉霍 8 个县遭受雪灾，有 100 个乡（镇）117832 人受灾。死亡各类牲畜 104947 头（只、匹），其中大牲畜 65702 头（匹），因灾死亡 1 人、伤 3337 人，直接经济损失达 6997.2 万元"⑥。海拔较高的沙堆乡年降雪也较多。如沙堆乡 2000 年发生了严重的雪灾，"今年三四月我乡大部分牛场受严重雪灾和去年'W'病情的影响，牲畜冻死，饿死现象严重"⑦。

---

① 甘孜州志编纂委员会编：《甘孜州志》，四川人民出版社 1997 年版，第 215 页。
② 温克刚：《中国气象灾害大典·四川卷》，气象出版社 2006 年版，第 486 页。
③ 参见四川省甘孜藏族自治州新龙县志编纂委员会编《新龙县志》，四川人民出版社 1992 年版，第 73 页。
④ 温克刚：《中国气象灾害大典·四川卷》，气象出版社 2006 年版，第 496 页。
⑤ 温克刚：《中国气象灾害大典·四川卷》，气象出版社 2006 年版，第 502 页。
⑥ 温克刚：《中国气象灾害大典·四川卷》，气象出版社 2006 年版，第 514 页。
⑦ 卷宗号：079—001—033。

以雪灾、旱灾为代表的自然灾害的频发是新龙藏族聚居区农牧民面对的环境不确定因素之一，给新龙藏族群众的生存造成极大的破坏性影响。首先，牦牛、马等牲畜的大量死亡使得人们的财产损失惨重。特别是牛厂，牲畜就是他们最重要的财产，如大量受灾致死，他们的生存便成问题，甚至极有可能造成人员伤亡。其次，春旱、伏旱的发生会降低青稞、小麦、豌豆等作物的产量，造成农牧民口粮的不足。事实上，海拔高度造成的气候效应成为限制青藏高原东缘地区农业发展的主要因素。但如果说干旱、大雪以及霜冻、冰雹等自然灾害以及泥石流、地震等地质灾害属于"天灾"的话，天灾并不是引发藏族群众抢劫的必要条件，因为受灾地区且受灾严重的藏族聚居区并非只有新龙一地。因此，单以天灾的频频发生来解释新龙藏族群众的抢劫是不符合逻辑的。毕竟天灾造成的损害可以通过人为因素进行弥补，如果不能得到亲戚或者政府资助，抢劫可能成为度过危机的下下之策。较为合理的说法是，天灾频发的确提高了新龙藏族群众抢劫的可能性。

第二节　传统生计的不足

对于中国历史上的揭竿起义、暴动以及各种好汉"上梁山"的事例，学界倾向于认为是这些群体无法生存下去才被迫而行的。似乎，以抢劫为代表的暴力行为与生计之间存在着某种天然的联系。那么，新龙藏族群众的抢劫是否也如此呢？本节中，笔者首先介绍当地藏族群众多样的生计方式，继而分析生计与抢劫的关系。

一、多样的生计方式

从需求来看，生计与社交是人类的基本需求。一定空间内的群体不仅要从自然界获取生存所需的物质资源，还需要与周边群体进行互动。那什么是生计方式呢？具体而言，生计方式指的是人们相对稳定、持续地维持生活的计谋或办法，即通常所说的生计模式或生活习惯。[①] 也有用其他的

---

① 参见周大鸣主编《文化人类学概论》，中山大学出版社2009年版，第106页。

词语来表示生计方式的含义。例如，美国人类学家科恩（Yehudi Cohen）运用适应策略（adaptive strategy）一词来描述一个群体的经济生产体系，并提出了五种适应策略，即食物采集、园艺、农耕、畜牧与工业化。当然，一个社会的生计方式也不是一成不变的，随着生产力的发展及社会的变迁，一个社会的生计方式也会发生改变，一些曾为主要的生计方式会逐渐被抛弃。就新龙藏族群众而言，清末以来，他们的生计方式也不断发生变化。民国时期，农耕、畜牧是他们的主要生计方式。而今，他们的生计方式逐渐多元化。在社会主义市场经济体系下，务工、自主创业成为他们新的选择，采集收入成为他们重要的经济来源，但他们仍没有放弃传统的农耕与畜牧生计方式。

1. 农耕

由于受到地理位置与自然条件的限制，新龙县可供种植的土地都集中于河谷两岸的台地，"雅砻江河谷以外，皆为高原牧场，气候严寒，冬季结冰春末不消，普通谷物均难成长"①，因此只有在台地上才有农业发展需要的适当的日照、雨量、温度及土壤环境，山坡及以上或由于温度太低或由于没有足够的日照而不适宜作物的生长。"沿雅砻江两岸各村气候温和，出产稞麦粮食等"②，此环境就需要种植耐高寒、低温的作物。从新石器时代遗址中出土的作物粟来看，新龙地区种植粮食作物有悠久的历史。民国时期，新龙藏族群众"农产物以青稞、小麦为主，为人民重要食粮，豌、胡豆次之"③。多年后的今天，新龙藏族群众农作物仍以青稞、小麦、豌豆、土豆为主。

从分布区域来看，青稞是藏族聚居区普遍种植的一种作物。有的学者对青稞的栽培追溯到新石器时代中期④。《隋书·附国传》中记有"其土高，气候凉，多风少雨，土宜小麦、青稞"。从栽培至今，种植青稞的传统从未间断。以沙堆科查村为例，土地就分布在村子周围，房东家院子里还留有一块约0.2亩的地种青稞。每年4月中旬，科查村的青稞就开始播种，同属本乡的日巴地区青稞播种就推迟了半个月。播种前需要进行整地，整地要达到"早""深""多"的标准。"早"即要提前犁地，将地

---

① 卷宗号：002—001—331。
② 卷宗号：002—001—331。
③ 卷宗号：002—001—331。
④ 参见王治《青稞的由来和发展》，载《农业考古》1991年第1期。

中杂草等有机物翻入土中，让其分解成为青稞种植的肥料。"深"即耕地要深，一般要达 30 厘米以上。而"多"即尽量多耕几次地，让土壤熟化，提高肥力。现科查的藏族群众基本上每家都有自己的耕地机器，耕地时间一到，田间到处都是轰隆隆的机器声。两天内就能耕完 10 亩地。据房东介绍，在引入机器前，主要靠手工挖地；有牛的地方也利用"二牛抬杠"进行牛耕。不过牛耕方法很少用，主要因为黄牛、犏牛少。与机耕相比，手工挖地虽然费时、费力，但挖地更深，有利于青稞的发育生长。在播种后约 20 天，青稞就发育生长。当长至 2 叶 1 心时，就需要开始浇水，如果此时下点雨就更利于青稞的生长。但 5 月持续的天晴就让笔者的房东心痛不已，他担心持续天晴会使今年青稞的收成大打折扣。于是，他每天利用抽水机从地下抽水浇地。当青稞长至 3～4 厘米高时，就需要进行田间管理。由于播种时撒下种子的密度不均，有的区域青稞密集生长，有的区域青稞则稀疏一些。所以，田间管理的主要工作就是用尖锄将较密集的青稞疏松。如果播种较为均匀，这项工作就比较简单。调查期间，笔者曾跟房东参加过这样的工作，两人很快就将 1 亩多地疏松完。此时地中杂草较少，所以疏地时并没有进行细致的锄草工作。到 8 月中旬时，地中的青稞成熟。把青稞晒干炒熟后磨成粉，就成为藏族常食用的糌粑。现在有少数群众把地承包给别人种，如青连朱他有 5 亩左右的地，全包给别人耕种，一年收取 400 斤青稞的地租。由于他是孤身一人，地租收入就能保障他一年的口粮。

小麦、豌豆、土豆也是新龙藏族群众常种的作物。科查村的小麦以春小麦为主，由麦子磨成的面粉也是藏族群众爱吃的粮食。小麦、土豆可以囤积久放，而种植的豌豆如果吃不完就要拿到市场上进行售卖。由于种植的面积较大，市场需求较少，在供大于需的情形下，新龙豌豆的价格较为便宜。2013 年，在甘孜出售的豌豆约 2 元 1 斤。谷贱伤农，豌豆价格的下降挫伤了藏族群众种植作物的积极性。

2. 畜牧

与农耕者不一样的是，畜牧者将生活重心放在动物的驯养上，他们与畜群形成了共生关系。畜牧者努力保护他们的畜群，并通过它们的繁殖、交换及本身的乳、皮革而获得回报。北非、亚洲、欧洲、撒哈拉以南非洲地区都有其身影。美国人类学家科塔克区分了畜牧的两种移动方式。他认为："畜牧有两种移动方式：游牧与季节性迁徙。二者都基于这样的事实：

畜群必须移动，以便在不同季节取得不同的牧草地带。"① 畜群在广袤的草地上季节性移动也引发了"风吹草低见牛羊"的唯美遐想。

事实上，畜牧也是一项古老的生计方式，"世界几种主要类型的专化游牧都出现在公元前1000年至前400年之间"②，而青藏高原地区的畜牧能追溯到新石器时代。新龙谷日石棺葬中就出土了马的下颌以及两颗兽齿，这表明新龙境内在战国至西汉期间就已开始饲养马匹。东汉时该区流传的《白狼歌》中"食肉衣皮，不见盐谷"，也是该地畜牧经济的写照。在巴塘境内发现的石棺葬中的畜种有牦牛、马、藏绵羊、黄牛及山羊。同样，从解放前藏族聚居区普遍存在的乌拉制度亦可知畜牧是藏族人民的重要生计方式。"乌拉"一词，藏语中含有地方居民供给力役的含义，乌拉制最早是蒙古族内部的一种差役制度。公元13世纪，乌拉制随着蒙古军队传播到现甘孜藏族地区。到清时，乌拉制度越发兴盛。支乌拉时，小则一二匹马，大则几千匹牛马，而牲畜就由负责应差的藏族群众支出。

甘孜藏族聚居区从事畜牧业者还有另一个称呼——"牛厂娃"。"牛厂娃"广见于民国时期的文献中。任乃强这么描述"牛厂娃"："牧场住民番语曰'绒擦娃'，汉语曰'牛厂娃'。所居地曰牛厂。无房舍，亦无定处：春暖草长，则率其牛羊群向高山放牧；秋风起，又渐趋向河谷饲养。"③ 任先生笔下的牛厂娃属于科塔克所谓的季节性迁徙畜牧者。藏族聚居区不仅有专门的畜牧者，更为普遍的是几乎家家户户都会饲养牦牛、马匹等牲畜，少的一两头，多则七八头。在必须支应乌拉的社会制度下，如果没有自家能够支配的牲畜致使无法支差，那必将遭受官方及土司、头人的惩罚。

新龙藏族主要的畜种有牦牛、马匹、绵羊。牦牛是一种能适应高海拔生活的动物，它的舌头可以舔刮到高海拔山区的苔藓植物。如出现季节性草场资源匮乏时，它们就以此为生。牦牛皮厚、毛长，抵御风雪、低温的能力极强。如遇大雪时，成群的牦牛还可以开道，为其他牲畜护行。科查村只有"牛厂娃"1户，他终年生活在村后的山上。与牛厂放牧不同的

---

① ［美］康拉德·菲利普·科塔克著：《文化人类学：欣赏文化差异》，周云水译，中国人民大学出版社2012年版，第186页。

② 王明珂：《游牧者的抉择：面对汉帝国的北亚游牧部族》，广西师范大学出版社2008年版，第2页。

③ 任乃强：《西康图经·民俗篇》，南天书局有限公司1987年版，第19页。

是，现大部分家户的牦牛都放养在村后的山上，平时不需要专人照看。有的家庭大清早就把自家的牦牛赶上山，下午快天黑的时候再上山把它们赶下来过夜。把牦牛放在山上还是有一定的危险的，山上有狼、熊等动物，有的家庭的牦牛就会被这些动物吃掉。所以，俄巴村真正在他儿子上山挖虫草的时候，要从卡鲁下来帮儿子照看十几头牦牛。有一次，笔者前去拜访他时，他正在后山上放牦牛。放在后山上的牦牛混在一起，各家也不会弄错。每家的牦牛都有各自特殊的标记，有的在前脚上圈上红色的标记，有的在牦牛尾巴上挂铃铛（牦牛往前走的时候摇动尾巴上的铃铛，就会发出声来）。

  牦牛对藏族群众来说具有较高的价值回报。第一，牦牛为藏族群众提供了肉食来源。肉类食品含有丰富的蛋白质与脂肪及大量卡路里，蛋白质可以提供人体所需的全部种类的氨基酸。食肉还可以帮助人的身体变得更强壮，也能使人更耐寒。在没有猪肉以前，牦牛是新龙藏族群众的主要肉食来源。市场开放后，猪肉进入新龙藏族聚居区。一些藏族群众也开始习惯吃猪肉。但对藏族群众来说，他们更喜欢也更习惯吃牦牛肉。房东就曾告诉我，如果他有钱，就可以天天买牛肉吃。在过藏历年的时候，每家每户都要屯肉过节。他们把买回来的肉挂在房梁上，要吃时切点下来即可。屯肉不仅是一种习俗，也能体现出藏族群众的贫富差距。房东过藏历年前从炉霍县买了2000多元的猪肉回来，直到4月底都还没有吃完。肉挂在房梁上虽能通风，但历时已久，已经有浓浓的腐烂的味道，而条件好的家庭就不吃猪肉。笔者第一次去沙堆时的房东多吉家经济较宽裕，他一次就从甘孜买了4000多元的牦牛肉回来。70岁的真正就告诉笔者，他小的时候家里的牦牛比现在还多，没有出售而是杀了自己家里人吃。笔者曾在新龙县农贸市场询问过牦牛肉的价格，零售一般是30元1斤，买得多的话25元1斤也可成交。一头大牦牛市价可高达1万多人民币，但其成长较慢，一般要3年时间才能长成。第二，牦牛能提供酥油、牛奶、皮革等。众所周知，油也是人类必用之物。在内地的菜籽、花生等植物没有进入藏族聚居区之前，酥油就是他们重要的油类来源。房东的孙女噶绒麦多上学前吃的早餐中都要放些酥油，如果没有，她就吃不下。有的家庭牦牛很少，他们要去市场上购买酥油来吃。市场上出售的酥油约要50元1斤。因此，出售酥油也是牛厂娃一项重要的收入来源。酥油除能吃外，还能用于敬佛。藏族群众家一般都有自己的佛堂，佛堂里摆满了大大小小的酥油灯以及挂了一些著名活佛、堪布的画像。对这些佛像、活佛、堪布的叩拜都需要用到酥油灯。牦牛皮也大有用处，许多家庭把干牦牛皮做垫子用。藏族群众有席地而坐的习惯，垫上牦牛皮更舒服、更干净。牛皮还可以出售或者做成衣服。可以说牦牛全身是宝。

马也是重要的畜种之一。西藏有句俗语："不能驮人上山的马不是好马，不能徒步下山的人不是好汉。"马在藏族聚居区特别是在交通极为不便的地区可做载物、交通之用。同样，它也是抢劫者的交通工具。新龙牛厂的马匹并没有大量牧养，首先是因为马的胃对食物的消化不如牛、羊等反刍胃动物那样彻底，其次是马肉、乳产量不如牛羊。不过，这些并不影响新龙藏族群众对马的喜爱。因此，至今马仍是藏族群众重要的交通工具。如挖虫草时，藏族群众都会准备一段时间的食物及生活用品，这些要靠马驮上去。没有马的家庭也用牦牛替代，但牦牛前进的速度要比马慢，而且上坡不利于驱使。笔者就曾见过一位甘孜藏族群众上沙堆挖虫草，但牦牛在上坡的时候却使起了小性子，四脚趴地，任凭主人怎么驱使也不前进。

除了出于"经济"考虑外，马对于新龙藏族群众来说还具有社会文化意涵。赛马对他们来说是一项重要的娱乐活动。例如，沙堆乡女汝村每年藏历年时都要举行赛马比赛，村里的年轻人都会踊跃参赛，争取在赛上展现自己的超强马技。

新龙藏族群众骑马姿势见图2-1。

民国时期新龙藏族群众的马技，任乃强曾亲眼所见："而瞻对娃善驰马，能于疾驰中，自马背反身拾物地上及射的贯革；又隐身马腹而驰，侧不见人；又自马背跃下，足履地乃复腾上。"[①] 恩朱如此回忆自己的马技：

> 我骑马的技术很好，能从马背这边翻到那边。年轻人过年的时候要赛马。如有年轻人死了就不赛马、不跳舞，有枪的时候还可以马上持枪射击。

他还说他10岁的时候就会骑马了，并且骑马是不用别人教的。那时候牵马放牛，就在空地上自己练习骑马。

---

① 任乃强：《西康札记》，中国藏学出版社2010年版，第55页。

图 2-1 新龙藏族群众的骑马姿势

真正也说：

> 我十几岁的时候就会骑马，二三十岁的时候还去过甘孜赛马。我的马术是自己学的，没有人教。

现科查村 15 岁以上的男性均会骑马，否则就会遭同龄人耻笑。新龙藏族群众对"面子"看得非常重，所以他们都争先学会骑马。放眼整个康区，赛马也是一项重要的娱乐活动，巴塘、理塘、甘孜、色达等地也曾多次举行赛马比赛。此外，他们还要购置马鞍、马镫和鞍垫，越漂亮越好。算下来，这些花费也不便宜。不过藏族群众也不在意，"因为牧民心目中的马就像美国人心目中的汽车一样，而且马的主人之间攀比成风，看谁的鞍垫和马具漂亮"①。

---

① ［美］博尔文·C. 戈尔茨坦、辛西娅·M. 比尔著：《今日西藏牧民——美国人眼中的西藏》，肃文译，上海翻译出版公司 1991 年版，第 17 页。

畜牧者选择畜种时也有自己的考虑，他们会根据牛、马等动物的特性选择饲养何种动物，以及每一种饲养多少。例如，努尔人不仅养牛也养少量绵羊，阿拉伯半岛地区的游牧以马、羊、骆驼为主，而在阿富汗地区则以绵羊为主，一些沙漠地区则以骆驼为主。不知何种原因，科查村很少有家庭养羊，但羊是世界各种游牧经济类型中最普遍、最重要的牲畜。① 不过，雅江、理塘、巴塘等草地上就有大批的绵羊。

就牛厂饲养的规模而言，沙堆乡的牛厂较少，但如拉日马、友谊、银多等纯牧乡的牛厂畜牧规模则较大。民国时期瞻化县规模较大牛厂的畜牧情况是："大盖牛厂：牛约计一千头、马四十匹；拉日麻牛厂：牛约五千头、马二百匹；然犀牛厂：牛约计二千头、马百匹；热鲁牛厂：牛约计二千头、马八十五匹；古路牛厂：牛一千五百头、马六十头；阿色牛厂：牛三百头、马二五头。"② 而当时的牛厂大盖20户、拉日麻100户、然犀40户、热鲁39户、古路25户、阿色2户。若以户均饲养牛数量来看，一户牛厂50匹左右，阿色牛厂户数少，达150匹。与牛相比，马的户均数量则少很多，大多牛厂户均才有2～3匹。可见，民国时期新龙牛厂畜种主要以牛为主。正因为马匹的数量少，才越发显得马的珍贵。需要指出的是，由于牛厂娃主要生活在高山区，那里的地不适合种植青稞、小麦等作物，他们的食粮须与主要从事农耕的藏族群众进行交换。或如他们有少量土地，这些土地也是承包给别人换取食粮的。因此，农耕者与畜牧者之间存在诸如青稞、酥油等生活必需品的交换，两个群体在主要生计方式、居住方式上存在一定的区别。

3. 采集

瞻对的森林资源曾经十分丰富，雅砻江两岸长满了茂密的森林，尤以阴坡为盛，木材出售为当地藏族群众创收的一种方式。时至今日，新龙县对树木的采伐采取管制，如果自建房屋，要去县林业局交少量费用（12元1立方米）办理采伐证，但私下出售木材赚取收入的事件时有发生。一日下午，笔者就见到鸣笛的警车正追赶一辆拉满木材的拖拉机。原来这车木材并没有采伐证，属私下采伐与出售。由于当地群众举报，新龙公安追至沙堆检查站才将其截住，木材连车被扣押在沙堆乡政府。当然，并不是

---

① 参见王明珂《游牧者的抉择：面对汉帝国的北亚游牧部族》，广西师范大学出版社2008年版，第11页。

② 卷宗号：002—001—402。

所有的私下出售木材的行为都能被截住，也有一些群众偷偷从事木材贸易。

各种药材也是采集的对象。"药材品如虫草、独一味、贝母、麝香、鹿茸等全境大山均普遍出产，唯康人固守迷信，对珍贵产物不能开采，故产量不多。"① 可见民国时期药材的采集受到了佛教理念的限制。但今时今日，药材的采集已是沙堆藏族群众最主要的收入来源。以采集虫草为例，每到5月初，各家就要开始准备食物、工具及其他生活用品上山挖虫草。挖虫草持续70天左右。如果山上下雪，挖虫草工作就要中断，因为虫草会在有太阳的时候长出来。由于虫草属于稀缺资源，所以沙堆乡限制非本乡人来当地挖，缴纳进山费者除外。邻近的甘孜县拖坝等乡群众来此挖虫草需要缴纳进山费——每人2000元。进山的限制对汉族群众来说更严，因为当地人担心如果开放开采就会有大批汉族群众上山挖虫草，藏族群众的经济利益就会受到损失。新龙有些务工的汉族群众到挖虫草的季节就会放弃手里的工作而进山挖虫草，如虫草市场价格高，有的能在短时间内挖上价值十几万元的虫草，比单纯务工收入要多出几倍。所以，当笔者初次提出跟当地群众上山挖虫草时，就有人当面拒绝。在稀缺资源面前，当地人与同族人、藏汉群体边界区分就十分明显。沙堆人出售虫草以根为计，成色极好的虫草一根能卖到100多元。市场销路较好的年份，一根也能卖到四五十元。不过2014年的虫草市场价格并不高，较好的一根也才卖20元，一般的才卖15元。虫草也是近些年才兴起的，"人民公社"时期，沙堆人也上山挖虫草，但那时候虫草的市场价值并未真正体现出来，所以新龙当地并未出现大规模的挖掘。

除虫草外，各种菌类也是采集的重要对象。每年的6—8月，山上就有野菌可以采集。科查村的吉美俄泽如此介绍当地的菌类情况：

> 可以捡羊头菌，干的一斤六七百元，还有一种很大的菌子，我也不晓得名字。在挖完虫草之后可以上山捡，大概就是在6月15日前后就可以开始。这些菌子可以卖到甘孜、新龙、炉霍等地方。我家里捡菌子的人少，一个女娃娃挖完虫草之后要去甘孜。媳妇要看小娃娃，那个娃娃才几个月。另一个觉母不捡的。还可以捡雪莲花，雪莲

---

① 卷宗号：002—001—331。

花可以泡酒，效果很好的。还有一种qiang花，湿的一斤也是五六元的样子。"da sheng""huang qing"，也可以捡。七八月是捡"bai mu"，干的一斤也是七八百元。还有"zi mu""da huang"。

由于报道人的汉语水平并不高，笔者未能明了他介绍各类菌类所对应的学名。抛开这些不论，不难发现甘孜藏族群众越来越融入更广泛的社会主义市场体系。由于内地市场对高原所产菌类需求较大，价格还不错，有利可图，藏族群众自然就主动上山采集。从生产链的角度来看，他们已是市场经济中的参与者。

4. 挖金

挖金也是藏族群众的重要生计方式。新龙金矿资源十分丰富，可谓遍地是金，"矿物以产金著，沿雅砻江流域及河东之麦科、桑雍等地均出产，麦科以产金著名"①。相传早在元明时期，就有人在此采金。麦科所产之金纯度高、杂质少、呈金黄色，有"瞻金"之称。金矿的开采主要依靠人力进行，"沙金产地滨临江河，藉天然水力淘洗，开采比较发达。例如本区最大的新龙麦科金矿，藏岩金所在的高山四时冰冻，开采困难；但从石英岩脱出的金粒随水下冲，沉积在低处河床，谷地宽而浅，易于积集，人民便在河边淘取，沿敬达沟上下百里间都是金棚"②。而"到民国初年，已发展到有矿工1000余人，以10～30人为一棚。每棚平时产金2～3两。月收金课数十两至百两。由边军一管带率兵两哨驻矿督理。年产金8000两左右"③。可见，麦科金矿开采规模之大。冬季时，雅砻江水量减少，是挖金的好时机，沙堆村村民就会利用这段时间下河挖金。挖金过程并不复杂，一般需要经过采沙、托沙、冲洗、拾取几个步骤，挖到的金子既可售卖也可做成各种首饰。藏族群众男男女女都爱戴金首饰，男性一般戴金戒指，女性则佩戴耳环、戒指、手镯等。吴朱卡就曾告诉笔者，他下河挖金也积攒了不少财富，大女儿出嫁时他送给大女儿一个金项圈。佩戴金首饰不仅美观，而且还能显示一个家庭的财富与地位。家庭女性身上首饰越多，就越能显示其家庭财富与地位，所以经济条件较好的家庭会给女性成员置办各种金首饰。笔者曾在新龙县城格萨尔广场上见到一位中年妇女身

---

① 卷宗号：002—001—331。
② 吴传钧：《西康省藏族自治州》，生活·读书·新知三联书店1955年版，第38页。
③ 任新建：《雪域黄金：西藏黄金的历史与地理》，巴蜀书社2003年版，第231页。

上挂满了各式沉甸甸的金饰。不过，近几年沙堆挖金受到了寺庙的限制。村民说，寺庙禁止挖金，而寺庙在当地藏族群众中很有影响力，所以藏族群众很自觉地不下河开采金矿。寺庙禁止挖金的现象在新龙其他乡也存在，如雄龙西金矿开采就遭到了寺庙的强烈反对。

二、生计与抢劫的关系

法国著名藏学家在形容西藏生计时认为："那里存在双重形态学，可以简单概括为两句话：高山牧场和田园，牧业和农业。尤其令人注意的是，同一个居民集团，则根据季节规律而轮番从事这两种职业。"① 如果从主要生计方式来看，他的概括无疑是极为准确的。新龙藏族群众自新石器时代以来就兼营农牧两种主要生计方式。民国时期虽有采集、挖金、伐木等生计，但藏族群众仍以农牧为主。随着新龙藏族聚居区不断融入社会主义市场经济体系，沙堆藏族群众的生计方式渐渐多元化。在阿纳托利·哈扎诺夫（Anatoly M. Khazanov）笔下，游牧是一种不能自给自足的经济生产模式，因而需要与外在人群有各种互动，以获得外来的资源。王明珂通过对同处游牧社会的匈奴、西羌与鲜卑等游牧群体进行研究后，也认为"各种狭义的'游牧'经济活动的确无法自给自足，因而游牧人群需以其他生业（如农业、采集、狩猎、贸易、掠夺等等）来补足。农业、采集、狩猎与生计掠夺，主要是在本地生态区内获得资源的手段"②。他们的观点可称为"生产不足论"，那么对处于青藏高原东部横断山区的新龙藏族群众来说，他们的经济活动是一种自足的经济吗？

1. 粮食产量

先来看看新龙藏族聚居区的粮食产量。众所周知，粮食产量与土壤好坏、耕作管理、土地面积、气候等因素密切相关。新龙集于台地上的土壤"粘、沙、砂条、瘠多肥少"③，藏族群众视人粪为不能与庄稼接触的污秽物，所以地里向来不施人肥，而且牛、羊、马等畜粪利用也很少。因此，靠提高土壤肥力的办法提高产出对农作效果不明显。作物的播种以撒播为主，若作物长了虫子，他们出于对藏传佛教不愿杀生教义的信仰，不会采

---

① ［法］石泰安著：《西藏的文明》，耿昇译，中国藏学出版社2012年版，第6页。
② 王明珂：《游牧者的抉择：面对汉帝国的北亚游牧部族》，广西师范大学出版社2008年版，第12页。
③ 卷宗号：002—001—431。

取杀虫措施而以念经祈祷代替。如此的耕作方式，与传统农耕区精耕细作的方式有着根本不同。

如果有足够的土地面积，即使不精耕细作，单靠广种薄收，那么粮食产量也不成问题。不过，这种想法在新龙藏族聚居区也只是一厢情愿。受限于高山深谷的地形，当地可用耕作的土地都集中于雅砻江两岸的台地上，但台地面积是有限的。以沙堆乡为例，据村民们回忆，在2000年实施天然林资源保护工程（简称"天保工程"）以前，他们的土地面积比现在的还要宽。科查村对面的亚乌寺旧址以下都是可利用的土地，都种满了作物。反而是在天保工程实施后，他们的粮食产量下降了。因此，许多村民有怨言，俄巴村的赤中绒姆就表示：

> 现在的粮食都不够吃了，要靠挖虫草来换取粮食。现在的青稞、豌豆、小麦三样都没有以前的一样多。

在她看来，天保工程的实施占了她家可耕种的土地，导致她家里的粮食不够吃，要通过虫草收入来弥补，但是她没有提及从天保工程领取的粮食与现金补助。村民们还说，村里以前房屋布局也与现在不同。以前的房屋都是连在一起；而现在的就像一座座别墅，有的庭院中修有车库、杂物间之类，有的甚至还有院中地，房屋也越修越宽，许多土地就被新修的房子占有了。笔者并不知道他们所指的过去是当地解放初期还是民国时期。有证据表明，当地解放后中共新龙县委沙堆工作组进入沙堆后，开展了拓荒等一系列工作，即用拓宽播种面积的办法来提高粮食产量。

正如前文介绍，青藏高原地区的气候对当地农业以及畜牧业影响极大。以青海果洛地区藏族为例，"解放前果洛地区的牧业经济属于一种极不稳定的自然经济，它的兴衰在很大程度上受制于自然条件，当遇到旱、雹、风、雪等特大自然灾害时，生机勃勃的草原，顷刻之间即可变得死寂沉沉"①，此种情况下，牧民的生产生活资料——畜牧就遭到毁灭性的打击。如此，人们赖以生存的基础不复存在，不仅生计难于维持，连简单的再生产也无法继续进行，就像亿万富翁一夜之间就破产一样。而从当地解放后频频发生的旱灾、雪灾尤其是雪灾的情况来看，他们的生计仍是靠天

---

① 李丽：《简论历史上果洛藏族的尚武精神》，载《中央民族大学学报》1994年第4期。

吃饭。有人就写道民国时期瞻化县"县境土地瘠薄，出产无多，人民劳苦终日，亦不能维持其最低生活"①。这就较为真实地描述了当时人民的生存状态。

综合考虑耕作、施肥、土地面积、天灾等因素，不难发现新龙藏族聚居区的粮食产量较低。"解放前的粮食产量，一般只有种子的五倍左右"②，五倍种子的产量平均到每户，每户又有多少呢？从"西康省政府政务考察团三十五年度瞻化县地方概括调查表"可得知当时种植的农产品及产量："青稞、小麦、胡豆、豌豆的产量分别为 13500 石、9700 石、980 石、1629 石，合计 25908 石。"此时瞻化县有 12244 人，以一石为 50 千克为准，折算下来人均粮食 106 千克。而同样在民国时期一份《瞻化地谈》资料中，青稞、小麦、豌豆、胡豆"全年总产量约计 15000 石，足以自给"。③ 两份资料中粮食总产量相差 10908 石，约为 54.5 万千克。而"西康省瞻化县三十四年九月份户口统计表"中新龙共有 14645 人。前后相差约 1 年，但人口数却相差 2000 多；这只能说明两份人口数据均不准确，可估计此时的人口数量在 13000 左右。以估计人口数量折算，《瞻化地谈》中人均粮食才约 58 千克。两相比较，则发现民国三十五年（1946年）的调查表中的数据较为合理。

以上为全县人均粮食数，再来看看民国时期沙堆乡所属的上瞻乡自耕农粮食拥有情况。根据民国三十七年（1948年）瞻化县上瞻乡概括调查情况："全乡有自耕农 126 户，在这 126 户中自耕自有田产 40 市石、最少 34 市石，佃农租田最多 20 市石、最少 18 市石，地主有田最多 200 石、最少 160 石。"④ 从这份资料中可知上瞻乡 126 户自耕农中粮食拥有量也不均衡，地主粮食拥有量是佃农的 9～10 倍，有田产者的粮食拥有量是佃农的 2 倍。这就意味着，当时如果藏族群众依靠租佃为生，一户平均一年最多 1000 千克粮食。以 5 人为一户，每人一年粮食最多 200 千克、每月 16.7 千克。如果这一数据足够准确，每月 16.7 千克粮食也只能够维持温饱。此处的粮食拥有量并未算上支出，首先是粮税，其次是藏族群众向寺庙的

---

① 王晓莉、贾仲益编：《中国边疆社会调查报告集成》，广西师范大学出版社 2010 年版，第 495 页。
② 四川省编辑组、《中国少数民族社会历史调查资料丛刊》修订编辑委员会编：《四川省甘孜州藏族社会历史调查》，民族出版社 2009 年版，第 8 页。
③ 卷宗号：002—001—331。
④ 卷宗号：002—001—541。

捐赠以及酿造青稞酒的支出，尤其是民国时期新龙藏族群众嗜酒，大量粮食用于青稞酒的酿造上。扣除以上支出，那么这些新龙藏族群众的口粮明显是不够吃的。当然，无论是清末还是民国时期，新龙藏族群众也定然存在着贫富差距。如大土酋、大头人之类，他们拥有较多的土地。因此，他们的口粮是够吃的。

2. 支出及差役

新龙藏族群众有多种粮食支出。首先是粮税。清末改土归流前"西康粮税，土司、呼图克图实无定章，亦多寡不一。百姓耕地，栽种一斗，年产十余斗者，征粮数升。若土司、呼图克图之公地有与百姓之相连者，则免百姓耕地之粮，令百姓备子种代耕公地。秋收时，土司、呼图克图但收公地所产之粮"①。这表明西康粮税在改土归流前征收并无准则，全凭土司与呼图克图定夺，若以年产10斗征粮10升计算，则只征1%的粮税。但瞻对的情况与此不同。瞻对因工布朗结事件划归西藏管辖，"惟藏官到瞻，暴敛横征，且仍照工布朗结占各土司之地，并索供驻瞻兵费，垂三十余年，瞻民苦之"②。与瞻对土司及呼图克图的管辖相比，西藏地区政府之征粮以及各种压迫可谓有过之而无不及。由此引发了光绪二十年（1894年）"驱杀藏官而自立"的反抗活动，不过反抗活动很快就被清军镇压。此时的川督鹿传霖奏请清政府收回瞻对，改土归流。但由于清政府上层政治复杂，川督遭到驻藏大臣及成都将军的秘密弹劾，其奏请也被迫流产，瞻对改土归流的任务最终由赵尔丰完成。宣统三年（1911年）夏，赵调署川督、付嵩炑代理边务时，同赵尔丰率兵进入瞻对："抚其民，收其地，召集百姓，公议改良赋税之则。"③具体赋税情况虽在付嵩炑的《西康建省记》中并未被提及，但可参考西康巴塘、理塘等其他县改土归流后的粮税情形。"改流之后，地分三等，上等地下种一斗，每年出产十余斗，征粮一斗二升。中等地下种一斗，征粮一斗，下等地下种一斗，征粮八升。"④若以百分比计算，中等地则要征收10%的粮税。相比之下，改土归流后的粮税更重了。但对经历过藏官横征暴敛的瞻对藏族群众而言，他们则更愿意接受赵尔丰所定之赋税之则。北洋政府时期，川边政治局势复

---

① 付嵩炑：《西康建省记》，书林书局1932年刊本，第117页。
② 付嵩炑：《西康建省记》，书林书局1932年刊本，第46页。
③ 付嵩炑：《西康建省记》，书林书局1932年刊本，第48页。
④ 付嵩炑：《西康建省记》，书林书局1932年刊本，第118页。

杂,但赵尔丰所定之赋税则未随政局的变化而发生改变,在民国二十七年(1938年)瞻化县有的村"每户上粮至多不到两斗,大多都是几升"①。可见,此时瞻化藏族群众的粮税仍比较低。民国三十四年(1945年)"瞻化县大盖区沙堆乡地方概括调查表"记载:"沙堆完纳粮户为155户,应纳粮33.449石,实际收粮14.15石,折算下来每户应均纳粮10.79千克。"这也同样说明了当时收缴国民政府的粮税仍比较低。

    粮税虽低,但并不能说明新龙藏族群众的负担轻,"其征粮固轻,而征银则较粮重一二倍。每年征粮之外,若有婚嫁、兵事,则另派百姓纳银。一年数事,则派数次。一二年无事,则以三年朝贡之事派之。而征粮系头人经手,土司征粮一斗,头人加征一升或半升不等。于牧场则征马牛羊或牛羊肉或酥油,其派银仍与耕地者同"②。可见,藏族群众除要负担应交较低的政府粮税外,还要承受收粮人的盘剥。此外,他们还得承受各种征银之事。如果把纳粮与征银加在一起,那么新龙藏族群众的负担就大大加重了。许文超如此形容当时的新龙上瞻区藏族群众的生存困境:"因退有限之故,每年收获,上者足一年,次者半年,再次三月,其不足之数月,除抢人而外,只有做乞丐。一旦遇天灾人祸,遭受损失,则竟堕于万劫不复之悲惨境地矣!"③ 许文超曾为官瞻化县,他曾目睹瞻化藏族群众的生活。因此,他的论断具有较强的说服力。在如此生存压力之下,抢劫也就成为一种"自然"行为。再来看看沙堆百姓回忆当地解放以前的生活情况。恩朱在谈及何为"夹坝"时说道:

    解放前这里有"夹坝",这村子里跑一趟,杀完人又跑到另外的村子里去。吃的、穿的、好看的,什么都抢去了,这些人自己想做什么就做什么,管不了,也没有什么人去管。吃的、穿的抢去山上了。以前地不多,吃的不够。

    从他的话中不难发现,吃的因素是导致抢劫的一个原因。因为"地不多,吃的不够",所以有些"夹坝"四处流窜,见到什么就抢什么。同

---

① 许文超:《瞻化上瞻区日巴与哈洼两村之纠纷》,载《康导月刊》1939年第7期。
② 付嵩炑:《西康建省记》,书林书局1932年刊本,第117页。
③ 许文超:《瞻化上瞻区调查记》,见赵心愚、秦和平编《康区藏族社会历史调查资料辑要》,四川民族出版社2004年版,第198页。

样，瞻对"地瘠民贫，虽为农区，但出产很少，除了农耕和打猎外，都靠抢人为生"①。可见，清政府也以生存困境来解释新龙藏族群众的抢劫。任乃强也以瞻化群众的生业来解释他们的抢劫行为。他认为："瞻化地薄，生业凋敝，其人多为盗劫，北道各险隘皆劫场也。"② 同时，他指出："盖瞻对娃顽固守旧，饱受酣嬉，饥则劫掠，从无趋时厚生之志，故地利不能尽也。"③ 此处，他认为瞻对藏族群众在没有可供维持生存的食物的情况之下就会进行劫掠，而不是千方百计的扩大生产。

不仅如此，地方行政长官、学者用生计不足论来解释抢劫的高发；部分抢劫者也持此种观点，甚至毫不掩饰地言明。在民国三十四年（1945年）甘孜孔马寺被瞻化麻日、五花村村民抢劫一案中，村民就称："因本年年岁不好，贫民无法生活，在本村经常发生偷盗之事，也无可奈何，更况到外县抢劫事大，本村更无办理管制。"④ 此案中，麻日、五花村村民将牧场中犏牛45头、牦牛20头，共计65头一并抢去。当县府派人查问时，参与抢劫的村民已逃走。虽然是严重的不法行为，但村民们认为他们也是"被逼无奈"，毕竟是年岁不好影响了收成，导致他们无法生存。如此，有些藏族群众不仅在村内偷，而且在村外抢。

再看看民国三十七年（1948年）雄龙西甲谷村村民生朗巴登偷牛案，失牛者从生朗巴登家"墙夹壁中搜出割成条形的新鲜牛肉半皮口袋、牛筋半付，肉筋及口袋上都巴有白牛毛"⑤。本案中，偷牛者并没有将牛拿去售卖换成藏洋而是直接将牛杀死，把牛肉割成块保存好，以便长期有肉吃。由此可以看出，偷牛者的目的非常明显，就是为了满足自己的食欲。几个抢劫牛羊的案件中，一些牛羊很快就被分而食之，以致后来赔偿时无法拿出原物赔偿。一位曾参加抢劫的三岩老人回忆道："当年我是因为穷才出去抢东西的。因为本地人的不能抢，只好找几个人一起出去，骑好几天马到远处去抢。也不是想发财，只想吃饱肚子不挨饿。"⑥ 他的目的很简单，就是为了维持生存。而一些瞻化藏族群众则从秋收后的四五个月

---

① 《清高宗实录》，中华书局1986年影印本，第228页。
② 任乃强：《西康札记》，中国藏学出版社2010年版，第55页。
③ 任乃强：《西康札记》，中国藏学出版社2010年版，第147页。
④ 卷宗号：002—001—413。
⑤ 卷宗号：002—001—556。
⑥ 转引自格勒、海帆《康巴：拉萨人眼中的荒凉边地》，生活·读书·新知三联书店2005年版，第81页。

中，除少数人留守应差之外，其他人员则准备好枪支、马匹、口粮，成群开往甘孜、炉霍、白玉、德格、理化、道孚等与瞻化交界之县的边界大肆抢劫，满载方归。

根据马斯洛的人的需求层次理论，"生理是人类最强有力的需要，是必须优先获得满足的。如果生理需求得不到满足，它就会成为支配个体行为的动力"①。在现代法律体系之下，从违法轻重程度上说，抢是比偷更为严重的违法犯罪行为，但是为了满足人的生理需要，生理驱动下的偷、抢违法行为似乎有某种天然的合理性，也就是所谓的"造反有理"。正如马斯洛所说的"在没有面包吃时，人只是为了面包而生活，这是正确的"。美国人类学家斯科特（James C. Scott）在研究20世纪30年代越南经济萧条的后果时就认为，"由于农民的经济处境恶化，由于减税似乎遥不可及，他们转而诉诸直接的暴力行动"②，暴力行动包括毁坏档案、劫掠公共建筑等。同样，中国历史上的各种革命、起义、战争与当时普通民众的生存境况之间也有一定的联系。如《史记》中有匈奴"急则人习战功以侵伐"③的记载，意即生活困难时就常常外出劫掠。而"无论从人类学（人类生态）或历史（人类生态历史）的角度，匈奴人为了生计而行掠夺，只是一种人类生存动机下的无奈选择"④。有的群体为了解决生存，不得不沦为海盗。美国历史学家穆黛安（Dian H. Murray）把1790—1810年中国出现的海盗归结于渔民的海上生存策略的延伸，是对生存压力的反应。⑤裴宜理也把农业歉收旱涝灾年下抢劫视为华北农民的一种"掠夺性策略"⑥。以上学者的研究表明，抢劫与生存困境的确存在很大的关联。回到青藏高原东缘的新龙藏族群众，他们的粮食产量受限于高原的地形地貌、气候效应以及各种自然灾害的综合影响，加上各种粮税、捐赠等支出，使得他们的生存状况更为糟糕。抢劫他人的食物、牛羊等物品能够迅

---

① 李强、汪洋：《马斯洛》，云南教育出版社2010年版，第40页。
② [美]詹姆斯·斯科特著：《农民的道义经济学：东南亚的反叛与生存》，程立显、刘建译，译林出版社2001年版，第160页。
③ 司马迁：《史记》卷110《匈奴列卷》。
④ 王明珂：《游牧者的抉择：面对汉帝国的北亚游牧部族》，广西师范大学出版社2008年版，第135页。
⑤ 参见[美]穆黛安著《华南海盗：1790—1810》，刘平译，中国社会科学出版社1997年版，第25～33页。
⑥ [美]裴宜理著：《华北的叛乱者与革命者——1845—1945》，池子华、刘平译，商务印书馆2007年版，第71页。

速维系、改善自身的生存状况，是一种更为简单、直接的生存策略。

前文所谈及的"生产不足论"、文化唯物主义以及生产方式决定论的共同点在于都看到清末以来这一历史时段中新龙当地"物的生产"的不足，具有一定的解释力。但为什么采取抢劫的办法来解决他们所面对的生存困境呢？首先，抢劫能够迅速致富或者说能够取得立竿见影的效果。我们知道从"物"的生产到收获需要一个时间段，也需要付出相应的时间与精力，但抢劫他人财物弥补了"物"的生产的"慢"。抢劫在当今现实生活中也存在，但现实生活中的抢劫者的目标聚焦于较为值钱的物品，比如抢劫者拿了钱包里的钱后会把钱包扔掉。而从民国时期的一些抢劫案例来看，他们会将被抢劫者的各项物品都收入囊中，无论是值钱的黄金、马匹，还是一些日常生活用品。从生存的角度而言，被抢劫者的各项物品在抢劫者的现实生活中都能派上用场。

然而，除了能够迅速致富外，新龙藏族群众的抢劫频发还与当地社会制度、法律观念、荣誉与性格、国家对地方的治理、文化传统等方面密切相关。试想一下，在完善的社会保障制度下，如果抢劫者能够及时得到地方政府的救济或者土司、寺院的援助，抑或抢劫者切实受到政权与法律的严厉约束而使抢劫成本大大提高，或者国家治理有方从而使地方社会稳定经济繁荣，抢劫之势也不会如此猖獗。抢劫虽然能够迅速致富，但也要承担丧失生命的风险。即便如此，抢劫者也没有畏缩退却之意。可见，除生存的需要外，还有其他方面的力量在推动着那些新龙藏族群众抢劫的发生。

综上所述，一方面，由于民国时期瞻化藏族聚居区可供耕种的土地较少、土地肥力不够、疏于耕作管理以及自然灾害等因素的影响，耕作的产量并不高；另一方面，瞻化的土地分配不均，藏族群众还要支付粮税、纳银、支差以及头人的盘剥等支出。如此，共同造成部分藏族群众的生存困境，在人类生存动机的驱使下，偷、抢等"违法犯罪"行为迭出。

第三节　荣誉观与民族性格

不可否认的是，生计困境是促使偷、抢等暴力行为发生的重要因素。不过，如果把持续抢劫的发生完全归因于生存困境，笔者认为也不太全面。因为生存困境无法解释为什么文献中出现"番俗以强武勇敢为荣"与"瞻对娃剽悍横豪""民性剽狡"的记载。如果以荣誉观与性格来概括，那么，新龙藏族群众为什么会形成这种荣誉观与性格呢？这种荣誉观与性格同新龙藏族群众的抢劫有什么内在的关联呢？

一、荣誉观

藏族聚居区曾经流行着这样一句话："卫藏的法、安多的马、康巴的人。"这句话的意思是，以拉萨为中心的卫藏地区佛法盛行；安多地区自古为养马的好地方，那里的马高大能跑，深受藏族群众青睐；而康巴的人，意即康巴地区民风强悍。民风强悍则针对当地层出不穷的战乱、抢劫、仇杀、偷盗等暴力违法事件而言，尤以抢劫与仇杀为著。民风强悍还表明这些暴力事件参与者的普遍性与事件强有力的破坏性。的确，战乱、偷盗、抢劫以及仇杀的事件在清末及民国时期的康区文献中比比皆是。

上文谈到新龙藏族群众的抢劫并非单纯出于生计的驱使，它还有相应的文化基础，特别是与新龙藏族群众的荣誉观密切相关。在一个以盗窃、抢劫为耻的社会中，这些暴行必将受到群众及社会的谴责。那什么是荣誉呢？"所谓荣誉，概括说来，就是社会对个人道德行为的社会价值所做的肯定评价以及道德行为主体对这种肯定评价的自我意识。"① 它涉及两个层面，一个是社会的评价标准层面，即社会认为某种行为是值得肯定与褒奖的；另一个是个体的主观体验层面，它是个体对这种评价的主观感受。这两个层面有机联系在一起。荣誉观则是个人对待荣誉的观点，它通常是人们进取的动力之一。与荣誉观对应的是耻辱观。追求荣誉、避免耻辱是人们更为向往的。

文献记载中的西康藏族群众以什么为荣、以什么为耻呢？"番俗以强武勇敢为荣，青年男子，欲在社会中取得较高地位，必于其参与之军队或匪队中，鼓勇先登，多劫财货，杀敌人，以示其勇。于是全群尊之。下届出发，惟其马首是瞻矣。"② 引文表明西康藏族群众认为人越强武越勇敢，越光荣。军队与"匪队"是表现青年藏族男子强武勇敢的最好舞台，并且男子的强武勇敢与其在军队与"匪队"中的社会地位成正比，越勇敢，其

---

① 张善城、徐梦秋主编：《伦理学原理》，厦门大学出版社1994年版，第166页。
② 任乃强：《西康图经》，西藏藏文古籍出版社2000年版，第316页。

地位越高，也就越能服众。因此，军队或"匪队"中最勇敢者往往能迅速号召、集结人员。俗话说"狭路相逢勇者胜"，在战争以及抢劫等暴力行动中如果不够勇敢抑或不够强悍，在殊死之间，又怎能成功呢？

图2-2为新龙藏族群众的盛装。

图2-2　新龙藏族群众的盛装

说起勇猛，就不得不谈及新龙历史上非常重要的人物——布鲁曼。提起布鲁曼，新龙藏族群众无人不知、无人不晓。现在新龙县城最大、最豪华的酒店就以布鲁曼的名字命名。相传他在十七八岁的时候，就成为能带兵打仗的勇士，投靠他的人也很多。他领导所投靠之人，时而结伙住进森林，时而抢劫过路的土司头人及他们的商队，时而又分散组织发动群众起来斗争。他势力最鼎盛时还曾写信给西藏当局，"觉卧（即释迦牟尼）佛像是雪域全体藏族群众共同的佛像，并非你们西藏一方的私有物，应当把它送到瞻对来，如果不送来，我瞻对的兵士比荞子还要多，武器比针尖还要锐利，将派兵攻打你们"①，还扬言要把战马拴到布达拉宫前顶天石柱上。报道人吉美俄泽如此讲述布鲁曼的故事：

  那时布鲁曼的寨子是最高的寨子，四周的高山上都建有房子，不准老鹰飞。见老鹰飞就射下来。他的官寨有两个房子用来储水，打仗的时候不怕敌人的围攻。他还曾放言把西藏的菩萨拿到这边来供。西藏那边听了很害怕，在一次战役中派出了400喇嘛在念经，这就导致了布鲁曼失败。

  布鲁曼的故事经流传之后有许多版本，但大概情节差不多。尤其是他向西藏地区政府放言这件事突显他的胆识过人，而禁止老鹰（其实是乌鸦）在他官寨四周飞则突显他的霸气。

  比起布鲁曼，格萨尔王的故事则流传更广。许多沙堆老人跟笔者说，他的故事三天三夜也说不完。而谈及时，他们的喜悦之情溢于言表。事实上，《格萨尔王传》远比沙堆老人们说得要长。其故事之所以精彩，原因之一就在于其果敢、勇猛。他曾声称："世上妖魔害人民，抑强扶弱我才来。我要铲除不善之国王，我要镇压残暴的强梁。我要令当权者低头，为受辱者撑腰。"② 足可见他的豪迈及勇敢，而为民除害、抑强扶弱的誓言也使得故事倍加精彩。英雄故事同样具有广泛的吸引力，他们的年轻、他们的勇猛、他们的谋略无形之中也影响了康巴藏族群众。今天的新龙县城广场命名为格萨尔王广场，广场中间有座威武勇猛的格萨尔王雕像，它似乎在向我们展示格萨尔王那不平凡的过去。

---

① 转引自格勒《甘孜藏族自治州史话》，四川民族出版社1984年版，第210页。
② 转引自洲塔、乔高才让《甘肃藏族史话》，甘肃文化出版社2009年版，第184页。

事实上，新龙藏族群众的勇敢与强悍和他们的体格有很大的关系。有学者把藏族群众分为"僧侣型"与"武士型"。其中，"武士型"在头颅、面孔、身材方面与"僧侣型"存在较大的区别，即康区一带的藏族群众体格普遍比其他地区藏族群众要高大。格勒先生曾测量过1000多位藏族群众，测量结果表明康巴人平均高度高于卫藏人和安多人。笔者就曾在甘孜县汽车站被多位高大的藏族人围住，问笔者去哪，要求上他们的车。当时笔者还真有些害怕。

新龙藏族群众不仅以强武勇敢为荣，而且以"能抢"为荣。"西康关外民众，多半是以抢劫为最光荣的英雄事业，不抢劫或怕抢劫的，他们认为是没有本领的弱者。"① 在一个普遍抢劫的群体中，如果不抢或者怕抢，就会被认为是没有本领的弱者。可以想象的是，谁也不会心甘情愿地被贴上弱者的标签。特别是在同龄群体中，被认为是弱者的人很难在群体中立足。另"更有狡黠之辈，逞强好武，以劫杀为英雄事业"②，这里，抢劫也与英雄事业联系在一起。"川康地区的牧民有一种习惯，每年夏季，壮年男子若不能向敌方部落或个人进行一次抢劫，则被讥笑为'灶前老媪'，因此，他们每年去劫掠有冤仇的部落或个人。"③ 很显然，壮年男子肯定不希望不能抢而被讥笑为"老媪"。所以，肯定有人会迫于群体压力参与抢劫，这就是社会心理学中所谓的从众。从康区流传甚广的强盗歌词"我是强盗从不拜见头人/高高蓝天才是我的主宰/我是强盗从不敬献香火/太阳月亮才是我的神佛"中，同样也能看出康巴人狂妄不羁的豪迈气概。任乃强先生认为，新龙藏族群众是"以悍勇著名的"④。

以能抢为荣还与男女承担的社会角色有关。任何社会中，社会对男性与女性均有不同的角色要求，有的社会认为男性应该是勇武的、女性则应该是温柔的，有的则不然。以乡城藏族群众为例，那里"人民犷悍，以抢劫为雄，常至数百里之外，南至中甸，东至康定，以及甘瞻等县，出劫比数十人或数百人，骠马烈枪，如临大敌，无获不归。与人斗殴，喇嘛秘咒相助，父母送饭，胜者为荣，战死者为神。倘若怯之不战，或萎缩败回，

---

① 王瑕:《榆科见闻记》，载《康导月刊》1938年第1期第4卷。
② 马大正主编:《民国边政史料续编》（第六册），国家图书馆出版社2010年版，第470页。
③ 陈庆英:《藏族部落制度研究》，中国藏学出版社1995年版，第281页。
④ 任乃强:《任乃强藏学文集》（下册），中国藏学出版社2009年版，第622页。

其妻闭门不纳，以为羞也"①，即要求男性的角色为犷悍勇猛。如果男性的行为达不到社会所期待的勇猛好战的角色要求，那么他的妻子也会感到羞耻，不让他进自己的家门；如果家里的男性满载而归，家里的妇女也会感到非常光荣。如此，社会中男性的角色也就在日常生活中被塑造出来。"旧时的瞻对强盗，总是将杀人越货所得的一半赃物献给寺庙，在康巴人眼里，就像乞讨者将讨来的多余钱财献给神佛一样，不足为奇。只要不在本地或本部落打家劫舍，赶一群牛回来，赶一群羊回来，将被视为英雄好汉受人尊敬。"② 同样，在此角色期待中，女性更喜欢勇猛好战、能抢劫的男性。在香格里拉调查时，笔者的房东就直言，藏族姑娘喜欢高大、强壮、黑的男性，而笔者的这种体形则是不受欢迎的。喇嘛秘咒、父母送饭，表明康区男性勇猛的荣誉观还受到了父母以及喇嘛的支持。以前的康区，喇嘛的社会地位较高，父母对子女也有很大的权威，有了喇嘛以及父母的鼓励及支持，他们的抢劫更为勇猛。

同时，新龙藏族群众所面临的随时可能被抢的环境也是促使他们勇猛行劫的另一个因素。不仅瞻化藏族群众声名在外，乡城藏族群众也颇令人害怕。当瞻化藏族群众外出抢劫时，他们及村落也随时有可能被其他地方的人抢劫。如果被抢，家及村落会被洗劫一空。抢劫属于主动出击，但同时也要做好被抢的防御。刘曼卿笔下的哇村村民就是因为持续被乡城、得荣人抢，继而学习他们的抢劫之道，抢劫各村的牛羊，久而久之，他们抢劫的水平、能力、名气还超过了先前抢劫他们的乡城、得荣娃，成为著名的抢劫之村。

新龙藏族群众的这种以勇猛、抢劫为荣的荣誉观是不是在清末及民国时期才形成的呢？答案当然是否定的。回到新石器时代至西汉末或东汉初时期，青藏高原东部地区普遍出现了石棺葬习俗，石棺葬中发现了大量的短兵器，说明曾生活在该地区的人的冲突、械斗甚至战争频繁。再看与藏族祖先有密切关系的氐羌系，《后汉书·西羌传》中就认为羌人社会"强则分种为酋豪，弱则为人附落。更相抄暴，以力为雄"，可见羌人也是崇尚勇猛。再来看看《隋书·附国传》中对附国人的描述，"俗好复仇，故垒石而居，以避其患"，好复仇也与崇尚勇猛联系在一起，复仇更是他们

---

① 刘赞廷：《乡城县图志》，民族文化宫1960年油印本，第31页。
② 格勒、海帆：《康巴：拉萨人眼中的荒凉边地》，生活·读书·新知三联书店2005年版，第69页。

应尽的一种义务。因此,从历史的角度来看,以勇猛、能抢为荣是当地的一种文化传统。

正是由于结实高大的身体条件、英雄故事的吸引、家庭妇女与同龄群体对男性的角色期待、喇嘛和父母的支持、抢与被抢的残酷生存环境以及当地勇猛好斗的传统共同塑造了新龙藏族群众的荣誉观,他们高大的体型则为他们实施这些暴力行为提供了基础。抢劫是男性追求荣誉的方式之一,所以"他们经常性的职业之一就是袭击商旅,并且以自己的勇气和好战态度而洋洋自得"①。他们沉浸在这种以抢劫为荣的文化中,以能抢而洋洋自得。他们"常将其劫杀快意事夸耀邻里,邻里不以为恶,反颂其勇,他日遇劫杀事则拥为首领,以奖励之"②。所以,抢劫行人被视为英雄豪杰之举,而不是触犯法律的犯罪行为。可以想象的是,当抢劫以及由抢劫引发的仇杀成为日常生活中的一部分,并受到周边群体的鼓励,就形成了"抢劫非罪"的观念也是"正常"的行为。然而,不同的文化群体对"罪"与"非罪"有不同的理解,对于当时处于不同文化群体的他者尤其是汉族群众来说,抢劫是严重的违法行为。新龙藏族群众引以为荣的抢劫是对他人生命与财产安全的严重威胁,在汉族群众看来则是绝不能姑息的违法犯罪行为。因此,清政府对康区藏族群众尤其是瞻对娃的抢劫可谓恨之入骨,多次派兵试图剿灭抢劫者。清瞻对之战的失利,固然与瞻对的地理环境有关,但与瞻对藏族群众的勇猛善战密不可分。当今社会中,新龙藏族群众勇猛的"光环"并未褪去。当然,新龙藏族群众的这一荣誉观也只是他们整个荣誉观的一部分,并不意味着他们只是以强武勇敢、以能抢为荣。事实上,一个群体引以为荣的方面太多,此处只谈及与本研究相关的部分。

二、性格

由于新龙藏族群众的体型高大以及频频抢劫,以至于人们对新龙藏族群众形成了"剽悍""爱偷抢"的刻板印象,似乎他们天生就是"剽悍""爱偷抢"的,认为"爱偷抢"就是他们性格中的一部分。果真如此吗?20世纪初期的美国人类学掀起了文化与人格的研究潮,并形成了文化

---

① [法] 石泰安著:《西藏的文明》,耿昇译,中国藏学出版社2012年版,第99页。
② 任乃强:《西康图经·民俗篇》,南天书局有限公司1987年版,第30页。

人类学的文化与人格学派。其中，以玛格丽特·米德（Margaret Mead）与本尼迪克特（Ruth Benedict）为代表。文化与人格学派强调，文化因素与个人因素存在着密切的联系，特别是个人如何受到特定社会或文化的影响，如何在该文化体系中建构自己的人格。例如，米德通过对萨摩亚群岛上处于青春期的姑娘的生活分析认为，青春期并非必然是一个危机四伏的紧张时期，任何心理紧张都来自文化条件。① 本尼迪克（本尼迪克特）在《文化模式》一书中则明确指出："个体生活历史首先是适应由他的社区代代相传下来的生活模式和标准。从他出生之时起，他生于其中的风俗就在塑造着他的经验与行为。到他能说话时，他就成了自己文化的小小的创造物，而当他长大成人并能参与这种文化的活动时，其文化的习惯就是他的习惯，其文化的信仰就是他的信仰，其文化的不可能性亦就是他的不可能性。"② 笔者虽不赞同绝对的"性格社会决定论"，毕竟对国民性的研究不能对应每一个具体的国民，但不可否认的是，社会与文化因素对个体性格的形成具有很大的影响。对以新龙为代表的康区而言，生存的困境、英雄故事的吸引、家庭妇女与同龄群体对男性的角色期待、喇嘛和父母的支持、抢与被抢的残酷生存环境以及当地勇猛好斗的传统无不塑造着康巴人的性格以及对荣誉的追求，这些成为他们剽悍、勇猛的文化基础。

同时，如果群体中的个人不愿意或不能完成社会期待，那么至少对藏族群众来说，他会觉得很没有"面子"。以抢劫为例，如果不能抢，那么他在家人、同龄人中会很没面子；而丢面子对新龙藏族群众来说是非常羞耻的事情，甚至无法使自己在村中立足。复仇也是如此，如果儿子不能替父亲复仇，那么儿子很难融于村中。所以，民国时期新龙藏族聚居区的世仇、械斗非常厉害。笔者在新龙县城调查期间，拉日马乡就发生过一起抢杀三人的复仇事件，而事件缘起于 15 年前的杀人案。为了复仇，这位刚刚刑满释放的藏族人酿造了如此的悲剧。

笔者认为，新龙藏族群众以强武勇敢、以能抢为荣的荣誉观是由他们的性格特点决定的。或者说，这也是他们性格的一部分。文献中对藏族群众的性格载有："性剽悍好械斗，又复嫉妒猜疑，贪小利而无廉耻，无事

---

① 参见［美］玛格丽特·米德著《萨摩亚人的成年》，周晓红、李姚军、刘婧译，商务印书馆 2010 年版，第 212 页。
② ［美］露丝·本尼迪克著：《文化模式》，何锡章、黄欢译，华夏出版社 1987 年版，第 2 页。

理认识，喜听谗言，睚眦必报，见人稍有财物，或小怨尤，比实行械斗，泄愤而后已。"① 按照此种观点，包括新龙在内的康巴藏族群众性格为剽悍、喜欢械斗、善猜疑、贪利、无廉耻、不讲理、爱计较。不过，笔者认为这些概括并不准确且带有明显的歧视，但其性剽悍、好械斗的说法能站得住脚。对于康巴藏族群众的性格特征，石硕先生表示，"康区人具有个性张扬、强悍好斗和敢于开拓进取的性格特点"②。格勒先生也表达了类似的观点，认为康巴藏人具有乐观、奔放、大度、勇敢等文化内涵，促使形成了威震康区、强悍无畏的康巴斗士。③ 对此，笔者赞同两位学者的观点。那么，新龙藏族群众的个性张扬、强悍好斗和敢于开拓进取的性格特点是如何形成的呢？

笔者认为，首先，此种性格的形成与新龙所处的地理位置及自然条件密切相关。与卫藏及安多藏族聚居区相比，康区可谓是生存环境最为艰苦、最恶劣的区域。新龙山高谷深，开门就见山见水，自然条件极为恶劣。正是为了适应这种艰苦、恶劣的自然环境，要求他们必须具备强壮的身体以及强悍的性格。因此，恶劣的自然条件是形成强悍好斗性格的自然原因。其次，此种性格的形成还有深厚的社会文化原因。如前文所述，新龙藏族群众的抢劫受到喇嘛和家人的支持，可谓有深厚的群众基础；同样，抢劫能够迅速得利，满足家庭的口粮需求，这也是他们去抢劫的动力之一。如果新龙藏族群众以抢劫为耻，他们的家庭成员拿什么养活自己呢？又拿什么捐给寺庙呢？因此，与人械斗时，喇嘛会念秘咒相助。就像报道人谈及藏兵剿灭布鲁曼时有喇嘛念秘咒相助一样。一些抢劫者常将抢得之物捐给寺庙，从而换取功德，平息自己良心的不安。从某种程度上说，寺庙与抢劫者也是一种交换关系，或者说是互惠关系。时刻面临被抢的生存环境也要求他们时刻做好相应的准备，他们会购置枪械，既可行劫又可防御。又如，抢劫杀人需赔命价时，所赔之物由全村人支付，同样减轻了抢劫者的负担，这也成为抢劫的原因之一。有学者在谈及游牧民族的形成时认为，"游牧民族未来开拓牧场而辗转迁徙，应对各种变化和挑战，

---

① 王晓莉、贾仲益编：《中国边疆社会调查报告集成》（第一辑·4），广西师范大学出版社2010年版，第495页。

② 石硕：《〈格萨尔〉英雄史诗与康巴文化精神》，见泽波、格勒编《横断山民族文化走廊：康巴文化名人论坛论文集》，中国藏学出版社2004年版，第306页。

③ 参见格勒《略论康巴人和康巴文化》，载《中国藏学》2004年第3期。

形成了粗犷豪放、富于进取与攻击的民族性格"①。虽然民国时期只有部分藏族群众以游牧为生，但此观点也同样适用于新龙藏族群众。从人类学整体观来看，英勇、行劫只是整个藏族文化体系中的一环，还需文化体系中其他部分的支持。如果失去了文化体系中其他文化因素的支持，正可谓无源之水、无本之木。这诚如任乃强先生所言："此种风气（指劫杀），乃由祖先遗传与社会环境陶冶之所致。"②

　　行文至此，不难发现以新龙为代表的康区是自然环境最艰苦、最恶劣的区域，这种自然环境对当地人民的生存产生了极大的影响。以农耕者而言，高山深谷的自然地理条件使得当地可供耕种的土地并不多；缺乏精耕细作的田间管理以及频繁的自然灾害使得仅有的土地上产出很少，有的家庭仅有维持三个月的口粮。以雪灾为代表的自然灾害的频发对畜牧者的生存更是极大的威胁，它们是新龙藏族群众抢劫的"牵引"。在此环境下，以沙堆乡为代表的半农半牧经济根本上是一种不能自给自足的经济类型。同时，当地百姓还得向政府纳粮、遭受头人的盘剥以及支应各种差役，这些使得他们的生存雪上加霜。不过，他们并不是坐等饿死，而是以四处抢劫获取资源来维持生计。毕竟，维持生存是人类的生理需求，也可说是只是一种人类生存动机下的无奈选择。当然，抢劫也不仅仅是一种生计，它也有其深厚的社会文化基础。英雄故事的吸引、家庭妇女与同龄人群体对男性的角色期待、喇嘛和父母的支持、抢与被抢的残酷生存环境以及当地勇猛好斗的传统，加上由自然环境使然的高大体型，共同塑造了他们勇猛好斗的性格。他们以勇猛、能抢为荣就是这种性格的体现。

---

　　① 王绍东：《碰撞与交融——战国秦汉时期的农耕文化与游牧文化》，内蒙古大学出版社2011年版，第120页。
　　② 任乃强：《西康图经·民俗篇》，南天书局有限公司1987年版，第96页。

第三章 "夹坝"的维持机制之二：习惯法及其运作

作为新龙藏族群众社会文化体系中的一部分，传统习惯法调节、维持着藏族群众社会的秩序，在藏族群众社会生活中发挥了重要作用，也是"夹坝"的维持机制之一。报复性抢劫与血亲复仇、说官司是关于抢劫的习惯法，传统文化的"惯习"、法律供给的不足以及法律成本的优势等因素成为传统习惯法存在的基础。

第一节 习惯法的主要类别

枪支泛滥、抢劫频发，不仅表明清末以来至民国时期新龙藏族聚居区社会秩序极为不稳定，同时也表明这一时段"国家"法制建设不健全，以致造成"无法无天"的印象。即便"无法"，但并不意味着"无天"，当地存在的习惯法为地方社会秩序的维持提供了润滑剂。那么，关于抢劫的习惯法主要有哪些呢？其存在的基础又是什么呢？这些是本节将予以探讨的问题。

人类的交往过程中充满了各种规则与惯例，当这些规则与惯例在更大的范围内、更多的人群中被共同遵守，并对违反这些规则与惯例的那部分人给予惩罚时，也就变成了习惯法。马林诺夫斯基在研究西太平洋群岛上的居民法律文化时特别注重习俗的作用，"法律形式的规则不过作为类型之一，已然完全消融于习俗的统一体之中"[①]。对特罗布里恩群岛的民众来说，习俗发挥了马氏所熟悉的西方现代社会中"法律"应起的作用。梅

[①] ［英］布罗尼斯拉夫·马林诺夫斯基、［美］索尔斯坦·塞林著：《犯罪：社会与文化》，许章润、么志龙译，广西师范大学出版社2003年版，第33页。

因（Sir Henry Maine）在《古代法》一书中指出"个案判决→习惯法→法典"是法律的历程，这三个阶段体现了个人从身份到契约的运动过程。爱德华·汤普森也认为，习惯与普通法关系密切，"如果说'习惯'沿着一条道路传达了我们今天将其归之为'文化'的众多内涵，那么，习惯沿着另一条路线则与普通法发生非常密切的关系"①。E. 博登海默认为："习惯法（customary law）这一术语被用来意指那些已具有法律性质的规则或安排的习惯，尽管它们尚未得到立法机关或司法机关的正式颁布。"② 埃尔曼在《比较法律文化》中探讨法律的渊源时指出："习惯是一种不仅最古老而且也最普遍的法律渊源：它规定了因为经常的遵守而成为'习惯性的'行为，并宣布对背离行为的制裁。把单纯的习俗（habits）与习惯法区分开来的是后者背后的强制性力量。"③

从以上学者对习惯与习惯法的论述中不难发现，习惯法具有两大特征。

第一，从习惯法的产生来看，习惯法在国家法创立或传入以前就在该地区存在并发挥了现代法学概念中法的作用。国家法是近代以来的一个概念范畴，一些民族历来并非是在国家或者皇权的统治范围内，即便在其统治范围内，其法律也并没有深入覆盖与被遵从。对秩序的需求是人类的普遍需求，即便没有国家法，地方社会也存在一套人类交往体系，即习惯法，它起到了规范民间生活的作用。这一点，在众多民族志中能找到证据。诚如梅因所言，习惯法要早于国家法典的产生。因此，任何社会中的习惯法都有深厚的群众基础，即便在当今现代国家法大行其道，一些民族一些区域内的习惯法仍没有销声匿迹。笔者曾于 2008 年在广西龙胜壮族地区进行过调查，调查发现当地的乡规民约与 19 世纪当地存在的"乡约"内容有较多相似之处。可见，传统的"乡约"仍在一定程度上规范着当地壮族民众的生活。同样，藏族习惯法扎根于地方社会，特别是习惯法中的"赔命价"或"赔血价"部分，至今仍是藏族地区重要的调解规范。

第二，习惯法具有一定的民族性。"首先，必须记住法律是特定民族

---

① ［英］爱德华·汤普森著：《共有的习惯》，沈汉、王加丰译，上海人民出版社 2002 年版，第 3 页。

② ［美］E. 博登海默著：《法理学：法律哲学与法律方法》，邓正来译，中国政法大学出版社 2004 年版，第 400 页。

③ ［美］埃尔曼著：《比较法律文化》，贺卫方、高鸿钧译，清华大学出版社 2002 年版，第 32 页。

的历史、文化、社会的价值观和一般意识与观念的集中表现。"① 可见，不同的民族，其历史、文化、社会价值观、一般意识与观念均有不同。或者说，有什么样的生产方式、行为方式、思维方式就有什么样的民族习惯法。例如，"赫哲族习惯法文化反映了赫哲族以渔猎为生的经济和社会形态，带有鲜明的渔猎文化色彩；景颇族习惯法文化是与刀耕火种的景颇族农耕文化相一致的；蒙古族、藏族的习惯法文化则体现了其游牧文化的特色；独龙族、德昂族、鄂伦春族的习惯法文化原始色彩较浓厚；彝族习惯法文化则与彝族处于奴隶社会的历史时期相适应；处于封建社会中后期的布依族、维吾尔族、满族的习惯法文化也体现了鲜明的民族特色和时代特色"②。藏族也是如此，"藏族习惯法是藏族原始社会的习惯、禁忌、图腾崇拜及特定的宗教信仰发展衍生而来的一种行为规范，它是指藏族人们在日常生活中加以确认或制定，并通过部落组织赋予其强制力或法律效力，由藏族聚居区各部落强制保证实施并靠盟誓的约定的方式调解部落内外关系的具有法律效力的社会规范"③，其习惯法既有宗教信仰、风俗习惯、伦理道德的成分，也有吐蕃和历届西藏地方政权所颁布的法令的遗存。按照现代国家法的划分，它涉及民事、刑事、军事、婚姻、环境保护等诸多方面。学界研究较多的是藏族习惯法中涉及的民事、刑事部分，特别是习惯法中的"赔命价"或"赔血价"，都是藏族群众在长期的生产、生活实践中逐渐形成与发展、世代相传而成的行为规范。

　　藏族习惯法的内容众多，涉及生活的方方面面。例如，有维护婚姻家庭的习惯法，有涉及财产、生产纠纷的习惯法，也有涉及人员死伤的习惯法。有人将西康社会的习惯法分为刑事、民事和行政三种④。就新龙藏族群众的抢劫习惯法而言，按照现代国家法的观点，属于刑事方面。民国时期以新龙为代表的康区国家法建设滞后，国家法律体系极不完善，在法律实践过程中也是有法不依、执法不严。因此，无论是在清末还是在民国时期，新龙藏族聚居区抢劫案件完全按照王朝法律或国家法律予以判决并不

---

① [美]格伦顿、戈登、奥萨魁著：《比较法律传统》，米健、贺卫方、高鸿钧译，中国政法大学出版社1993年版，第6～7页。
② 高其才：《中国习惯法论》，湖南出版社1995年版，第406页。
③ 隆英强：《社会主义法治建设与藏族法律文化的关系研究》，中国社会科学出版社2011年版，第43页。
④ 参见赵心愚、秦和平、王川编《康区藏族社会珍稀资料辑要》（上册），巴蜀书社2006年版，第342页。

可行。事实上，清末康区的抢劫案件往往不能依靠清朝法律进行处理。要想抓住"夹坝"进行"法办"，则要借助军事力量。从清政府几次讨伐"夹坝"的战争来看，借助军事力量来维护法律尊严的代价太大，而且捉襟见肘，应付不及，似乎新龙藏族聚居区既"无法"又"无天"。但事实并非如此，康区藏族群众也有本民族解决抢劫问题的方式，那就是康人关于抢劫的习惯法。如果清政府、北洋军阀时期以及国民政府时期的法律对康人来说是外来法，那么康人关于解决抢劫的习惯法则属于内生型。相对于外来法来说，内生型规范在其效力、持续时间等方面具有外来法律所不可比拟的优势，如康人关于抢劫的习惯法早在清朝以前就已存在。这一点，吐蕃时期的法律文献中就有记载。根据甘措博士的研究，早在12邦国之前，藏族习惯法就已经产生了。① 吐蕃王朝崩溃后，在今甘青藏地区的藏族继续存在，其习惯法也一直延续。那么，民国时期康区关于抢劫的习惯法又是怎么规定的呢？

任乃强先生是民国时期到康区各地进行实地调查的学者之一，他对藏族抢劫杀人习惯法有如下论述：

> 夷俗杀人劫物皆相仇，不问其杀之当否也。仇则全村为之报复，不计亲疏也。报复则敌之全村皆可施，不问是否仇家也。相杀不能自已，唯第三者可以调停之。负理者赔偿财物，从无偿命之事。仇隔数世，数十百年犹相报复，非经调停不解。唯官府办人，虽冤不仇。②

因此，我们不难看出，复仇与调停是藏族解决抢劫杀人问题的习惯方式。抢劫就会结下仇恨，有的仇恨持续数十百年，在没经调停之前，非得报复不可。羌生认为，西康的抢杀行为只有两种解决方式，"在西康的抢杀行为，习惯上不单不犯死刑，更可以说简直是不犯罪的。譬如说，甲地的人，去抢劫了乙地。乙地在被劫以后，只有两种方法。一种是仍施以抢劫的报复；一种是找出第三者，提起谈判。但是，如果彼此循环报复不止，则仍是趋于谈判解决的多，这在西康，普遍称为'说官司'"③。可见，康区解决抢杀的方式就是复仇抢劫与说官司两类。复仇抢劫就是被抢

---

① 参见甘措《藏族法律文化研究》（博士学位论文），中央民族大学2005年。
② 任乃强：《西康札记》，中国藏学出版社2010年版，第24页。
③ 羌生：《西康的几个习惯法》，载《边事研究》1936年第6期。

者在知道抢劫者身份后会在某个时候集结队伍对抢劫者本人或其家庭或其村庄实施报复性抢劫。复仇抢劫的逻辑是"以抢制抢",相互抢劫。或者可将报复性抢劫称为"以牙还牙"。如果被抢劫者有人员伤亡,被抢劫者及其亲戚就要对抢劫者实施同样的报复,是典型的血亲复仇。早在7世纪藏族地区的《法律二十条》中就明文规定"杀人者抵命"。血亲复仇是人类一种古老的复仇方式,以至于在很长一段历史时期内"杀人偿命"是人类信奉的标准,也是一些政权立法的依据。民国时期瞻化境内复仇抢劫事件频出,甲日家与甘孜俄巴俄须多吉两家之间的纠纷导致的抢劫更是持续了三年之久,双方均损失惨重。当然,互抢也不会永久持续下去。生存的渴望、生命的珍贵、财富的积累不易、政权的制止等因素都是复仇过程中需要考虑的因素。如想彻底解决互抢致使双方人员、财物损失的问题,羌生所言及的说官司仍是一种较为明智的选择。说官司即抢劫者与被抢者两方聘请商谈代表谈判解决抢劫引发的财物损失、人员伤亡问题的过程。当前学界论述颇多的藏族习惯法"赔命价"或"赔血价"就是说官司中的主要内容。众所周知,生命诚可贵。当抢劫致使被抢者人员伤残或死亡时,按照损害赔偿的原则,抢劫者需要付出一定的钱财予以赔偿以期了结双方的仇恨。

"赔命价"制度由来已久。命价,作为一个法律名词,早在吐蕃时期的法律中就已出现。7世纪吐蕃赞普芸芒赞时期的《狩猎伤人赔偿律》《纵犬伤人赔偿律》中就把人分为9个等级,共22级,各等级的命价也有高低之分,命价最高的为1万两银、最低的为50两银。吐蕃东扩不仅是疆域扩张的过程也是制度文化传播的过程,命价这一制度也传播到如今的康区。从7世纪至今,命价制度已有1000多年的历史。也有人表示西康之法律习惯为先民时代之产物,认为"侵害财产法益之罪:单纯偷盗罪:公布或赔偿;单纯强盗罪:赔价钱或盗禁;单强盗罪:监禁或罚金;强盗杀人罪:死刑或罚金,凡未遂者不成罪"[①]。此处将偷盗罪、强盗罪、强盗杀人罪区分开来,各罪的处罚方式也不同,或监禁或罚金或死刑,还区分了现代犯罪学中的未遂与已遂。根据民国二十九年(1940年)九月十日康民习惯调查委员会下发的一份康民刑事习惯调查问题,"死刑徒刑能

---

① 马大正主编:《民国边政史料汇编》(第三十册),国家图书馆出版社2010年版,第205页。

否以金钱赎罪，其折算之标准如何"，当时的瞻化县县长即以"死刑，如杀人犯之类，则赔命价，其价金至多寡，则认被害人之另分，并犯罪人之家产为标准"① 作答。至于刑罚，则"康人刑罚，多援旧例，无死刑，多罚金，间拘役，至剜眼刖足之习，于土司管辖区，间或见之，自经政府严禁，此风渐已稍减矣"②。此类习惯法问题的答案为时任县长给出，具有较高的可信度。可见，赔命价是新龙藏族群众习惯法中重要的组成部分，当抢劫案件致人伤亡时，则主要采用赔命价的方式进行补偿，至于命价之多寡则具体不一。毛垭土司成文法"十三禁令"中规定，"不准偷抢及伤害人命"和"本村人不准抢劫本村人的财物"③，此处的两条禁令却有互相矛盾之处，虽有"不准偷抢及伤害人命"的禁令，但"本村人不准抢劫本村人的财物"表明当地抢劫时有发生。由于不能禁止外来人员来此地方抢劫，那么也就不能禁止村里人抢劫别人。对土司而言，抢劫是复杂的。一方面，他们最大限度制止本村人抢劫本村人，也要防止外村人抢劫本村人；但另一方面，他们自身有时也会带领本村人外出抢劫。

据前文分析，西康藏族群众以能抢为荣，以不能抢为耻，一些藏族游牧部落也鼓励本部落人有组织、有计划地对外部落者实施抢劫。在这种文化体系之下，对于藏族群众的抢劫行为，其习惯法并不是一开始就予以限制禁止的，反而是对他们的能抢予以鼓励。有学者曾将游牧人群之间的掠夺分为生计性掠夺和战略性掠夺。④ 生计性掠夺是为了直接获得生活物资，康区的一些抢劫也是属于生计性掠夺的范畴。能抢到物资就能满足生存的基本需求。此种情形，抢劫是受到同村人鼓励的，在习惯法上也表现为对抢劫的支持。按照人类学"主位"的观点，他们以勇猛、能抢为荣，抢劫不属于犯罪的行为，甚至可谓是理直气壮的行为。这反映了特定生产力水平阶段和历史时期人类为生存而奋斗的现实。但对任何人类社会而言，财产的损失、人员的伤亡都是要极力避免的。因此，人类的持续交往就会衍生一套趋利避害的习惯法。加上藏传佛教在雪域高原广泛传播、确立，弘扬生命的可贵，它的教义也成为藏族习惯法的重要渊源。藏族习惯法中对

---

① 卷宗号：002—003—009。
② 卷宗号：002—003—009。
③ 四川省编辑组编：《四川省甘孜州藏族社会历史调查》，四川省社会科学院出版社1985年版，第253页。
④ 参见王明珂《游牧者的抉择：面对汉帝国的北亚游牧部族》，广西师范大学出版社2008年版，第135页。

抢劫行为从鼓励认可逐渐转为限制禁止。例如，7世纪西藏地区的《法律二十条》中就有"偷盗者除追还原物外，加罚八倍"的规定。其中并没有对抢劫做出明确的处罚规定，但偷盗都有八倍之罚，更不用说抢劫了。《法律二十条》是西藏政府颁布的成文法，在吐蕃东扩以及藏族形成过程中，西藏的习惯法也传播到康区。对新龙而言，西藏的成文法在新龙的传播要较其他地区更为明显，毕竟新龙在清末划归西藏地区政府管辖40多年，"甘孜事变"时期新龙又曾被藏军短暂地占领过。虽有成文法的限制，但民国时期新龙藏族群众的抢劫仍受到鼓舞，他们继承着"抢劫无罪"的传统。可以说，抢劫的习惯法与抢劫行为共存。在新中国法制建设的背景下，新龙藏族聚居区"赔命价"习惯法仍然存在。如此，为什么康区关于抢劫的习惯法能一直延续？其存在的基础又是什么呢？笔者认为，可以从三个方面进行论述。

第一，法律供给的不足。以民国时期为例，虽然涉藏法律数量庞大，覆盖面广，涵盖了西藏社会生活和中央政府与西藏地方政府关系等多方面，但这些法律、条令对西藏的影响却非常有限。从实践层面看，国民政府的法律以及涉藏法律在新龙藏族聚居区并没有得到有效的执行。杀人，按照国家的法律应处以死刑，但是对康区藏族群众来说，死刑极少予以执行，多以赔命价代替。因此，完全按照国家的法律条令来处理新龙藏族群众的抢劫并不符合新龙及整个康区的实际。瞻化县司法机关在判处一些抢劫案件时，死刑也是极少运用的一种处罚，而且判决词中屡屡用到"照康人习惯"之类的词语。可见，在实际操作之中，断案之人虽有援引国民政府颁布的法令条款，但并非死抠这些条款，习惯法在民国时期的民事、刑事案件处理中仍发挥了重要作用。于是，这涉及另一个问题，即当时的国家法律条令有没有考虑到康区藏族群众实际情况的问题。如果该区立法机关颁布了完善的关于康区藏族群众的民事、刑事等方面的法律条令，至少能使县级司法机关断案时有法可依。从"照康人习惯"的判决词来看，县级司法机关在断案、判处过程中凭借自身对地方社会的了解而进行权宜处理。可见，在实践层面，国家制定法的影响有限以及国家法律供给的不足，给藏族习惯法的适用留下了较大的空间。民国时期瞻化县政府颁布的一份告示内容如下：

查国家刑法、律载专条，非确属刑审范围不得妄加处治，职司法权此，至规定严谨为是，局外人不知其故。近据本府密查报各区村过去惩治人犯，每多沿袭土司劣制，滥用挖目刖脚非刑，似此越法行动不仅有乘人道，尤属大干天和，除分令各区严禁并随时派人密查外，合行布告县属僧侣人民一并遵照勿违。

查司法独立，权责攸分，关外各县以地方法庭尚未设立，由县府兼理司法，法权互用，质于郑重司法，可见一斑。乃查各该区头人由于积习，关于民刑案件大多私自理说，并不呈报请示，始无论处理是否适合国法令，至侵越法权，蔑视法令，已属不合之极。今后各村如有纠纷，属于遣警范围者，概由各该村保送公理说报核外，一切案件报警本府核准后，不得擅行受理，阻碍法权而予查究。①

从以上可以看出瞻化县属区与村往往自行处理属刑审范围内的案件，而且沿用土司旧制，即沿用藏族群众的习惯法，滥用挖目刖脚等方式进行处理。在县司法机关看来，区与村的做法是在与国家机关争夺司法权，属于越法行动，所以发出布告严禁。需要指出的是，国家法律供给不足的情况并不是民国时期独有的。在划归西藏地区政府管辖以前，新龙属于土司管理，而"依俗而治"是清政府的一贯策略。在土司治理下，当地的传统习惯法与土司、头人的意志成为当地的"法律"。"谓瞻民刁野、罔知法度、稍微罚服难期畏惧，不知犯罪重大律有专条，藏中办事虽难绳以汉法。"② 在藏管40多年间，新龙藏族群众深受藏管者的欺压，当地的传统规范遭到藏管者的践踏，新龙抢劫之势不仅没有得到遏制，反而日趋猖狂。深受压迫的藏族群众不停地向清政府申诉，以至于清政府不得不重新考虑治瞻之策，"臣等核度情形以为番官肆虐，瞻民有所控诉则其情得伸，即不至激而生变，商上既经执拗不愿归炉里兼辖，操之过戚，恕恐亦不能相安，应请以后番官肆虐，准瞻民向驻藏大臣衙门具控从严查办"③。不过，清政府对"夹坝"恨之入骨，"夹坝匪徒由该官就地惩办外，其有关人命重件必须商上转陈驻藏大臣核示遵办以重民命"④，可见当时清政府巴不得将"夹坝"法办，但是否判处死刑则还是较为慎重，须转陈驻藏大

---

① 卷宗号：002—003—003。
② 卷宗号：002—002—153。
③ 卷宗号：002—002—153。
④ 卷宗号：002—002—153。

臣核示批准。改土归流之后，清虽设有县治，但时间甚短，要想扭转法制不健全的局面实属痴人说梦。清帝逊位，以新龙为代表的康区政治局势混乱，战事时起，改土后的土司又趁机"复辟"。即便现代国家法律体系被引入康区，但这一体系并不完善，以至于"无法可依"，凸显了国家法律供给的严重不足。

第二，新龙藏族聚居区社会文化体系的"惯习"。从文化人类学的观点来看，法律文化是文化体系中的一部分。新龙藏族群众习惯法与国民政府推进的现代法治在内容、文化根基等方面有着根本的不同。新龙藏族群众习惯法根植于生活在这片土地上的藏族群众的社会文化生活；而现代法治则源于西方，从根本上脱离了藏族群众的生活实际，对于藏族群众来说属于陌生的"舶来品"。当两种法律文化体系发生接触时，新龙藏族群众不可避免地发生"选择矛盾"。如前文所述，瞻化县司法机关为树立法治权威，大力推行"国家"法，严禁百姓依旧俗处理各类案件，特别是旧俗中的非人道的各种处罚。对于现代法治而言，挖目、刖脚等处罚既不人道也不符合法治精神，是应极力禁止的；但新龙藏族群众对于外来的法律并不接受，他们仍然依习惯行事。当国家法进入后，新龙藏族群众并不会自动放弃他们的习惯法，两种不同的法律体系不可避免地会产生竞争。县属各区与村仍将一些属于刑审范围的案件沿袭旧俗处理，这说明以国家法为代表的西方法治文化并未深入新龙藏族群众的社会，但要说现代国家法治在当地毫无影响也不符合实际情况。民国三十五年（1946年）一月，瞻化县司法处成立，掌管依法律所定民诉事件。其机构设置有审判处、书记处、检验员、录事、执达员、法警及士丁共九人。司法处负责案件的初审，第二审案件仍须由康定西康高等法院审核。同月，瞻化县还成立了司法处看守所。该所由所长、医士、主任看守、看守及所丁组成，掌管看守所及监狱内之卫生、警卫、总务等。在瞻化县司法处看守所成立以前，看守所称为瞻化兼理司法县政府看守所，有监房两间，"监狱房屋实不合规定、配置不敷、厕所又无光线，既成黑暗，空气自然稀薄，而地势过于低小"①；后来改造的监所在民国三十年（1941年）新建衙署的左侧，"合计四间，其中女监一间，每间面积宽约4000市尺，能收容人犯十人"。②

---

① 卷宗号：002—003—013。
② 卷宗号：002—001—278。

在案件审理方面，也在一定程度上遵照国家法律执行。在民国三十五年（1946年）朱德文以被盗走毪子、羊毛等件控告阿冲一案中，行窃者被判处"徒刑四个月，暂缓执行以观后效"。在判处张炳轩控告蝦以村村民拦路抢劫一案中，县司法机关援引民国《刑法》抢夺罪第三百二十一案的规定，同时也援引《刑法》三百五十条之规定进行判处。这些都表明，在20世纪40年代后期，瞻化的法制建设正逐步展开。笔者收集到的多起判案纪录就足以表明现代国家法治建设在当地也取得了一定的进展。两种法律体系的存在表明两种不同的法律文化在当地均发生作用，但是法律文化的接触不能代表新龙藏族社会法律文化体系的转变。在新龙藏族聚居区社会文化体系的"惯习"影响之下，其习惯法就是新龙藏族群众最主要的处理抢劫案件的方式。

从区域局势来看，国共内战、抗日战争、藏族地区军队的东进等动荡不安的社会环境与政治时局，加上恶劣的自然环境以及落后的交通状况，使得国家政权推进法治建设时困难重重。即便在社会主义法治建设已有60多年的今天，新龙藏族群众习惯法仍有较大的生存空间。因此，对于民国新龙藏族群众而言，依照习惯法处理他们的抢劫案件仍是他们的首选，而一些大案、要案以及习惯法无法解决的案件就需要政权力量甚至军队力量的介入。政府当局虽不满于此，但自顾不暇的状况也没法改变习惯法是当地最主要的解决纠纷的方式的事实。

第三，法律成本的优势。众所周知，无论是利用习惯法还是利用国家法律解决抢劫案件都需要成本。在县府打官司首先需要购买诉讼纸张，诉讼纸张的价格由西康省政府高等法院规定。购买诉讼纸张后需要通司[①]呈写诉状，或者诉讼者把已写好的状纸要求通司翻译成汉语。翻译也要付出一定的成本，有的通司还从中欺骗百姓、从中牟利。写好状纸后则交由县司法机关择期处理，诉讼者就需要在县城等待处理。由于瞻化交通落后，传递信息十分不便，县司法机关处理案件的时间长短不定。天兴隆号商队在锣锅果子被劫一案则历时一年多才处理完毕，花费藏洋近2800元，更不用说一年多的时间成本。至于审理费用，暂未发现明证，但比照当今的案件审理，可认为当时的案件审理仍需交纳一定的费用。当然，诉讼者在案件审理期间还需承担自身的食宿费用。

---

① 通司，即翻译，由会藏汉两种语言者担任。通司也是康地一份古老的职业。

此外，由于利用习惯法解决抢劫案件需要请头人、德高望重的僧侣，因此也需要支付一定的费用。根据中央人民政府对民国时期新龙乌拉差役高利贷情况的统计，"说官司双方得首先给地主送礼，这也有规定，各地极不相同，说官司的文书也得送礼，监狱的关监、出监、上锁、开锁都要送礼"①。在理塘雄坝乡，"凡打官司，原告、被告双方各向头人和'谢倒'（只限于说官司的）送牛肉1腿及茶、盐等。官司打完，输方要被罚款，这种罚款一般也为头人和'谢倒'所侵吞，有时也拿出少许作为补偿受害人的损失"②，而且说官司期间头人与僧侣的食宿费用也由案件双方支付。

既然两种处理方式都需要支付相应费用，那么，哪一种方式的法律成本较低呢？由于习惯法与县司法机关在处理案件方面有很大区别，且不同的案件有不同的法律成本，哪种方式的成本更低并没有一个准确的答案。虽说如此，但还是具有可比较性。首先，从收集到的抢劫案例来看，上诉者多为汉族群众或各区头人，而普通藏族群众将抢劫案件上诉到县司法机关者则较少。即便是普通藏族群众的上诉案件也多由其所属区与村头人代理进行，其本人很少直接上诉县府。从语言的使用情况来看，民国时期的新龙藏族群众由于不通汉语，其诉讼状均要通司进行翻译。县司法机关的主导语言是汉语，普通藏族群众如果没有翻译帮助直接面对县府，案件原委很有可能说不清，而案件由头人与僧侣处理则没有语言障碍。因此，语言的亲近性也是藏族群众选择习惯法进行处理的一个重要因素。其次，交通的限制也是制约因素之一。由于交通落后，从沙堆至县城要两天的路程，往返就是四天。如此往返，大部分时间都花费在路上。如此路程对奔波者而言，简直是劳心费力。与此不同的是，藏族的村落一般有自己的寺庙与头人，如果有抢劫案件，寺庙的活佛与村落头人一般都会涉入其中。如果是重大案件，县内的一些著名活佛与各乡乡长也会参与其中。就算是县司法机关处理，这些活佛与乡长还是会介入其中的。如果没有当地藏族精英辅助，不论是政令还是案件处理，县级政权都无法独立处理完毕。如果寺庙活佛是宗教权威、地方乡长是地方政治权威，那么县级政权同这两种权威处于竞争的关系。县级政权对这两种权威的依赖只会让县级政权的

---

① 卷宗号：0024—001—093。
② 四川省编辑组、《中国少数民族社会历史调查资料丛刊》修订编辑委员会编：《四川省甘孜州藏族社会历史调查》，民族出版社2009年版，第158页。

权威大打折扣，而且提升了宗教权威与地方政治权威在民众心中的位置，所以一些案件没有县府的参与也不会影响解决。最后，无论是运用习惯法解决还是由县府审理案件，二者在判处上也存在一定的相似；或者说县府虽然在判处上会运用刑法进行判处，但也会运用康区习惯法。可见，刑法的运用与习惯法的运用是掺合在一起的。既然如此，又何必花费时间大费周折上诉至县级司法机关呢？综合以上，从法律成本的角度来看，选择县级政权解决抢劫问题的成本更高，普通藏族群众因而更倾向于运用藏族习惯法解决当地的抢劫问题。

总结起来，不难发现法律供给、法律成本的选择以及社会文化体系是当地习惯法生长的土壤。在上述三个方面中，笔者认为传统社会文化体系的"惯习"才是最主要的因素，也是新龙藏族群众习惯法最重要的存在基础。因为法律的供给能在日后的法制建设中不断完善，法律成本也能降下来，而整个社会文化体系的转变并不能一蹴而就。正所谓"冰冻三尺非一日之寒"，当新龙藏族聚居区开始卷入现代化、国家化的浪潮之中时，其文化体系不可避免地要发生改变。从整体与部分的关系来看，法律文化要素的转变未能撼动整个藏族群众的社会文化体系。如果把目光转向当今的新龙藏族聚居区，我们会发现藏族习惯法仍有其生存的空间，赔命价制度仍盛行。法律供给的不足、法律成本以及社会文化体系仍是当今制约现代法治进一步推广的因素。

第二节　习惯法举要：报复性抢劫与血亲复仇

由于每一次抢劫的结果都不一样，有的失物在追击过程中就已追回，有的抢劫者在抢劫之后扬长而去。即便如此，新龙藏族群众的抢劫并不会因抢完而就此结束，如果探得抢劫者的身份、住所等信息，有些被抢者采取的解决方式之一就是实施报复性抢劫，有些被抢劫致死者的家属就会进行血亲复仇。

一、报复性抢劫

马克思曾指出，古代法的任务主要是维权，而不是法律本身的诉求。

当一个群体的权益受到损害时，他们首先就会自发维权。这也是一种古老的自然法，而抢对方的财产以示报复就是维权的一种方式。巴特就曾描述斯瓦特巴坦人的此种维权方式：对方偷了自己的东西，就去把对方的牛牵来作为补偿。① 新龙藏族群众也是如此，当他们被抢后，报复性抢劫也就成为一种自然而然的意识。

1. 报复性抢劫的逻辑

抢劫不仅会给被抢者带来财物的损失、人员的伤亡、精神上的冲击，而且会使其脸上无光。因此，被抢者要承受人、财、精神、脸面的损失。对被抢劫者而言，他最先想到的是要把所失去的财物、面子夺回来。正所谓以其人之道还治其人之身，于是，报复的种子在被抢者心中扎下了根，而报复是人类本性所转化的永恒情结之一。无论是官兵及公职人员、寺庙商队与行商之人，还是邮差、牛厂以及普通民众，这些被抢者在被抢后的某一个时刻里内心均会萌生复仇的想法或念头，也是最自然的念头。尤其是对藏族群众而言，被人抢劫尤为丢脸。在这种鼓励抢劫的文化体系中，被人抢不仅是要经常面对的事情，也是令人可耻的事情，因为被抢代表了被抢者的无能与软弱。从最普遍的意义上来说，任何一个人都不愿意被认为是无能与软弱的，在能获得暴力支持下的被抢劫者及其亲属会在适当的时间与地点进行报复性抢劫以雪前耻。在人类社会的进化过程中，公共权力解决人类争端的方式并不是始终存在的，霍布斯所谓的"丛林法则"在公权力产生后的某些社会也仍然适用，而报复性抢劫不仅属于缺乏公权力制约下的暴力解决方式，也是最古老的"丛林法则"之一。对于康区的新龙藏族群众而言，抢劫与报复性抢劫并不陌生，他们继承了以牙还牙的做法，在人类的本性与荣誉观的驱使下，被抢者就会千方百计寻找机会进行报复性抢劫，而报复性抢劫极有可能演变成更大的变乱。诚如阿来所言，"川属土司地面，土司与土司间，土司与寺院间，再或者寺院与寺院间，许多冲突都源于这样琐细的利益争夺，了无新意。但一旦执政者控驭失当，便演变成大的变乱。但这样的琐屑争端层出不穷，事端既多，也不能确定哪一件会演变，哪一件不会演变"②。在"丛林法则"的影响下，新

---

① 参见［美］弗雷德里克·巴特著《斯瓦特巴坦人的政治过程：一个社会人类学研究的范例》，黄建生译，上海人民出版社 2005 年版，第 120 页。
② 阿来：《瞻对：终于融化的铁疙瘩——一个两百年的康巴传奇》，文艺出版社 2014 年版，第 117 页。

龙藏族群众把报复视为正义之举,他们的报复性抢劫行为显得理直气壮。抢劫德格仲萨寺及希泥家活佛与商队五人的抢劫者卡娘村村民就直言,此次抢劫是为了报复该村村民在德格境内被击杀。李安宅先生也认为,抢劫"是受氏族集体责任所保护的,因为一方面,向另一'群体'进攻,并非不义"①,而如果抢劫者涉及人员的死亡,被杀者的亲属就会进行血亲复仇。总结起来,即新龙藏族群众的报复性抢劫是在人类本性驱使下关乎被抢者荣誉的行为。

2. 报复性抢劫的现实条件

报复性抢劫是人类本性驱使下关乎被抢者荣誉的行为,也是藏族群众实施报复性抢劫的精神动力。即便如此,也不意味着每一个被抢劫者会精心准备实施报复性抢劫。那些被抢的普通汉族群众、公务人员很少实施报复性抢劫,一些实力弱小的藏族群众也是如此。可见,实施报复性抢劫不仅有精神动力的支持,还有一定的支撑条件,其中最主要的就是人、财、物的支持。就"人"而言,"然一经外侮之侵袭,则村民之全体,或因亲故之关系而牵连别村人民,起而抵御或报复,其奋勇团结之精神,确非寻常可比,虽牺牲惨重,亦不稍示屈服"②。可见,整个村落集体都有义务为被抢者进行复仇。在土司管辖范围内,"一遇战事,土司即行召集,指定下属头人为带兵官,出兵参战,所需枪支弹药、马匹粮草皆由群众自备,战争中消耗也由自己负责补充,一些较大的土司还以背枪娃子充当私人卫队,算是土司的常备武装。如遇较大规模的战争,土司则可召集全区内的凡18～60岁的男人参战"③。整个村落、土司辖区是一个大的互惠圈,当村民抢劫到财物后,互惠圈内成员均有份,而遇到灾难时圈内者则有义务相互帮助。互惠圈就像一个个同心圆一样有亲疏之分与远近之别。从通婚距离来看,沙堆乡的通婚距离并不远,有的妇女甚至嫁在本村。房东告诉笔者,科查村的村民大多与他有或近或远的亲属关系,由此看来,沙堆是一个大的互惠圈。正因此,沙堆乡短时间内能集结大队人马,其他地方也与沙堆类似。互惠圈就像游牧社会的组织制度一样,部落平民在生

---

① 李安宅:《藏族宗教史之实地研究》,中国藏学出版社1989年版,第5页。
② 许文超:《瞻化上瞻区调查记》,见赵心愚、秦和平编《康区藏族社会历史调查资料辑要》,四川民族出版社2004年版,第72页。
③ 中共甘孜州委党史研究室编:《甘孜藏族自治州民主改革史》,四川民族出版社2000年版,第6页。

产、利益和部落安全方面有着平等的权利与义务。以甲日多吉朗加与甘孜俄巴俄须多吉之间的纠纷为例,二者的纠纷使得整个上瞻区局势异常混乱,"上瞻之民,至是遂分为三:即附甲日家者,(多吉家称)附协巴家者,中立者"①。两家的纠纷致使双方械斗数年,双方支持者互相抢劫,人、财损失惨重。那时的沙堆乡藏族群众也是分成三部分,几年的互相抢杀致使人口剧减、土地荒芜。此案的双方均属于人多势众、财大气粗者,他们能在短时间内集中所属人与枪对另一方进行报复。也有一些被抢者或被抢村落,但没有甲日多吉朗加与甘孜俄巴俄须多吉两家那样的实力,自身无法进行报复性抢劫。如日巴保长直麦俄热于民国三十八年(1949年)三月二十五日上交的一份屡次被桑登巴金抢劫的陈文中就直言,自身无力对付该人,并恳请县长将其法办;若不能法办,他们无法在村安居,只得逃往他处。沙堆乡也有一些百姓不堪屡被抢劫而逃亡甘孜等处避难。

如果自身没有足够的实力实施报复,那么投靠实力雄厚的土司或头人当娃子(即奴隶)也是解决人与枪问题的办法之一。当地解放后,政府清理新龙县各头人奴隶的数量,并指出了这些奴隶的七种来源,其中两种是"因在本地杀了人或有私仇不敢居住而投降另一头人当了娃子的"和"为了依靠头人的势力欺压群众而甘愿去当娃子的"②。投靠头人事实上也是一种互惠关系,他们可以借助头人的力量伺机进行报复,但必须听头人吩咐。无论是集中被抢者的亲属或者村落集体的力量,还是借助势力更大的头人,被抢方都有了实施报复性抢劫的现实条件。

3. 报复性抢劫的实施

实施报复性抢劫的时间并没有明确的定则。如果被抢方明知抢劫者为何人,那么他们就有确切的抢劫对象。以甲日多吉朗加与甘孜俄巴俄须多吉两家之间的纠纷为例。甲日家及其附属村村民在偶见或探寻俄须多吉家及其附属村村民的行踪时,就会实施抢劫。如果是花"眼线钱"探寻对方的行踪,抢劫者则会精心准备,伺机埋伏,然后进行报复。如果是偶遇,则双方的实力对比影响此次抢劫的结果。如西通宵、皮察两村互劫牛马案,两村常聚集人枪抢劫牛马。呷坝与曲衣两村间也经常发生互抢,以至民众苦不堪言,屡有逃亡。而据卡娘村村民声称,他们抢劫德格仲萨寺及

---

① 欧阳枢北:《瞻化土酋之过去与现在》,载《康导月刊》1939年第12期。
② 卷宗号:004—001—093。

希泥家活佛与商队是为了报复本村人在德格境内被劫杀，并且将案情上报甘孜军政府而没有得到理处，他们才实行报复性劫杀的。如果被抢方一开始不知道抢劫者的身份，他们也不会善罢甘休，会花"眼线钱"探寻被抢者的身份。花"眼线钱"不仅属于秘密行为而且是一种通行的做法。由于花"眼线钱"探寻信息的时间长短不一，实施报复性抢劫的时间也无定则。前文所言，藏族群众相仇可以持续数年甚至数代人，待查清被抢者身份后再行谋划进行报复性抢劫也不为迟。

虽然报复性抢劫的时间不定，但报复性抢劫的对象却往往是明确的。前文说到一个村落、一个亲属集团、一个氏族群体、一个土酋所属百姓等均属于不同的互惠圈。假如 A 互惠圈内群体遭到 B 互惠圈内群体抢劫，A 互惠圈群体进行报复性抢劫时，B 互惠圈内的群体均是可能的被抢劫对象，正是你抢我一次，我也必须抢你一次。任乃强先生也指出了新龙藏族群众的复仇的特点："仇则全村为之报复，不计亲疏也。报复则敌之全村皆可施，不问是否仇家也。"① 还是以民国三十七年（1948 年）一月卡娘村村民抢劫德格仲萨寺及希泥家活佛与商队五人案为例，受害人之仲萨寺及希泥家等报告称：

> 查商民等运货赴康定出售，于农历九月，路径乾宁，突遇瞻化匪徒行劫，击毙主仆三人，抢去武器商品骡马等物，兹悉该匪为瞻化卡嬢娃，该匪等所称：此次行动，系为报复三十四年本县人民在绒坝岔，击杀该村人民之死，查绒坝岔冲突事，关系白玉登龙村志摩家，由康运茶返县，路经打火沟，被卡嬢娃偷劫茶驮，并杀害滋摩家主人一名，该卡嬢娃置之不理，志摩家亲戚愤恨，出而报仇，商等与志摩家无任何关系，且绒坝岔事件，更未参与，冤各有头，债各有主，何能将商等混为仇敌。②

此次抢劫报复时间间隔两年多。这段时间内卡娘村村民一方面将此案上报甘孜驻军及政府，听从军政首脑的调处，另一方面暗中准备实施复仇。仲萨寺及希泥家则坚称民国三十四年（1945 年）劫杀卡娘村村民是

---

① 任乃强：《西康札记》，中国藏学出版社 2010 年版，第 24 页。
② 卷宗号：002—001—462。

白玉县志摩家所为，自身遭受报复性抢劫完全属于"飞来横祸"。卡娘娃完全不予接受，在行劫报复后还扬言："不但此次劫案不受理处，以后如遇德格行商，无论人与财，还要一并劫杀。"此话虽有威胁的意味，但也不难看出报复性抢劫对象的特点。在卡娘村20户村民看来，即便被抢劫者不认为是报复性抢劫，他们还是以德格范围内的村民视为报复性抢劫的对象。此处，德格范围内的百姓都成了统一体，属于同一个互惠圈。因此，卡娘村村民视此次报复性抢劫是正义的，只不过报复的互惠圈范围更大，与确切报复对象的关系更疏远一些。甲日家与俄须多吉家原属亲戚关系，两家又相距不远，所以各自的势力范围彼此相当熟悉，报复性抢劫的对象首先是两家家人，而后是与两家关系亲密之人，再次是关系稍次之人。如果真以整个地域范围内的居民为报复对象，实为威胁含义大于实际含义。假如报复范围越大，其树敌也越多，也会遭受更多人的报复。因此，报复性抢劫的对象一般会根据亲属关系亲疏远近进行选择。

4．报复性抢劫的后果

一般而言，与初次抢劫相比，报复性抢劫的目标更明确，准备也更充分。所以，报复性抢劫多形成以多抢少的局面，较为明智者在此情形下就不会进行武力抵抗。因此，报复性抢劫的过程较初次抢劫更为顺利，但并不意味着抢劫过程不会有人员伤亡。一旦双方开枪交战，尤其是报复性抢劫，报复者希望给报复对象造成同等甚至更为严重的人、财、物的损害，人员的伤亡在所难免，也会将报复对象所带的财物尽数劫走，以弥补损失。当报复者逃离脱身后，一次完整的报复行为成功实施完成。同样，当报复者成功报复后，报复对象反而又有报复的理由。这样，报复与反报复交织在一起。在土司、活佛或地方军政长官调解处理完毕以前，彼此的互抢会一直持续下去。有的藏族群众为逃避仇家的抢劫性报复，不得不举家迁移，逃至仇家势力无法染指的地方生存。一些村落在面对报复威胁、无法承受被抢的后果之下，会请求县级政权出面调解。如果县府不出面调解，他们只有逃离本村落，或者寻求一个势力更大的群体的庇护。一旦稍有势力，他们也会寻求报复。如此，便会引发更大范围内的互抢，甚至战乱。可见，对新龙藏族群众而言，仇恨的消解极为不易。如果在抢劫报复性过程中又有人员死亡，则双方的仇恨又增加了一层，仇恨的积累就会形成世仇。世仇相伴，冤家宜解不宜结，如此形成了"双输"的后果。

二、血亲复仇

1. 何为血亲复仇

对于抢劫与报复性抢劫而言,人员伤亡在所难免。当被害者的亲属向抢劫方实施致人伤亡的报复时就涉及血亲复仇的问题。《礼记·曲礼》就载有"父之仇弗与共戴天,兄弟之仇不反兵,交游之仇不同国"。意思是说,对于杀父仇人,被杀者的儿子们不能与这仇人在同一蓝天下生活,无论仇人身处何处,儿子们都必须找到并杀死仇人;亲兄弟被人杀害了,要时刻随身带着兵器,见着仇人就杀;而自己的好朋友被人杀了,不能和仇人生活在一个国家里,要么杀死仇人,要么追杀得仇人不得不逃往国外。《春秋公羊传》也说"不复仇,非子也"。不仅是在久远的原始社会,就是在当今社会仍有血亲复仇的事件发生。可见,血亲复仇也是一种不分民族的古老的传统的私力救济方式。

藏族历史上也盛行这种风俗。王尧先生认为,藏族的血亲复仇产生于原始的氏族社会之际,意即"A 氏族(或部落)中某一成员受到 B 氏族(或部落)人员的伤害时,等于具有血缘关系的全体成员受到 B 氏族的伤害,因而 A 氏族的每一成员都有义务为之复仇。哪怕加害者即使是一个人的行为,其所属 B 氏族的全部成员都负有罪责,都应受到报复"①。《后汉书·西羌传》谈到古羌人时说,"杀人偿死,无他禁令"。现代藏语中还流行着这样的谚语:mi—bsad—pa—la stongs 杀人偿命价,rku—byas—pa—la vial 偷盗还赃物。② 拉法格也认为:"带给一个野蛮人的侮辱,整个氏族都会有所感觉,好像它是带给每个成员一样。流一个野蛮人的血,等于流全氏族的血,氏族的所有成员都负有为侮辱复仇的责任。"③ 可见,血亲复仇的产生与原始社会、氏族社会密不可分。"在原始社会中,由于功能分化程度比较低,纠纷的解决缺乏严密的制度,选择的余地也极为狭窄。实现正义的方式为自力救济和血亲复仇。"④ 于是,血亲复仇是原始

---

① 林水檺:《中华文化:发展与变迁》,马来西亚中华大会堂联合会 1997 年编印,第 194 页。
② 参见张怡荪《藏汉大辞典》,民族出版社 1985 年版,第 1107 页。
③ 转引自李鸣《碉楼与议话坪——羌族习惯法的田野调查》,中国法制出版社 2008 年版,第 89 页。
④ 季卫东:《法律程序的意义》,中国法制出版社 2004 年版,第 44 页。

社会群体中的一种必然的复仇方式。此处没有必要纠结血亲复仇具体何时产生，但要承认的是血亲复仇的产生与氏族社会时期的集体责任密切相关。事实上，许多人类学民族志也表明，血亲复仇与其所处的社会性质密不可分。血亲复仇在氏族社会时期几乎是一种神圣的观念，流传至今影响着当今的藏族群众。无论是抢劫中杀人，还是因为其他纠纷致使人员死亡，血亲复仇都不可避免。

2. 血亲复仇的逻辑

新龙藏族聚居区流行着"打本家""打冤家""打仇家"之类的词语，这几个词的意思大致相同。在械斗中，"如果一方在械斗中被对方杀死三个人，报仇时就要将对方杀死三个人以上，否则便是奇耻大辱。就这样，在无止境的械斗和仇杀中，结成了势不两立的'冤家'"①。事实上，无论是报复性抢劫还是血亲复仇都是与对方结成了冤家，也属于打冤家的范畴。康区打冤家的事情频频发生。现沙堆的达瓦老师认为：

> 这里（沙堆）打仇家的现象多，现在也还有，杀人肯定是要报仇的，一些人害怕定罪就跑到山上做土匪去了。

达瓦老师虽然年轻，但他从他父亲那里不仅听说了沙堆本地的一些打仇家的事情，而且告诉笔者他的甘孜老家那里也同样存在打仇家的事情。大盖乡的吉他认为儿子有替家人报仇的义务：

> 被杀的人的娃子长大以后就要报仇杀人。杀了人也不一定要走，地主说走就可以走，也可以留，不过留下来有一定的危险，仇家的儿子看到了就会有复仇的危险。

可见，报仇始终是儿子应尽的义务，仇家为了躲避复仇有时不得不远走他乡。杀人者出走也是新龙藏族聚居区的习惯法。其美多吉也认为有人被杀后，复仇也是解决的办法之一。他说：

---

① 张黎明主编、鲁雁南撰稿：《新中国首批进藏部队官兵真情讲述——走通天路》，上海文艺出版集团2012年版，第317页。

打死人了由管家来谈，有一两年都没有谈好的。有的一辈子、几辈子都是仇家的事情也有。主要是因为不听话，所以谈不好。也有的报仇，也有的仇作废了。一般是由娃娃来报仇。

从沙堆、大盖两乡村民的话中不难看出，血亲复仇在当地屡屡发生，并不稀奇。如前文谈及的拉日马乡一位被判刑12年的藏族人在刑满释放后立即着手复仇，用枪在路边伏击，将仇家的三位子女全部杀害。事实上，引发此惨案的原案还经过调解，报复者事先也有刑罚，但即便如此，他复仇的观念仍未发生改变。报复性抢劫是在人类本性驱使下关乎被抢者荣誉的"正义"行为，血亲复仇更是如此，而且血亲复仇是近乎神圣的观念。在澳洲西部，一个土著人不完成他的报仇工作，老妇人会嘲骂他，他的妻子会离弃他；如果他尚未结婚，他将娶不到妻子，他的母亲会伤心落泪，他的父亲会鄙视责罚他。如果藏族群众不完成自己的报仇任务，自己的亲属也会看不起他。他在自己村落里也会很没有面子。丢面子对新龙藏族群众来说是一件后果很严重的事。笔者和报道人娃朱在探讨汉族和藏族两个民族的老年人劳动观时，他举了一个这样的例子：

我们这边的男人到了60岁就不用干活了，不像你们汉族。像我们家有三个兄弟，我大哥、我、我弟弟。弟弟是扎巴，他不管家里的事。假如我爸爸到了60岁，他还要干活，我和我哥哥会很没面子，村里的人会笑我们没有本事。我们在村里也会被人看不起的。

事实上，我同娃朱的父亲吴朱卡下地除草时，他也承认了他这个年纪如果还要干活，他和他的儿子都会受到村人的嘲笑。不过，恰逢挖虫草的繁忙季节，他下地干点活也是可以理解的。虽然这个例子与抢劫和血亲复仇无关，但它们都涉及面子问题。通过此例可以了解面子与荣誉对当地藏族群众的重要性。由于血亲复仇与荣誉联系在一起，所以"至于进行血族复仇的杀手，藏语称之为'thong—myi'，不但不算罪犯，而且崇敬为英雄"[①]。不仅如此，与能抢一样，复仇也需要很大的勇气：

---

① 林水檺：《中华文化：发展与变迁》，马来西亚中华大会堂联合会1997年编印，第194页。

然一经外侮之侵袭，则村民之全体，或因亲故之关系而牵连别村人民，起而抵御或报复。其奋勇团结之精神，确非寻常可比，虽牺牲惨重，亦不稍示屈服（康区各地常酿成循环械斗，大概由此），非经第三者之适当调处，不易了息也。双方互相击伤或死亡者，亦各视为当然或因果，如此实未尝有怨及肇事祸首也。①

复仇者在复仇时表现出极强的团结奋勇精神，把复仇过程中的死伤也视为正常，而不是埋怨。此种态度就是新龙藏族群众崇尚勇猛的习俗的表现。正因为血亲报仇受到当地文化体系的支持，血亲报仇这种古老的习俗一直传承至今，而"复仇的正义性伦理性所激发的情感化趋向，又决定了一些复仇者报复手段的残忍多样及扩大范围的合理性，以及这种非理智行为的不受谴责"②。可以说，这些就是驱动新龙藏族群众持续不懈进行复仇的精神动力，同时也是引发社会秩序动荡不安的因素之一。

不仅血亲复仇是关于被害者家属荣誉的正义行为，而且根据伤害对等的原则，复仇者必须将对方集体中的一个人或者几个人杀害才算是完整的血亲复仇行为，这也是血亲复仇的本质。如果复仇方没有给复仇对象造成同等或者更多的人员死亡，在新龙藏族聚居区会被认为是复仇方没有能力，也会受到藏族群众的耻笑。所以，无止境的复仇行为是一种典型的"非经济"行为。当复仇与荣誉、面子联系在一起时，此类行为很难用"经济""理性"来形容。如果害怕，就没有进行复仇的动力。因为，复仇对他们来说近乎神圣。

3. 血亲复仇的行动者与对象

波斯纳认为："如果一个人伤害了另一个人，在社会发展的报复阶段，受害者的亲属对受害者承担着义务，他们只有杀死或者伤害了伤害者或伤害者的某个亲属才能完成这种义务。"③ 他的看法很好地解释了血亲复仇的行动逻辑，也指出了复仇者的报复对象。马克思如此形容古代复血仇的习俗："这些村落的居民来自一个血统，有着共同的语言和风俗，必须相

---

① 许文超：《瞻化上瞻区调查记》，见赵心愚、秦和平编《康区藏族社会历史调查资料辑要》，四川民族出版社 2004 年版，第 72 页。
② 王立：《法与魏晋南北朝复仇文学》，载《社会科学研究》1991 年第 3 期。
③ [美] 理查德·A. 波斯纳著：《正义/司法的经济学》，苏力译，中国政法大学出版社 2002 年版，第 200 页。

互遵守法律,在法律上互相帮助,合力攻击和防御。"① 马克思强调了复仇者的共性,他们不仅有血缘关系,而且在语言与风俗方面也相同,还具有很强的集体性。

诚如两位学者所言,复仇成为被害人近亲的责任。血缘群体为血亲复仇提供了人、财、物等方面的支持,因为这是他们应尽的义务。不过,新龙藏族群众的复仇对象又与两位学者的论述有不一致的地方。"番人仇杀之事甚多。其规矩亦极有趣。凡同村中,有一人为他村所杀,则全村人皆须为之报仇;遇他村人即杀之,不问其是否仇家,及与凶手有无关系也。如此辗转仇杀,若非有人和解,则历数百年不止。"② 可见,一些血亲复仇往往把仇人的整个氏族或村落视为复仇对象,从而酿成两者间更大规模的械斗,有的甚至进一步扩大为战争。这时,很多非血缘群体或主动或被动地卷入其中。如此就超出了血缘群体的范畴。事实上,或主动或被动卷入的非血缘群体与冤家之间都存在着远近亲疏的互惠关系。前文说到新龙藏族群众通婚圈的问题,他们通婚的距离都很近,有的在同一村落。因此,一位男性的亲属大多分布在他周围。有时一个小的村落是一个血缘群体居住,一个大的血缘群体就分布在几个小村落范围之内。而通婚就能扩大血缘群体的范围,也能扩充自己的势力。现在,也有妇女外嫁到青海玉树等地,也有河东与河西区的妇女嫁到沙堆乡来,但大部分男婚女嫁的对象仍是上瞻区与邻近的甘孜地区的人。不难推测,民国时期新龙藏族聚居区的社会组织体系仍是以血缘组织为主导的体系。直系血缘关系毫无疑问属于同一互惠圈,该互惠圈内的人也是复仇的实施者。我们知道,复仇并不是针对仇家的直系血缘群体,仇家远近亲疏互惠圈内者均是复仇的对象。而当复仇的对象扩大时,两个互惠圈群体之间大规模的械斗便会被引发。可见,无论是复仇者还是复仇对象均会利用亲属关系来扩大己方的力量,以便在斗争中取得优势。当血亲复仇演变成大规模的械斗甚至战争时,便会卷入更大的互惠圈的势力,而更大的互惠圈与被害人的直系亲属之间就可能没有直接的血缘关系。我们来看一封民国时期的杨马泽翁向官府呈明复仇抢劫原因的译信:

---

① [德]马克思:《摩尔根〈古代社会〉一书摘要》,人民出版社1975年版,第205页。
② 任乃强:《任乃强藏学文集》(上册),中国藏学出版社2009年版,第286页。

不久，我的侄儿被杀毙，闻主使者为尼日娃，并想将我杀死，幸未成功。这一来我还是将官司了情，等了二三官民均置之不理，此系人命案，无奈故行此次报复手段。现尼日泽翁多朱若拼不胜我则不报大人，又若我拼不胜他则我不告大人，我不死的我的一天是要报复他，并拟为一年中我要来劫杀人及财产牲畜一次，但我只是对付尼日娃，以前及未来我绝对不当曾对付瓦日保之任何一人。①

杨马泽翁在信中宣称是为了替其侄儿报复才抢劫"尼日娃"，属于血亲复仇的行为。其侄儿前去孔坝行劫数次，被孔坝娃截于路途而毙命。杨马泽翁将仇人认准为"尼日娃"，于是多次抢劫了"尼日娃"，其中一次他率领五人抢去尼日四家的骡马20匹并杀死了一人。此案中，杨马泽翁把整个"尼日娃"列为复仇的对象。由于尼日属于瓦日保，为了不树立更多的敌人，故他在信中扬言不对付瓦日保的人。杨马泽翁劫杀报仇时也不是单枪匹马地进行，他曾在道孚县居住过，后又向瞻化甲日家色奇村扎巴阿弄处投降，而扎巴阿弄为甲日头人之亲戚，这样他与瞻化上瞻区势力最大的甲日家攀扯上，双方形成了投靠与庇护的关系。甲日家在瞻化县的地位与实力向来为人所忌惮。因此，尼日娃并未选择继续报复而是呈请瞻化县府出面要求甲日家顾全大体速将杨马泽翁等早日送交县府依法办理。

血亲复仇行动者与对象的性别也有所不同。从上文沙堆乡及大盖村村民的言谈中不难发现，实施复仇者主要是男性。的确，很少有女性是复仇的主导者。这与新龙藏族社会的社会分工原则及家庭成员的社会地位有关。当今沙堆家庭存在着男主外女主内的分工原则。妇女不仅要承担各项家务，也是挖虫草、采集野菌的主力，而且经济上也不当家。她们挖虫草、采集野菌赚的钱要交给家里管事者，而需要买什么东西或其他用得着钱的地方就需向管事者申请。在财产继承方面，外嫁的女儿和觉母很少继承父母的财产，主要由其兄弟继承。可见，沙堆家庭妇女的地位远不及男性。可以肯定的是，当今沙堆家庭妇女在生活上、经济上的状况并不是改革开放以后才形成的。由此不难推测的是，在民国时期瞻化藏族群众仍是男主外女主内的分工原则。这种原则与李安宅对民国时期青海地区藏族的记载相同。据载：

---

① 卷宗号：002—001—576。

不管定居或游牧，妇女都是生产劳动者，男人则是战士，多数时间都是腰横宝刀、肩荷步枪、右臂袒露，随时可以出击。但男女都可为土司或寺院服役……男性的旁的活动，则是次要的，如缝纫是男子的事；他也可以帮助妇女看孩子，在田间工作。另外，他也可以加入商队做生意。①

可见，男女确实存在明确的分工，特别是与武力相关的抢劫、复仇等行为则成为男人的专属。此种分工当然也不是绝对的，康区也确实存在一些女性持枪跨马者，如瞻化上瞻区土酋的女儿青梅志玛就是其中一位。

就复仇的对象而言，从拉日马复仇一案来看，则没有性别与年龄之分；而当血亲复仇上升为两个互惠圈之间的大规模的械斗甚至战争时，复仇的对象更不会有男女老少之分。由于参与复仇和大规模械斗的成员主要为男性，所以就伤亡性别数量而言，男性要大于女性。这一点也可从甲日家与赤赖喇嘛之间的相互复仇可以看出：

八月十四号，赤赖的两个侄儿分两路前来报仇，一路由安全带领凶手十四人到喇嘛寺来打死呷落，十五号早上打了四火而死；一路由格绒登朱带领凶手五十人到河东大盖牛场（即呷落家牛场）打死呷落家的四男三女，打伤一人，共打死了七人，打伤了一人，是在十四号的晚上打的。对方凶手被打死一人（是呷落之恶父母所打）。

在谈判中于八月二四的上午，甲日家的兵又打死八十家的三人，死者（俄母仁子、甲恩那享、落绒恶母）抓回二人，打的人系凶手家属，并带去枪四支，马三匹，毛牛六支，呷巫二个。②

甲日家与赤赖喇嘛之间的纠纷是解放以前遗留下来的问题，双方多次发生械斗，早已水火不容。在这次复仇的过程中，复仇对象不分男女，呷落家的四男三女均被打死，而实施复仇者也是男性。

4. 血亲复仇的后果

由于血亲复仇是新龙藏族群众近乎神圣的义务，所以其复仇是不计后

---

① 李安宅：《藏族宗教史之实地研究》，中国藏学出版社1989年版，第4～5页。
② 卷宗号：004—001—004。

果的。总的来说，血亲复仇的后果主要有两种。一是造成更大的人员伤亡，形成世仇。报复性抢劫不一定会导致人员的伤亡，但血亲复仇与人员伤亡分不开。准备越充分，其复仇的目越易达成。当然，也有一些复仇并不是一次就能成功的。一次失败后，复仇者并不会放弃，而是会重整旗鼓，寻找下一次复仇的机会。总之，在没有完成复仇任务前，他们会一而再再而三地进行，如此往往复复就会形成世仇。甲日家同俄巴家打冤家持续了三年多时间，甲日与赤赖喇嘛之间的打冤家也一直延续到解放后。诚如波斯纳所言："侵权的最早救济手段——报复，这常常会导致一种世族复仇。"① 没有强有力的第三方介入调解，世仇难以了结，甚至会引发互惠圈之间更大的战争。二是引发了"物"的流动。无止境的复仇使得大量男性成员投入到刀尖与枪口的生活中而荒废了经济生产。但是，无论是报复性抢劫还是血亲复仇，二者都会引发"物"的流动，即将抢劫到的对方财物归为己有。这种方式在一些人类学家与历史学家看来，是一种财物的交换，属于一种经济行为。抢劫中，最重要的生产与生活资源——牛羊、最重要的交通工具——马、最重要的防卫工具——枪支是藏族群众最乐意抢劫的物品。有了这些重要物品，抢劫者的食、行、安全等问题都能够得到暂时缓解。除此之外，锅碗瓢盆、棉被、衣服等生活物资，抢劫者也不会落下。如朱倭村村民在石门坎抢劫瞻化县政府军事股股长陈忠一案，其中被抢的各类生活物资就有：

> 甘孜差马 2 匹（鞍垫全套）、被盖一床、线毯一床、藏毯一床、子大衣一件、白洋布汉衣一件、马运连一套、香皂一打、糌粑一包、猪肉十斤、猪油四斤、法币贰拾伍万元、银盒牙章一个、酥油盒一个、银色牙筷一副、瓷碗一个、卷烟杆一根、枕头 2 个、被套一件、染料三两匹、袄裤、皮革一根、手巾面巾各一张。②

被套、被盖、枕头、瓷碗、糌粑、藏毯、牙筷、袄裤、皮革等生活物资一到手就能派上用场，其余物品还可以出售换取钱财。之所以会把生活物资抢劫一空，一是因为当地藏族群众的生活水平甚低，物资缺乏，抢劫

---

① ［美］理查德·A. 波斯纳著：《正义/司法的经济学》，苏力译，中国政法大学出版社 2002 年版，第 199 页。

② 卷宗号：002—001—003。

而来的物品可以解决一段时间内藏族群众的生活物资短缺；二是由抢劫的特点所决定的，因为被抢者也知道，如果自己被抢，自身物品也会被一抢而光。总的来说，此种"物"的流动或者"交换"不是创造价值的方式，并没有使价值总量增加，加上复仇带来的人员伤亡及地方社会秩序的混乱，引发了灾难性后果。

第三节　习惯法举要：调解与赔命价

有人指出"复仇是一种野生的裁判"①，在这种野生的裁判方式之下，无止境的血仇复仇只会拖累社会的发展进程，带来灾难性后果。尽管新龙藏族群众把复仇视为应尽的义务，但哀鸿遍野、白骨嶙嶙的景象也是他们不乐见的。毕竟，对秩序的渴望是人类的基本需求。这时，另一种更为理性的解决方式——关于抢劫的习惯法——说官司也就应运而生。

一、从互抢和血亲复仇到说官司

互抢和血亲复仇必须花费大量的时间、人力、物力、财力，从机会成本的角度来看，如果把这些时间、人力、物力、财力使用在农业生产、牧业生产、商业贸易或其他方面，那么新龙藏族群众的经济与社会生活则会有很大的改观。虽然是一种非常"经济"的算法，但藏族先民并非我们所想象的那么不"经济"，互抢与血亲复仇的双方都无法长期忍受人、财、物的损失。如此，说官司的习惯法产生出来。毕竟"从整个社会的角度来看，赔偿是比报复更为便宜的一种救济手段，因为它只涉及一种转移支付，而不是摧毁某个人或他的财产"②。在波斯纳看来，赔偿比报复对全社会有更多的益处，"对于整个社会来讲，金钱或者货物转移的成本要小于暴力行为的成本，与仅仅把财富从一个人转移至另外一个人相比，暴力行为不但会产生社会的净损失，而且可能会触发进一步的暴力。而且，赎罪金能够培养市场的价值观（它是一种贸易），还能培养更为广泛的合作

---

① ［英］弗兰西斯·培根：《培根论说文集》，商务印书馆1958年版，第16页。
② ［美］理查德·A. 波斯纳著：《正义/司法的经济学》，苏力译，中国政法大学出版社2002年版，第199页。

伦理"①。因此，赔偿命价的方式更为"经济"。

综观全世界，赔偿命价的方式并不是藏族独有的文化创造。摩尔根在其《古代社会》一书中提到印第安部落就以赔偿的方式结束命案的仇恨，"在采取非常手段以前，杀人者和被杀者双方的氏族有责任设法使这件罪行得到调解。双方氏族的成员分别举行会议，为对杀人犯的行为从宽处理而提出一些条件，通常采取的方式是赔偿相当价值的礼物并道歉。如果罪行有辩护的理由或具备减轻罪行的条件，调解一般可达成协议"②。可见，在氏族社会时期，赔偿礼物与道歉也是了息部落之间纠纷的方式之一。"要么收买长矛，要么忍受长矛"这一言语也表明盎格鲁－撒克逊人曾在复仇与支付赎金之间做出选择。美国人类学家博厄斯研究因纽特人后发现："一个人如果被另一个人欺凌了，他为了报仇而杀死那个欺凌他的人，这种情况也非鲜见。受害者最亲近的亲属有权利和义务去杀死那个杀人犯。……这种不和有时会持续很长时间，甚至会传到下一代。有时也会通过相互之间的协商而解决。作为议和的表示，双方代表互摸对方的胸部，说一声'伊拉加'（我的朋友）。"③ 马林诺夫斯基在特罗布里恩德岛时发现当地居民："当血族复仇明显的是受亚氏族的荣誉所支配时，仍可用血钱的替代方式来逃避责任。将赔偿金送给敌方每位受伤的人和战死者的亲属，是一项在战后维持和平的正式制度。并且当谋杀和杀人行为发生时，血钱也能使生者从以牙还牙的责任中解脱出来。"④ 更多的民族志表明，通过谈判了结双方的仇怨是通行的方式。

"如何协调亲情与法律的关系，减少二者之间的冲突，使它们能够更有效地共同维护社会的存续，这是不同的社会文明一直在探寻的问题。"⑤ 如果血亲复仇是亲情驱使，那么官司的做法则是一种广义的法律行为。藏族先民也早就注意到这个矛盾，从互抢和血亲复仇向说官司的过渡可以说

---

① ［美］波斯纳著：《法律与文学》，李国庆译，中国政法大学出版社2002年增订版，第72页。
② ［美］路易斯利·亨利·摩尔根著：《古代社会》，杨东纯、马雍、马巨译，商务印书馆2009年版，第87页。
③ 转引自［英］G. 埃利奥特·史密斯著《人类史》，李申、储光明译，社会科学文献出版社2002年版，第174页。
④ ［英］马林诺夫斯基著：《原始社会的犯罪与习俗》，原江译，云南人民出版社2002年版，第78页。
⑤ 朱勇、成亚平：《冲突与统一——中国古代社会中的亲情义务与法律义务》，载《中国社会科学》1996年第1期。

是藏族社会历史的一大进步，说明藏族先民与世界其他民族一样，一直在思考如何协调亲情与法律的关系。据上文的介绍，早在7世纪，"命价"一词就出现于吐蕃时期的法律中。但命价的方式早在它出现在成文法律中之前就已经形成，因为，这种方式要得到官方的认可还需要较长的时间。事实上，"最初，接受赔偿是选择性的，并且也承认对伤害者实施报复的权利。但是后来，接受赔偿而认为报复不合规矩就变成习惯性的了"①，而当接受赔偿成为一种习惯、一种习俗，则能在更大的范围之内传播，能够得到更多藏族群众的认同。然而，接受赔偿并不会完全取代互抢与血亲复仇，它只是另外一种解决血仇的方式。这样，藏族先民在解决此类问题时多出了一种解决方式。根据恩格斯的判断，赔命金方式产生的时间更早，"从氏族制度中产生了把父亲或亲属的仇敌关系像友谊关系一样继承下来的义务；同样，也继承用以代替血族复仇的、为杀人或伤人赎罪的赔偿金。这种赔偿金在上一代还被认为是德意志人特有的制度，但现在已经证明，在成百个民族中都是这样，这是起源于氏族制度的血族复仇的一种普遍的较缓和的形式"②。据此可知，康区赔命价的习惯法作为一种古老的传统也一直传承至今。不要忽视"传统"的力量，当可供选择的方式出现、传播、接受后，互抢与血亲复仇的方式并不会完全退出历史舞台。在20世纪前半叶的康区瞻化地区，说官司、互抢与血亲复仇的方式并存。随着人类社会文明的车轮向前推进，随着现代法治的建立与健全，"野生的裁判方式"必将受到法律的严禁。

二、说官司

无穷尽的仇杀，并不能最终消除双方的仇恨，而"和解之法，由第三村头人有体面者数人出首，邀集两方头人，择一适当地方，设账理论。结果令凶家赔命价银若干秤"③。正如羌生所言，抢杀的另一种习惯法就是说官司，"一种是找出第三者，提起谈判，但是如果彼此循环报复不止，则仍是趋于谈判解决的多，这在西康，普遍称为'说官司'"④。简单来

---

① ［美］理查德·A. 波斯纳著：《正义/司法的经济学》，苏力译，中国政法大学出版社2002年版，第199页。
② 马克思、恩格斯：《马克思恩格斯选集》（第四卷），人民出版社1995年版，第140页。
③ 任乃强：《任乃强藏学文集》（上册），中国藏学出版社2009年版，第286页。
④ 羌生：《西康的几个习惯法》，载《边事研究》1936年第6期。

说，说官司是结仇双方在第三方的调解下，双方谈判了结仇恨的过程。然而，第三方的身份、谈判的地方、谈判的过程甚为复杂，并且谈判代表有了结仇恨的意愿，但不代表能取得相应的结果。不过，相比以牙还牙的暴力方式，用说官司解决双方的仇怨仍是更为理性、更为经济的行为。

1. 说官司的参与者

互抢与血亲复仇，从广义的角度来说也属于纠纷。纠纷谈判解决对某些群体而言，如有可能，当事人之间会进行协商处理。协商处理只有成功与不成功两种结果。当纠纷涉及当事人的重大利益时，双方协商处理的作用是有限的，双方很难在发生纠纷后且在缺乏第三方的情况下达成和解。从人类学对纠纷的研究中可以发现，第三方在纠纷的谈判解决中发挥了重要作用，第三方的实力、声望、地位、解决纠纷的方式等都影响着纠纷的走向。民国时期的新龙藏族聚居区，充当第三方者主要由有实力的土司、地方土酋、头人、有声望的喇嘛以及军政官员等组成。李中定在介绍康区习惯法时谈到了说官司的对象：

> 遇有和事佬出来调解，名之曰"说官司"。此和事佬比为大喇嘛土司，或有声望之人，而为双方所信仰者。①

羌生也认为：

> 到了说官司的时候，双方都请出有声望的人，如像喇嘛、土司、土劣，以及当地较有资望的老民来，集合在指定的地点举行谈判。②

可见，大喇嘛、土司以及其他有声望者在说官司的过程中发挥着重要作用。不仅如此，地方军政要员也是说官司的重要参与人员。而且，纠纷的严重程度不同，参与说官司的地方军政人员的级别也不一样。例如，甲日家与甘孜俄巴两家之间的打冤家不仅在不同的县域辖区内，而且两家死伤人员众多、时间特别长，地方区长与乡长、两县县长、甘孜驻军首脑以及西康省政府主席都涉及在内：

---

① 李中定：《康区的习惯法》，载《边疆通讯》1947年第11期。
② 羌生：《西康的几个习惯法》，载《边事研究》1936年第6期。

军帅延见多吉朗加后，聆悉其历世亲汉受累情形，甚为悯痛。再见张我戍过去断牌认为有维持原判必要。当饬杨秘书长张我戍及弟召集四瞻代表及多吉朗加、德钦汪母等到会详询一切后随即决定解决此案要点。①

从上文可以看出，多吉朗加向西康省府主席刘文辉汇报了两家纠纷的有关情况，并得到了几点指示。在甲日家看来，他们在打冤家以及地方协调判处过程中吃了大亏，才向省府面陈，力求争取更为有利的判处。政府官员作为治理地方者，肩负保一方百姓平安、平息血仇的义务。此案中除政府官员参与调解外，地方驻军首脑也有参与。地方驻军首脑参与说官司的一个优势为：他们能够利用手中的军事实力震慑互抢的双方。双方之所以敢互抢与报复，其中一个重要的条件就是他们有实施互抢与报复的实力，包括人与枪等，且信奉"强＝理"的暴力逻辑。一般来说，纠纷双方在人与枪实力上不如地方驻军，且不敢轻易与军队作对。所以，地方驻军首脑在说官司的过程中能利用实力优势，促使抢劫双方达成协议。

土司、头人与大喇嘛参与说官司是藏族地区的传统。土司是其辖区范围内的统治者，有土地、税收、军事、司法等多方面的管理权，是地方最有权势者之一。土司也有大小之分，如德格土司辖区内就流行着"天德格，地德格"，他们参与调解理所当然。改土归流前，多吉朗加家族就是瞻化的土司。改土归流后，多吉朗加曾被委任以瞻化县上瞻区的总保、乡长等职务，虽未有土司之名，但有土司之实。卡娘娃抢劫德格仲萨寺及希泥家活佛与商队后，瞻化当局派军队与政府警察围剿卡娘村，其中甲日家既出面为政府指引又为卡娘村村民做担保，恳请军队与政府警察不要与卡娘村村民发生军事冲突。在甲日家与俄巴家纠纷一案中，"所有两家小娃互劫财物各项，仰候该保正等保会同查照、秉公理处，取结据核"②，此处的保正指的是下瞻、河东两总保。正是由于这一纠纷影响重大，瞻化县内几个有权势的总保都出面协调。

活佛、堪布等宗教领袖在藏族群众社会生活中极具影响力。一般来说，一个村落会有自己的寺庙，或者几个村落共有一个寺庙。如沙堆的亚

---

① 卷宗号：002—001—003。
② 卷宗号：002—001—020。

乌寺就是由沙堆乡科查、女汝等村落所共有的。村落的大小事务都离不开寺庙。佛教忌杀生，血亲复仇从教义上来说是违背教义的行为。因此，寺院也是倾向于藏族群众用说官司的方式来解决血仇，而杀人者一般都要向寺院缴纳一定的财物进行忏悔。本村与外村的说官司，本村的堪布或者活佛在本村村民的请求下参与血仇的调解。如果是更为严重的血仇，则可能会请声望更高的喇嘛参与。如民国时期上瞻区的赤乃喇嘛就是当时最有名的喇嘛之一，沙堆、日巴、大盖等地方的血仇有时就需要请赤乃喇嘛出面调解。当今沙堆的一些村干部、藏族群众表示，活佛与堪布说的话很是管用，正是当地的活佛与堪布不让喝酒、不准打架、不准偷抢，当地的治安才好了起来。可见，藏族群众非常信赖活佛与堪布，他们参与说官司更能使双方信服。

"权威"与"权力"既有联系也有区别，它是合法的权力，也是社会统治与稳定的基础。在此用来形容说官司中第三方所具有的特性。活佛、堪布等宗教领袖代表着宗教权威，军政首脑代表着政治权威，土司与地方土酋也是政治权威的一种，其他有声望的参与者则可以归为民间权威一类。如"大白事件"期间，地方商会代表就曾努力从中调解，恢复商运。这三种权威特别是前两类权威代表了不同类型的权力，是地方秩序的重要维持者。而正是参与者所具有的权威，说官司者的言语才为血仇双方所信服。

2. 说官司的内容

在说官司之前，双方事先会商量好谈判地点。谈判地点的选择很有讲究，双方都希望在自己的势力范围内进行，一方面是出于安全的考虑，另一方面能节省相当的费用。如果在对方的辖区内进行谈判，另一方会担心谈判不成反遭不测；同时，会担心对方不讲信用，生怕被冤家来一个瓮中捉鳖。如甘孜洞拖寺被甲日抢劫一案中对调解地点的选择，双方均极为慎重：

> 兹因洞拖寺案件未决，前奉钧座命令，象赴甘孜或沙堆听候处理。实因打本家及协巴家在甘，民实无法前往，恳祈钧座命令夺托寺来县城处理。如但不敢来城，恳祈在昌科或麦科也可。若伊怀疑民有暗害情事，民已觅有妥保二人。①

---

① 卷宗号：002—001—010。

瞻化县政府提出了两个调解地点，甲日家认为仇人在甘孜县，而沙堆接壤甘孜，距离甘孜很近，生怕仇人报复而不去。于是，自己提出了几个地点任凭对方选择，还表明自己不会报复暗害，并取得保人作保。同样，洞拖寺在谈判地点的选择上也有自己的想法，如果深入县城或者距离甘孜较远的地方，他们担心甲日家的报复，所以提出在沙堆进行谈判。如果是县与县之间的谈判，则会选一个距离双方都较近的地方，且这个地方不能在任何一方的势力范围之内。如果是在县城进行说官司，则县府有责任保护双方的安全，避免双方械斗。另外，由于寺庙为众神安身之所，又有活佛或者堪布坐镇，所以寺庙也是较好的谈判地点。当双方及第三方到达指定的地点后，谈判即可开始：

> 谈判的性质，注重公允。如损失较大的一方，除了把他所抢劫对方的货财两相抵消而外，在对方只能担负抵消而外所不足的部分，照三倍至九倍的赔偿，官司即告结束。于是双方的当事者，再以相当的金钱或牛马一类，酬报裁判人。如果有关于命案的刑事，并不实行抵命，只能赔偿命价。命价的等级，依死者的身份而定。大概普通以六秤银子（每秤合藏洋一百六十元）为最低限度，多在十秤以上。①

以上涉及说官司的几个方面。其一是双方举证，列清所损失各物；其二是厘清赔法，赔法包括财物以及人命的赔法；其三是感谢第三方。整个过程中，第三方要注重公平，达成双方均能接受之结果。尤其是赔命价，由于造成死、伤、残的原因不尽相同，死、伤、残者的身份高低有别，凶手的赔偿能力也各不相同，所以在赔偿过程中更应该注重公平。羌生认为：

> 谈判的性质，注重公允，但并不追究以擅行抢杀他人为犯罪处治，而只是侧重于物质方面的赔偿。如果甲乙两方，都曾互相抢劫，必须看某方的损失较大，某方的损失较小，除两相抵消外，抢劫多的一方，即须担负抵消而外所不足的一部分赔偿行为。这一部分赔偿数

---

① 赵心愚、秦和平、王川编：《康区藏族社会珍稀资料辑要》（上册），巴蜀书社2006年版，第343页。

目，大概按原数目的三倍至九倍偿付，以表示其负理之处。虽然这种比例，并不是绝对的，但大多地方，是能通行，而且因为第三者的资望和权势关系，两方当事人，也必能遵守。官司宣告结束以后，甲乙两方，必须另以相当的物资报酬所有谈判人，然后才算完全了事。至关于命案时间，则并不实行抵命，只是偿付相当命价，命价等级依死者身份而定。普通以六秤银子（每秤合藏洋壹佰陆拾元）为准，多在十秤以上，一场命案，即可宣布解决。加入被抢被杀的一方，是没有权势的弱者，则只会有吞声忍气之一法，有时这种弱者的同乡或乡亲们，也会不平起来。①

羌生指出了说官司的要点：首先是说官司应注重公平，其次是阐明了康区习惯法的一个重要特点——侧重于物质方面的赔偿，再次是分析了第三方的身份、地位等方面的特质对于说官司最终结果的影响，最后是分析了双方对说官司结果的接受与认同。李中定也指出了说官司的过程：

谈判开始，息战罢兵，各就指定地点，支搭帐幕，宰杀牛羊，陪着和事佬大吃大喝。谈判时，两造各述损失，如有宿怨，亦藉此作一总清算。故一场官司，往往协议半月乃至月余之久，协议结果力求公允，双方损失，可以互相抵消。如一方损失过大，则其他一方，须外加倍赔偿。或赔款，或以实物作抵，或以牛羊衣物变价也。当场议定，官司乃告结束，和事佬辛苦一番，例由两造赠送相当金钱或牛马，以作报酬。②

李中定的介绍更为简单，在内容上与羌生所言大体相似。综合以上学者的论述可见，说官司主要有四个方面的内容：第一是双方列出各自损失的清单，损失各物不能虚报、多报；第二是商量财物及命价的赔法，根据被抢人以及被害人的身份、地位、劳动能力以及家庭贫富等商量赔法，如命价为几倍；第三是双方当场交付或在某个约定时间交付所议定的赔偿；第四是当说官司为双方所接受后，双方必须给予第三方一定数目的财物，

---

① 羌生：《西康的几个习惯法》，载《边事研究》1936年第6期。
② 李中定：《康区的习惯法》，载《边疆通讯》1947年第11期。

感谢他们为消解双方的仇恨所做的努力。谈判时间上，整个说官司过程要持续半月乃至一月之久。由于关于抢劫与血亲复仇说官司的口述资料较少，要细述说官司的过程有很大困难。但是，从瞻化上瞻区两村之间的差务纠纷的说官司过程可以推测抢劫双方是如何说官司的：

  盖康人打官司无不逞其巧辩，滔滔不绝，名曰诉苦衷。你若谓已经知道，不要他说，他是不依的。但他们不说则已，一说起来，就重三辨四，絮絮叨叨，说过又说，如有十个人到案，就十个人都要说，而又皆众口一词，如内中有一人未发言，均皆歉歉于怀。余到哈洼后即洞悉其中底蕴，特以一星期之久，专门聆取报告。①

说官司过程中，参与者人人均要发言，如果其中一人未发言则是对发言者的不敬。如果第三方不允许发言者重复啰唆，也是对发言者的不敬。虽然每个人都有发言，但是发言的内容大致相同。因此，听取双方的陈述就会花费很长时间。一个债务纠纷听取报告便花费了一个星期的时间，不能想象的是，如果是世仇或是大案、要案，要花更长时间来厘清其中各种细节。特别是双方要列出损失各物的清单，并要拿出证据予以核实。如此，从说官司开始到结束，整个过程要花费大量的时间。

当双方列出的损失财物清单得到对方的确认后，则要按照通行的做法，比较双方的损失大小，如能抵消损失就相互抵消；除抵消外，抢劫多者还须赔偿。赔偿会因对方的身份地位按照3～9倍的标准进行。如炉霍牛厂被瞻化下瞻区甲拉多村抢劫一案，该牛厂为炉霍县参会副议长王义仁所有。其于民国三十六年（1947年）三月二十六日给瞻化县县长的信中就援引当地"凡地方首人被劫，照九倍赔偿损失之向例"②，要求按照此规定来对抢劫者进行处罚。加倍处罚的规定由来已久，这种规定与新龙藏族社会的等级制度密切相关，"藏族社会等级森严，把人们划分为上、中、下三等，每等又划分为上、中、下三级，共划分为三等九级。封建牧主、头人和活佛是统治阶级；而牧民、耕奴和塔哇等，都是被统治阶级"③。

---

① 许文超：《瞻化上瞻区日巴与哈洼两村之纠纷》，载《康导月刊》1939年第7期，第55页。
② 卷宗号：002—003—056。
③ 徐晓光：《清代蒙藏地区法制研究》，四川民族出版社1996年版，第167页。

四川藏族法律规定，人分为三个等级，即土司、农奴和奴隶。在土司等级内，包括土司、贵族（头人）和上层喇嘛；农奴等级内，又包括差巴和科巴；奴隶即次约，四川叫娃子。土司、贵族和上层喇嘛，是藏族聚居区的封建统治集团。土司和贵族是世俗封建主，上层喇嘛是宗教封建主。差巴和科巴，都是农奴。这种等级森严的社会政治制度在西藏的《十三法典》和《十六法典》中有记载。法典按照血统贵贱和职位高低把人划分为三等九级，"人分上中下三等，每一等人又分上中下三级"。土司、贵族、上层喇嘛在等级上要高于普通藏族群众，更不用说下层的农奴与奴隶。这种等级制度虽缘于旧时的吐蕃，但吐蕃文明在东扩的过程中，赔命价制度也没有停止扩张的步伐，在整个康区扎下了根。不仅人分等级，而且不同等级的人在法律上有不同的待遇。例如阿坝地区的土司规定："如果在该土司辖区内抢劫，会被视为严重的事。抢劫者要被打条子，并坐牢数年，同时还要以九倍的数目赔偿损失。例如，抢一元赔九元，抢一头牛赔九头牛（也有赔五头、三头的，主要看抢劫者的家庭经济状况如何）。赔偿的损失归失主。除此以外，土司对抢劫者还要罚款，没有钱的就罚几千斤甚至几万斤柴。"① 民国时期的瞻化县，土司制度虽然名义上不存在，但就当时的政治制度体系而言，民国的政治体系并未深入新龙藏族聚居区基层，土司制度的主要内容都继承了下来，县属四区的首脑仍是名副其实的"大土司"。除"大土司"外，政府官员、各区与村的大小头人、喇嘛在等级上高于普通藏族群众，对他们进行抢劫也会导致多倍的惩罚。如民国三十五年（1946年）十二月下发的军事股长陈忠被抢案的判决书中就规定，"其余赔偿加倍数，仍依照地方习惯四倍赔偿。然以物品抵数，即照市价能值一元作一元计算，须凭公证人从中批价"②，这些款项包括陈忠被抢各物赔偿费、眼线费以及医药费。

　　抢劫财物尚且如此，命价更须加倍作为惩罚。有的地方贵族的命价至少比农奴的高出三倍以上，土司和上层喇嘛的命价则会更高。在等级社会制度下，同命不同价。青海果洛英坎部落的习惯法规定如下：

　　　　命价分为三个等级。一般以男性等级而论，凡属于部落内部伤害

---

① 四川省编辑组、《中国少数民族社会历史调查资料丛刊》修订编辑委员会编：《四川省阿坝州藏族社会历史调查》，民族出版社2009年版，第328页。

② 卷宗号：002—001—003。

死亡者，根据死者身份的高低贵贱确立命价等级。头等命价是指受害者为官僚、贵族及其嫡系亲属。其金额采取九九制（81 只羊）、九五制（45 头牦牛）和九三制（27 头犏牛）。二等命价的受害者为一般小吏和生活富裕的牧民，金额一般为 300 头牛。三等命价的受害者为贫民，仅 150 头牛。三个等级的女性命价仅为男性命价的一半。①

该部落的习惯法不仅表明了男性不同等级之间的不同赔法以及二等命价是三等命价的两倍，还表明了男性与女性有不同的命价，再一次证明藏族社会中男女地位的极不平等，不分等级时女性命价仅为男性命价的一半。而瞻化"如杀人犯之类，则赔命价，其价金至多寡，则以被害人之身份，并犯罪人之家产为标准"。可见，赔命价的多少会根据被害人的身份、家庭贫富情况而定。又民国时期康区"命价分上、中、下三等：通常上等人七十秤，中等人五十秤，下等人三十秤。特等人物，由尸家肆索。如尸亲皆弱者，则所赔甚寡"②。这表明当时命价也分上、中、下三等，上等命价是下等命价的两倍多。如果是特等人物，那就任凭死者家索取命价。要是死者亲属没有什么实力，那么其所得命价甚少。以拉日麻与谷日娃纠纷一案为例：

> 拉日麻失牛六头，该村当时派人寻觅，寻至谷日娃牛厂，始有痕迹，因此问询该牛厂之人，并同时将该牛厂步枪提去一支。谷日娃随后追去，追至半途，殊拉日麻早设埋伏，该等行近，伊等开枪射击，当时击毙谷日娃二人，该等胆怯返村，甲日家复派人追赶至拉日麻牛厂。双方开枪射击，甲日家将拉日麻方面打伤一老婆子、打死马二匹，职等出头交涉约期二十天为限理说此事。前面呈钧座在下理说，兹将处理双方情形，分呈于次，拉日麻应赔谷日娃命价银四十秤，双方盟誓，谷日娃应惩拉日麻失牛半数价款，银叁秤，负伤老婆子医药费银五秤，打死马二匹，赔银十二秤，以上共计二十秤，其余银二十秤，承已如数交谷日娃领清。但此案解决后双方不得发生意见，倘有其他情形则赤金一百两板子一千之罚。③

---

① 徐晓光：《清代蒙藏地区法制研究》，四川民族出版社 1996 年版，第 340 页。
② 任乃强：《任乃强藏学文集》（上册），中国藏学出版社 2009 年版，第 286 页。
③ 卷宗号：002—002—103。

从伤亡情况来看，谷日方面两人被打死，拉日麻方面则有一位妇女受伤。整个调解过程持续约为 20 天，最后达成如下赔偿协议：拉日麻赔偿谷日娃命价银 40 秤（合藏洋 6400 元），而谷日娃赔偿拉日麻方面医药费 5 秤（合藏洋 900 元）、马匹赔银 12 秤（合藏洋 1920 元）、失牛半价 3 秤（合藏洋 480 元）。根据以上数目，谷日娃死亡者每人命价银 20 秤（合藏洋 3200 元），由于是妇女受伤，赔偿医药费 5 秤。

再来看看天兴隆号被抢一案经调解后的判结情况："有不命价一万六千元、伙友许合子命价九千六百、丁福春命价一万六千元、雇工得赤乃命价六千四百元。分别合银一百秤、六十秤、一百秤、四十秤。"可见，该案中每个人的命价也是不同的。由于天兴隆号是甘孜著名的商号，而且抢劫者作案手法十分残忍，人、财、物均被劫尽，给康北的商运带来极大的负面性影响，加之从案发到结案耗费一年多时间，所以此案在判决方面较其他案件较重，命价数也多一些。雇工得赤乃是甘孜寺的喇嘛，藏族聚居区社会中喇嘛的地位要比普通百姓高。甘孜寺得知此命价数之后，觉得数目太少，于是上书瞻化县政府并称"沿喇嘛寺旧例，凡有死伤扎巴于一名须赔偿命价骡子一百匹……恳请转瞻化县府还赔偿命价并饬该匪向甘孜文武长官及喇嘛寺赔礼"①，要求赔偿更多的命价与赔礼。骡子的价格会根据骡子的年龄、身体情况有所不同，有的骡子值藏洋 1500 元，而有的才值藏洋六七百元。按照甘孜寺的请求，100 匹骡子至少值藏洋六七千万元。由此，则该喇嘛的命价是其雇主的 5～6 倍。但事与愿违，经过多次调解，最后官方只判赔银 40 秤。比较两案中的命价数目不难发现，天兴隆案中的命价要高许多。谷日娃两人命价才与天兴隆号一个被抢喇嘛的命价数持平，与丁福春命价相比则相差太多。同样，民国三十一年（1942 年）河西区区长之女婿率商队"小娃子"至康定贸易经过泰宁时被当时奉命剿匪的 136 师部误认为杀人越货之"夹坝"，结果误杀三人。此案发生后，几经调解，最后赔偿命价 40 秤。折算下来，平均一人命价才 10 多秤。相比于上例中的其他人，"小娃子"的命价是很少的。甲日家与赤乃喇嘛家纠纷时，甲日家打死了赤乃喇嘛之弟。说官司时，其弟命价为银 48 秤。赤乃喇嘛之弟为喇嘛寺理者之一，因此，其命价为中等。不过，赤乃喇嘛在上书瞻化县政府时就表示其弟命价过低，认为政府存有偏心。

---

① 卷宗号：002—001—460。

现大盖阿不喇嘛如此介绍赔命价情况：

> 因为杀了人，杀人是要赔钱的。赔钱一般是双方的亲戚来说。人也分好一点的、不好的、坏的。不同的人赔的价钱也不一样。那时候一个村有一个管家，当然还有喇嘛，他们说了算。当然和现在一样，也有给管家、喇嘛钱的，这样就能少赔一点。

阿不的讲述也是根据人的分类来定赔偿的高低，好人就赔偿高一点。参与商定赔偿的有村里的管家、喇嘛，具体的标准由他们定。那时的赔偿也不完全公平，也存在"暗箱操作"。当管家与喇嘛收到一方赠送的钱财后，他们就会在赔付标准上有松动。

当双方谈好了损失各物以及命价的赔法后，接下来便是财物及命价银的交接。"又夷俗凡赔偿以银议值，实皆无银，徒以物折合，其所折价又皆高于常价数倍。其物以马为首，取向前也；叉子枪次之，谓叉枪像搭桥也；刀最后，谓能断绝也。"① 可见，康区的赔偿虽以银为赔偿单位，但是双方均不能拿出所议定的现金价银。因此，他们在说官司时也会商量命价用"几成现金，几成牛马，几成器物，称为红、白、黄三色。成数定后，再议马一匹抵若干，牛一匹抵若干，枪一具抵若干，刀一把抵若干，锅一件抵若干。马牛又有公母、老幼、优劣之分"②。事实上，所赔之银大多是以实物折算，天兴隆号被抢一案中：

> 此案因行劫匪徒早将财物散失过半，不敢回村居住，系由各该负责乡保清还天兴隆丁福春两家原物各一部，其余损失及命价亦由该乡保等以私人自卫长短快枪借出，合价赔偿，并无分文现款。③

负责理说此案的乡保长将行劫者所剩下的财物清还给被害者，其余损失及命价则是由该乡保将自卫长短快枪借出抵付，并无分文现款。索赔之物，以马为优先考虑，其次是长短快枪、叉子枪等。由于马匹、牛只、枪是藏族群众社会生活中最为重要的资产，双方都愿意接受以此类资产抵

---

① 任乃强：《西康札记》，中国藏学出版社 2010 年版，第 23～24 页。
② 任乃强：《任乃强藏学文集》（上册），中国藏学出版社 2009 年版，第 286 页。
③ 卷宗号：002—001—460。

付。马牛有公母、老幼、优劣之分，说官司时双方根据马牛的特点折算成不同的价银。陈忠被抢一案中的医药费藏洋480元，对方则是以缴纳一定的茶叶照县城市价折合而成，其损失各物则是以食粮、酥油折算呈缴，其粮食每斗以瞻化县府粮斗为准。食粮、酥油等物也是藏族群众日常生活中的重要物资，当对方拿到这些物资之后，如果自己有需要可以添作家用，家里物资够用还可以变卖换成现金。沙堆仁青如此向笔者介绍一次打冤家中命价的赔法：

　　赔钱的部分有现金15万元或20万元，其他要以牛羊、房子、物件等财产来赔。好的房子可以抵20多万元。而且自己说东西值多少钱不算，要由中间人定。中间人大部分是宗教人士，如喇嘛活佛，少数是一般人参与的。

　　这次打冤家虽不是发生在民国时期，但命价部分大多是以牛羊、房子、物件等财产作赔。算入如上财物之后还不够，则以房屋作抵。如果命价高，赔偿家庭则会倾家荡产。青连朱的外甥曾杀人，最后也赔了命价。他讲道：

　　我姐姐原来是切衣的，她有5个孩子。她一个孩子打架杀死了一个人，被判了7年，现在快出来了，赔了70万元。他们把牛羊等、房子、土地都赔了。

　　此案说官司时，双方议定了70万元人民币的赔偿。行凶者家庭也没有上数现金，就将家里的牛羊、房子、土地等物品均折算成现金赔偿。从上述案例中不难发现，命价的赔偿方式大多是以重要实物代替，而且作为习惯法的一部分，这种算法与我们平常所想象的"一元为一元"算法并不一致，其所折价高于常价数倍。笔者在巴塘县法院调查时，县法院刑事庭庭长介绍了具体的赔法。他说：

　　赔偿也存在一个比例问题，假如要赔110万元，并不会真的要赔这么多。赔偿的比例有1:3、1:5、1:9等多种。

正是这种赔法,如果赔偿70万元,受害人家庭实际上拿不到那么多的现金或物品。也是因为当时的瞻化县府知道康区的这种习惯,在陈忠一案的判赔中,判词就写明"赔偿加倍数缴纳物照市价折合一元值一元",而不是传统上的"高于常价"。

无论是民国时期的命价银还是当今的命价钱,赔付方本人家庭无法全部拿出。"夷俗,一人恩仇,全村报之,祸福亦全村任之。"① 可见,赔付方本村之人均有义务为赔付方支付命价银。"此种命价,大抵亦系全村分担,全村分受,不必只由凶家出之,尸家受之也。"② 由于一个村落大多是一个血缘群体聚居,村落之人有或多或少的血缘或者亲属关系,在遇到苦难时,相互有扶持的义务。"另一方面,抢劫在氏族法律里并非死罪,而受害一方所要求的'命价',则由肇事的整个氏族来赔偿。"③ 而且抢劫之物,会在参与抢劫人之中进行分配。由于分配抢劫果实、复仇都是村落整体行为,村落人自然应承担所付命价之银。全村应付也并不是全村人人均等,也有应付高低之分,行凶者的主要亲属就要多出一些。现如今,随着人员流动的增强,村落成员也发生了变化,这种全村赔付的习俗也发生了变化,赔付主要由行凶者的亲属支付。

3. 说官司的结果

说官司并不一定能够达成令双方均满意的协议。按照博弈论的观点,即说官司并未达到"均衡"。事实上,影响说官司是否成功的因素有许多,比如双方对谈判的态度、对方的接受能力、说官司是否公允、第三方的影响力等。"如双方皆强横而调人面小者,多半中道决裂。决裂之后,仇杀益烈。"④ 可见,谈判决裂是说官司的一种结果。决裂之后,双方仇杀不止。来看看任乃强对瞻对、朱倭事件的记载:

> 朱倭土司,驻牧炉霍县之朱倭乡,悬辖甘孜县朱倭、贡陇乡百姓300余户。民国五年、六年时,有瞻对娃5人,在甘孜行劫,被朱倭贡陇百姓擒送甘孜县署,枪毙。民国十七年(1928年),炉霍寿宁寺与朱倭土司修怨,使人说瞻对娃共同出兵报仇。甘孜东谷各村头人,

---

① 任乃强:《任乃强藏学文集》(上册),中国藏学出版社2009年版,第142页。
② 任乃强:《任乃强藏学文集》(上册),中国藏学出版社2009年版,第286页。
③ 李安宅:《藏族宗教史之实地研究》,中国藏学出版社1989年版,第5页。
④ 任乃强:《任乃强藏学文集》(上册),中国藏学出版社2009年版,第286页。

出为调解，在罗锅梁子议和两月。议朱倭赔瞻对娃 5 人命价共 70 秤。朱倭不服，撤帐径归，遂开战。寿宁寺联瞻对与俄洛野番等五路攻朱倭。瞻对攻觉黎寺一路，焚劫最甚。已而西康政府以军力促和，朱倭赔瞻对命价银 80 秤始解。①

此案涉及五条人命，双方初次调解时花费了两个月的时间达成了五人命价共 70 秤的赔偿协议。但是朱倭方不服，便撤离帐篷。于是，双方继续开战，相互抢劫。在西康政府的军事压力下双方再一次坐下来说官司，最后该案以朱倭方面赔偿瞻对方命价银 80 秤告终。不难发现，双方初次谈判失败后开始了复仇行动，双方均损失惨重。如果没有第三方的介入，互劫甚至战争还会继续发生。在西康省政府的武力威胁之下，双方再次谈判，最终达成赔偿协议。虽然两次谈判只差 10 秤银，但双方就是争持不下，而双方的损失则可能大大超过 10 秤银。可见，说官司并不是简单的赔偿行为。当一方觉得不公平时，就算花费更大的代价，也要进行"抗争"。

当双方达成满意的协议，他们的仇杀则会停止，"一经和息以后，仇杀遽止。甚重然诺，从无已受调解犹相仇杀者"②，即没有接受调解后双方还会进行相互仇杀的情况。事实上，这并不是绝对的。前文所述拉日马复仇案就是事先经过调解的。县档案局的工作人员谈起此案时对此人的复仇行为表示极不可接受，因为他的复仇与藏族群众接受调解后不准再复仇的传统不符。而且，说官司过程有第三方介入，如果在达成协议后再次发动复仇行为便是对第三方的羞辱。按照现行的说法，第三人是有权有势且有声望之人，如果他们受到羞辱，违背协议者无疑得罪了更多的人。一些第三方为当地有名的活佛或者堪布，他们在藏族群众中极具权威，如不遵从他们参与达成的协议，不仅是损害了宗教领袖的面子，而且会受到神灵的惩罚。与神灵的惩罚相关的是，藏族群众会进行"赌咒"：

但民等，实未抢劫过何人，为日后查出死民等抢劫该等，民等愿受赤金十两之罚，并前日钧座派陈科长忠来村调查此案，并有赤乃主

---

① 任乃强：《任乃强藏学文集》（上册），中国藏学出版社 2009 年版，第 288 页。
② 任乃强：《任乃强藏学文集》（上册），中国藏学出版社 2009 年版，第 286 页。

任也在民村，当众赌咒，并无抢劫之事，如日后查出实系民等愿受赤金十两之罚，并民村全村也具结在案，民村喇嘛寺也具有切结，民等并负伊被劫损失如数赔偿，中间不虚，具结是实。①

赌咒者为了表明自己的清白，便在当时的治保主任赤乃喇嘛及众人面前当众赌咒。如果查出是其抢劫，便甘愿受黄金10两的惩罚。不仅如此，其村村民及村喇嘛寺也出具保证书。当时瞻化县县长也认为"寺庙立誓，系证明事实真伪，无处罚之意义"②。虽无处罚之意，赌咒是一种向神灵许诺的行为，但一旦有赌咒之后，其他人便会相信赌咒者的言行是真的。所以，藏族群众甚重许诺，一旦答应遵守协议，他们就会守诺，不会违反，如一刀断绝，永无纠纷矣。

虽然说官司后双方的仇恨消除了，但双方心中还是会有些许芥蒂。为了避免新的仇恨产生，加之有的行凶者为了赔偿命价倾家荡产，所以行凶者及其家人就无法在村居住，便会选择逃离。如青连朱姐姐一家在赔偿命价之后也就"不敢在那边居住下去了，跑到甘孜去了"。仁青也向笔者说道：

打死人的这家人必须要离开新龙县，一家人都要移民，搬出去。有的甚至在五个县内都不许安家（甘孜、新龙、道孚、炉霍、理塘）。如果没有分家，兄弟也要走，因为没有分家就会参与打架。

行凶者一家人要离开新龙县，有的案件行凶者一家人在新龙周边的几个县内都无法安居。至于离开的去处，其一是投靠亲戚，藏族群众通过婚姻关系建立起自己的关系网络，当他们无法在原来的地方居住时就会投靠各处亲戚；其二是投靠有实力的头人，当"小娃子"，即奴隶。比如，甲拉西头人尼麦和雄龙西头人丁曾扎巴的54名娃子中，"因在本地杀了人或有私仇不敢居住而投降的娃子有二十五人（男十六女九），占总数的百分之四十六点六三"③，这也是两家小娃子最主要的来源。当然也并不是所有的行凶者都会出走，如行凶者家大业大，枪支、人马众多，也没有出走

---

① 卷宗号：002—001—413。
② 卷宗号：002—003—009。
③ 卷宗号：004—001—093。

的必要。不管怎样，如果冤家相距不远，行凶者更倾向于逃走。

从有利的方面来看，民国时期康区盛行的说官司确实能平息冤家间的仇恨，能避免更大的人力、物力、财力的损失，也带来了社会秩序的相对稳定，是一种更趋于经济与理性的行为；同时，谈判解决纠纷的办法也是文明社会的趋势。但笔者认为，说官司也有不利的一方面。我们知道，说官司的参与者有土司头人、活佛堪布、地方政府官员、军队首领以及其他有声望者。土司头人、活佛堪布属于地方上的政治与宗教精英，他们参与说官司，从法制建设现代化的角度来说，在一定程度上阻碍了法治现代化的进程。对此，任乃强先生曾表示担忧：

> 汉官宰西康者，每依内地法，论凶手抵命；此事大与康民习俗违反，故番民有仇杀案，不愿赴诉有司，而乐求头人和解。此西康官署讼案之所以稀少，而头人势力之所以未易铲除也。①

在他看来，命价制度习惯法与现代的国家法律是不相容的，诉讼也是国家的专权，当这类违反刑法的案件多经头人解决，增强了头人在地方的影响力，这对于民国时期国家的法治建设的推进是极为不利的。可见，民国时期部分社会精英看到了国家法治在推进过程中所遇到的传统习俗"惯习"的阻力，而从当时的县府一些判决来看，传统习惯法仍占据上风。国民政府的刑法虽有运用，但并没有严格执行。当然，国家的法治建设并不单单是法律执行的问题，它与政治局势、政权建设等方面密切相关。对于新龙地方的抢劫而言，说官司的习惯法的最终目的是化解纠纷、消除仇恨，而不是从根本上禁止抢劫此类暴力行为的持续发生。达成赔偿协议，抢劫者及其亲属付出较多的财、物。付出大量财物虽说对抢劫者是很大的惩罚，但对他们的生存也造成了很大的困难。在原本生存困境之下，此种困境的解决办法并不是通过生产能在短时间内予以补充的，最快的还是直接从他处获取。如此，新的抢劫就会发生。甚至，说官司不成还会引发新的抢劫、仇杀。由此，新龙藏族聚居区报复性抢劫与说官司的习惯法客观上维系着新龙藏族群众抢劫的持续发生。

---

① 任乃强：《任乃强藏学文集》（上册），中国藏学出版社2009年版，第286页。

概而言之，新龙藏族聚居区关于抢劫的习惯法有两种：一种是报复性抢劫，人员死亡者的家属会进行血亲复仇；另一种是说官司。报复性抢劫与血亲复仇是典型的以牙还牙行为，它们都是人类本性驱使之下的关乎被抢者或被害者家属荣誉的"正义"行为。被抢者或被害者家属甚至其所属的村落都有为被抢者或被害者进行报复的义务。当报复性抢劫与血亲复仇的实施者做好相关准备后就会择机实施。不论报复性抢劫与血亲复仇成功与否，都会导致双方更大的仇恨。为了不使双方的仇恨继续扩大，说官司的习惯法应运而生。说官司主要有四个方面的内容：一是双方列出各自损失清单，二是商量财物及命价的赔法，三是双方当场交付或在某个约定时间交付所议定的赔偿，四是感谢参与说官司的第三者，整个过程要注重公平。当然，并不是所有的说官司都会取得成功，谈判决裂之后只会导致更大的仇恨、带来更大的灾难。对于新龙地方的抢劫而言，新龙藏族聚居区报复性抢劫与说官司的习惯法客观上维系着新龙藏族群众抢劫的持续发生。

第四章 "夹坝"的维持机制之三：区域政治及其作用

利奇认为，任何政治单位的稳定必然会受到包容它在内的、更大规模的上一级政治体系的结构和权力分配变化的影响。对于新龙藏族聚居区的"夹坝"而言，他们持续抢劫与新龙、康区甚至全国的政治局势有较大的关联。不仅不同党派卷入新龙之争，而且新龙内部的你争我夺异常复杂。事实上，你争我夺的区域政治生态使得新龙藏族聚居区的生存政治环境更加恶劣，影响着新龙藏族聚居区抢劫的强度、烈度。在此种政治生态下，"夹坝"承担了多种主体角色。

第一节 党派卷入地方之争

民国时期的康区实属多事之区，西藏噶厦政府、内地政权、外国势力均试图根植这片土地，而地处两条通藏大道之间的新龙历来属兵家必争之地。在"你争我夺"的区域政治生态中，战争的硝烟从未停止。康区藏族群众"对于战争与劫掠，常混为一事，不加分别"[①]，因此，抢劫也一直伴随着各种势力的争夺，而抢劫的发生也会引发新的政治争端。

一、汉藏之争

对西藏地区政府与内地政权而言，康区既是"边地"也是西藏地区政府与内地政权的缓冲地带，民国时期康区的许多战事，西藏地区政府与内地政权均涉入其中。

---

① 任乃强：《西康图经·民俗篇》，南天书局有限公司1987年版，第107页。

1. 民七事件

民国建立初期，各方忙于权力的争夺和分配，根本无暇顾及边疆民族地区。在此动荡时机，英帝国主义趁机唆使西藏地方政府派兵东侵。1914年，十三世达赖喇嘛任命噶伦降巴登达为多麦基巧（西康总管），率兵进驻太昭、三十九族等地方，准备等待机会东进。时任川军首领彭日升率三个营的兵力驻守在昌都、类乌齐、三十九族一带，与藏军形成对峙。

双方在对峙期间虽有摩擦，但并没有大的军事冲突。民国六年（1917年），类乌齐一带的两名藏兵闯入川边军防区，他们并不是故意挑衅而是越界割取马草，随即"被边军拿获解送昌都，经统领彭日升讯明管押。藏人寄信交涉，请将所获藏人交还，由藏官自行办理。彭统不审机势，辄将获犯斩讫送还首级"①，以致藏军大怒。随后，藏军大举进攻川边军，史称"类乌齐事件"；又事件发生在民国七年，故又称"民七事件"。彭日升所率军队为赵尔丰旧部，开战后，他们得不到友军的支援，加之武器装备陈旧，将老兵疲。孤军奋战之下，他们连连战败，渐被藏军围困于昌都察木多。最终，彭日升只得率部投降。至此，赵尔丰经营川边时金沙江西岸改土归流的地区全归藏军控制。即便如此，藏军并没有停止继续东进的脚步。他们越江向德格、白玉等地发动军事攻击，威逼甘孜、巴塘等地。"相继为藏人攻陷者：北路有贡县（觉）、同普、德格、白玉、邓柯、石渠、瞻化等七县；南路有武城等二县，共陷县十有二，亡失边军八营、兵二千，知事、营长、员弁被俘获者都数十员。边军势力益孤，藏番深侵，遂成破竹之势，巴安等处危在旦夕，全边震动。"②后四川边军集中了9个营的兵力在甘孜境内苦战40余天才抑制住藏军的进攻。

此时，瞻化县政府除了有一名知事主持和少量驻军外，并无可以依靠来抵抗藏军进攻的军事力量。瞻化县虽于民国五年（1916年）八月设上瞻、下瞻、河东、河西四个总保，四总保皆由当地有势力有威信者出任（如前文中提到的甲日多吉朗加），且四总保并不全部"忠心向汉"。因此，瞻化很快被藏军占领。为了避免爆发更大规模的军事冲突，1918年8月，双方同意停火谈判；同月21日，川边代表边军分统刘赞廷与藏方代表降巴登达在英国政府代表台克满的调停下于昌都达成"停战协议"。

---

① 民国政府外交部政务司编：《藏案纪略》，第25页。
② 中国藏学研究中心、中国第一历史档案馆、中国第二历史档案馆等：《元以来西藏地方与中央政府关系档案史料汇编》，中国藏学出版社1994年版，第2441页。

"停战协议"共有13条,其主要内容是重新划定藏川边界。该协议承认,"清末由川边军实际控制的类乌齐、察木多、恩达、宁静、贡觉、德格、邓柯、白玉、石渠等地都由藏军占领,藏军同意退出新近占领的瞻化、甘孜两县"。该协议的第十一条规定:"定乡、瞻化二县之人民,若安靖如常,不出该县境外扰害,而汉军不驻军队于该县之内"①,意即在该协议中,瞻化虽然划归川省管辖,却不能驻军于此。为什么藏方要规定瞻化不能有汉军驻扎呢?笔者认为,这是由瞻化的特殊地理位置决定的。瞻化虽不及巴塘富有也不如甘孜繁荣,但地处两条通藏大道之间,北上可扰商道,南下可乱官道,威胁着甘孜、道孚、炉霍、理塘等广大地区,战略位置十分突出。此外,瞻化交通极为落后,道路崎岖,易守难攻。因此,藏军东进,必须攻下瞻化,进而威胁并控制川边其他地区。如果汉军进驻瞻化,必将是藏军东进的强大阻力。对瞻化内部政治而言,总保、头人们对于此战的倾向性各不相同。在收复瞻化期间,前文中曾多次提及的多吉朗加就不仅为川军引路而且为战争付出人力、财力的支持,帮助川军驱逐藏军。此举为其本人在瞻化县内的政治生涯捞取了足够的政治资本,也奠定了其在瞻化政治生活中的地位。

2. 大白事件

藏军在"民七事件"中的大获全胜增长了藏方干预康区事务的信心,但碍于机会有限,"民七事件"后一段时间内,川藏之间稍显稳定。但诚如前文所言,康区很小的纠纷都会引发大的械斗甚至战争,平静之下实为暗流涌动。1930年川边战事再起。该年,驻防在康区德格境内的藏军,借口大金寺与白利土司间的纠纷,奉西藏当局之命向驻防同为康区甘孜县的川军发动进攻。于是,第三次川藏纠纷爆发。与"民七事件"不同的是,这次纠纷历经数年,人员伤亡数千,损失甚巨,震荡西南,轰动全国。由于此纠纷是甘孜大金寺和白利土司之间相互挑衅而引起的,故称为"大白事件"。

事件的起因是发生在甘孜县境内的一件小事。甘孜白利乡有一座小喇嘛寺,名为亚拉寺,是白利土司的家庙。亚拉寺的活佛深受白利土司、白利人民的尊崇和供奉。白利土司还特意拨了十五家差民供献给活佛,专给

---

① 喜饶尼玛、苏发祥:《蒙藏委员会档案中的西藏事务》,中央民族大学出版社2006年版,第108页。

该活佛种地当差。民国初年，亚拉寺活佛转世在绒坝岔桑都村一个富豪之家。按当地的传统习俗和寺庙的权力范围，桑都村的人必须到大金寺出家受戒。但因此活佛前一世是亚拉寺的活佛，所以破例到亚拉寺出家，但他对大金寺仍念念不忘，平时与大金寺来往密切。而大金寺认为活佛虽在亚拉寺出家，由于出生在大金寺的权力范围内，应将其请回大金寺。由此引发了白利土司及其人民的不满，从而形成亚拉活佛与白利人民之间的矛盾。恰巧的是，亚拉寺有一个小扎巴，常行窃乡邻，屡遭乡人捕获，亚拉活佛屡屡出面袒护这个小偷，敷衍了事，以致该小偷长期逍遥法外。该小偷再次行窃，被乡人当场抓住后送交县司法机关处理，被判处徒刑两年。这一次，亚拉寺活佛向县司法机关说情，欲将扎巴保释出狱。此举愈加激起白利乡民对活佛的不满。亚拉活佛也因与白利民众不睦，便决定离开白利回大金寺，还欲将亚拉寺财产以及十五家差民带走，归附大金寺。这件事愈发激起白利广大藏族群众和土司的愤怒，与大金寺派来接走活佛的使者争执。大金寺凭其财力与武力，对白利人民的呼声置若罔闻，坚称亚拉寺的财产和十五家差民应归大金寺。对此，白利民众不能容忍，一气之下焚毁了亚拉寺。此事激起了大金寺上层喇嘛的愤怒，便纠集大队人马，进攻白利村，占据亚拉寺。大金寺兵丁所到之处，烧杀抢掠无所不为。白利人民深受其害，苦不堪言。白利土司虽率民众抵抗，但势单力薄，苦撑不久便被打败，兵败之后只得向当地驻军与官府求援。时任县长韩又琦商请驻军营长罗海宽带兵前往弹压。罗营长以调解者的身份，命令双方停止武力行动。可是，作为康北五大寺之一的大金寺，倚仗其财产与势力，外加藏军支持，对罗海宽的命令置若罔闻，继续进攻。

　　面对此情，甘孜县政府和驻军又派军队军官、政府的参议员及炉霍寿灵寺和道孚灵雀寺的上层喇嘛出面调解，也以失败告终。后24军刘文辉部边防旅旅长马啸派军部参议朱宪文等一行赶到甘孜调解，但大金寺拒绝服从。马啸又派营长刘茂森率兵前往镇压。到1930年8月，大金寺僧侣开枪击毙边防军排长李哲生，率先挑起战端。川军增派马成龙率40团第一营与山炮一连，驰赴甘孜增援。经过两个月的激战，川军攻克白利村且包围了大金寺。大金寺便向西藏求援，十三世达赖喇嘛一面下令藏军向东推进，一面电请中央制止川军进攻大金寺，避免藏军与川军发生直接军事冲突。然而1931年1月，藏军与大金寺武装袭击了川军前沿阵地，占领了白利，乘胜威逼甘孜县，并扬言只要川军退出甘孜便不再进攻。无奈之下，川军退出甘孜，退守200里外的炉霍等待支援。

此时的战事仍与瞻化无关，但藏军占据甘孜县后便分兵五百攻占瞻化。1931年5月8日，马啸上报刘文辉的电文称："据古路、通宵两村专人飞报，藏番由德格出发之穹雅代本已于日前率兵五六百人，先后到达昌太夺古寺，随遣人持传牌到古路、通宵。命两村头人办站，两三日内定当进犯瞻化。"① 可见，当时的藏军并非从甘孜经沙堆进入瞻化，而且在进犯瞻化时还事先命令古路、通宵两村头人办理相关差务。两天后，马啸又上报："接瞻化张县长楷函称，藏番已于三号由古路、通宵进据瞻城，特此飞报请示。"② 即藏军于1931年5月3日由古路、通宵进据瞻化境内。果然，藏军在传牌告知后便进攻瞻化。见此情事，瞻化县县长飞报求援，"顷接瞻化急报，藏派穷（穹）雅代本率兵数百，进围瞻城，肆行掠索，迅恳政府立派大兵，救民水火"③。瞻化县城军事力量薄弱，要抵挡五六百藏军的进攻难上加难，必须请求援助。最终"瞻化县长张楷，纠民兵固守至5月，援军不至，城陷被俘。藏军遂占瞻化全境"④。经两个多月的抵抗，瞻化县城被攻陷，县长被俘，他也是"大白事件"中唯一被俘的县长。对于瞻化沦陷，瞻化县县长将之归结于"援军不至"，"县长张楷之飞报，原令刘罗两营驰援，且已行抵瞻化城下，本不难击退当时为数不多之藏军。乃炉城旅部（旅长马啸，后为叛兵戕杀）忽令该援兵，迅速归占炉霍，弃瞻而去。瞻化力竭援绝端，遂致失陷"⑤。在藏军进攻瞻化时，瞻化县县长求援，原定有两营士兵前来支援，且援军已抵达瞻化城下，要击退进犯藏军本非难事。由于援军接到弃瞻保炉的命令，瞻化县县长及守军在坚守抵抗之后被迫投降。"民七事件"中瞻化县被攻陷后时隔14年再一次被藏军攻陷。此次攻占，藏方战果颇丰。被俘的不止县长，还包括县长家眷、县府中各职员30余人，他们一同被押往昌都。

藏军占据县城后采取了一系列巩固统治的措施。第一，将瞻化四大总

---

① 转引自中国第二历史档案馆、中国藏学研究中心编《康藏纠纷档案选编》，中国藏学出版社2000年版，第112页。
② 转引自中国第二历史档案馆、中国藏学研究中心编《康藏纠纷档案选编》，中国藏学出版社2000年版，第114页。
③ 转引自中国第二历史档案馆、中国藏学研究中心编《康藏纠纷档案选编》，中国藏学出版社2000年版，第114页。
④ 任乃强：《任乃强藏学文集》（下册），中国藏学出版社2009年版，第533页。
⑤ 西藏自治区政协文史民族宗教法制委员会编：《西藏文史资料选辑》（第21辑），民族出版社2004年版，第95页。

保扣留在县城。"并闻瞻化四大总保刻已被扣城中。职不得已乃出重金，派差由谷日绕道，令知罗营迅速设法退回，会兵麦科台站。"① 四大总保是瞻化地方最有势力之人，留住此四人，藏军所需之供给并不成问题。也正是瞻化最有权势之人全被扣住，增援之两营士兵绕道撤退。第二，宣称中央将瞻化让给西藏管理。"瞻化上瞻总保多吉朗加密派人来称：瞻境藏军增至八百。墨色召全瞻头人宣布中央已将瞻让藏，彼等不相信，特来探询。如中央武力收瞻，愿做内应，可出快枪千五百支。"② 可见，藏军对瞻化头人进行了思想宣传。另上瞻总保多吉朗加再一次出现了。"民七事件"中他帮助川军驱逐藏军，得到了政府及军队的赏识。此次人虽被扣在县城，但他仍有办法传递消息。瞻化四总保被扣时藏军就宣称中央政府将瞻化让给了西藏地区政府。这些总保们将信将疑，于是派人打听是否准确。如果确认让藏，则会有投藏的准备；而如果藏方所宣称是假，中央有意收复瞻化，则愿意做内应，提供武器等援助。从此看来，多吉朗加极度精明，两方都不得罪。当然，他更是希望收复瞻化，这样就能赚取更多的政治资本。第三，藏军后大肆索取财物，他们"肆行掠索"。藏军也并不是军纪严密的部队，他们所到之处肆意掠索财物。藏军的此举与清末西藏地区政府管理瞻对的做法如出一辙，以致民众哀声载道。由于西藏曾代管理瞻化30年，又于"民七事件"时期曾攻陷过瞻化，所以藏方并不认为此次进攻是进犯或侵略反而认为是收复失地的"正义之举"，也获得了一些地方头人的支持。

川军与藏军军事冲突的同时，藏军也派兵进攻青海地区，而且中央与西藏方也没有停止谈判解决的努力。唐柯三就于1931年3月23日奉蒙藏委员会之命前往康区调停三方的冲突。调解的过程既漫长又复杂，但最终还是以失败告终。连唐柯三本人也建议用军事手段解决此纠纷，"愚见若中央主张强硬，电饬川省速拣精兵数营出关，并利用民兵表示收复决心，再饬滇青两省武装警告藏军，或不战自退"③。既然调停谈判不能解决问题，那么只能硬碰硬。刘文辉如此上报川军的部署以及战果："本年四月

---

① 转引自中国第二历史档案馆、中国藏学研究中心编《康藏纠纷档案选编》，中国藏学出版社2000年版，第118页。
② 转引自中国第二历史档案馆、中国藏学研究中心编《康藏纠纷档案选编》，中国藏学出版社2000年版，第172页。
③ 转引自中国第二历史档案馆、中国藏学研究中心编《康藏纠纷档案选编》，中国藏学出版社2000年版，第179页。

感日乘唐特派员柯三返京交涉停顿之际，以重兵三路猛扑我军。幸仗中央德威，官兵用命，敌未得逞，我军乘胜收复甘、瞻。"① 此时的4月已经是一年之后了。至1932年5月，"我军自大盖山方向与藏敌激战，东日占领朱倭，阳日收复瞻化，九日攻入甘孜县城，刻正合力围攻大白"② 1932年10月，交战双方在德格属金沙江西岸之岗拖签订了汉藏停战条件六条。

两次事件，藏军均攻下瞻化县城。瞻化之所以屡次成为藏军进攻的目标，还是与其战略地位有关。西藏地区政府要想东扩，争取更大的版图，就必须扼守瞻化。但瞻化政府的统治力量非常薄弱，很难抵挡藏军的军事进攻，瞻化被攻陷也是极易之事。两次军事进攻给当地带来了极大的破坏性影响：①破坏了地方正常的政权建设。瞻化地方政权建设不仅需要精明的治理者，也需要安定的治理环境。藏军的进攻不仅打乱了正常的政权建设步骤，而且掳去施政者，给本已脆弱的政权予以极大的打击。②给地方百姓与生活带来了极大的灾难，百姓流离失所。从江东通往江西岸县治的雅砻江大桥被藏军破坏，整个县府建筑也被焚毁，以致继任县长将县衙就设于县城关帝庙内。如此景象，不难想象瞻化政乏民穷的惨状。

二、国共之争

对瞻化地方政治生态而言，"汉藏之争"只是地区争夺的一部分，"国共之争"在瞻化也表现明显，这给当地本已混乱的政治状况又增添了一笔。

1. 诺那事件

诺那（1864—1936年）是近代康区一位极富传奇色彩的人物。其成长经历十分丰富，7岁时被认定为活佛。"民七事件"中，他就曾协助川边军彭日升抵抗藏军东进。兵败后被押至拉萨，西藏地区政府判其终身监禁。6年后，诺那又逃离西藏，经尼泊尔、印度孟买等地取道回国。回国后的他并没有停止讲经。1929年，经刘湘举荐，诺那进京并受到当时政府和蒋介石的欢迎，被委以蒙藏委员会委员、立法委员等要职，还被赐封"诺那呼图克图"称号。国民政府另批准其设立西康诺那呼图克图驻京办

---

① 转引自中国第二历史档案馆、中国藏学研究中心编《康藏纠纷档案选编》，中国藏学出版社2000年版，第275页。

② 西藏自治区政协文史民族宗教法制委员编：《西藏文史资料选辑》（第21辑），民族出版社2004年版，第98页。

事处，每月拨给经费1500元。从此，诺那与国民政府、西康命运联系在一起。"九一八事变"后，他积极宣传抗日救国，并一直寻找机会实践自己"康人治康"的理念。1935年6月22日，蒋介石在成都任命诺那为中央特派"西康宣慰使"，并为其配备了武装力量。蒋此举一方面是为了钳制与削弱刘文辉部在康区的势力，扩大中央在西康的影响；另一方面是想借助藏族宗教势力和地方武装"剿共"。诺那入职后，一方面宣扬剿共的思想，另一方面收集对刘文辉部不利的材料。该年9月，诺那带领自己的武装离开康定到康北各地阻击红军。当其到达道孚时，恰逢刘文辉所部在丹巴境内被红军击败，有三营士兵在撤退途中抢劫百姓。诺那借此机会将该三营士兵缴械，又以宣慰使名义撤换道孚、甘孜、炉霍三县县长，委以他人；同时，他还指使上瞻头人和德格土司杀害瞻化、德格、邓柯三县县长；另外，他还派人前往巴安县，意图控制巴安的武装力量。诺那的种种行为无疑得罪了刘文辉，于是双方多次展开武装冲突。

  双方交战之余，诺那不忘自己"剿共"的使命，仍在道孚、炉霍一带堵击红军。此时康北之事再一次与瞻化联系在一起。首先是瞻化县县长被杀。瞻化上瞻总保甲日多吉朗加膝下无子，只有两个女儿，其一为青梅志玛。多吉朗加便招甘孜俄巴家翁须多吉为婿与青梅志玛两姐妹结为夫妻。此次联姻也为后续两家的纠纷埋下了伏笔。至于纠纷的原因，多数人认为是翁须多吉与青梅志玛的感情问题所致。根据《新龙县志》的记载，1935年，翁须多吉勾结瞻化县府官兵，袭围甲日家官寨，甲日多吉朗加逃至康定寻其女青梅志玛。可见，两方冲突甚为严重。多吉朗加在康定并未得到西康建设委员会的支持，转而投于诺那处。这等于给了诺那一次扩张势力的机会，于是他们父女二人在诺那的支持下率领武装重返瞻化，解除了24军驻瞻化县城一个排的武装，活捉并处死了县长、师爷、通司、退役营长等四人。被处死的县长名为郭润先，其位由青梅志玛取而代之。如此不难看出，瞻化内部政治关系十分复杂、紊乱。一县之长及驻军被地方武装打败，也反映出吏治是多么的无力。

  然而，至1936年3月，诺那在策动德格土司武装抵抗红军失败后，其一行逃向瞻化。此时的女县长已逃跑，不知所踪。诺那不敢在瞻化久待，准备南下前往理塘。由于瞻化河西总保巴登多吉与上瞻总保发生过草场纠纷，加之诺那亲上瞻，河西总保便在诺那南下途中设伏，结果诺那被俘。此时，红四方面军过境瞻化，河西总保于4月6日便将诺那交给了红军。至此,"诺那之乱"告一段落。

行文至此,不得不说瞻化县是一个"多灾多难"的地方。时隔四年,瞻化县城不仅被地方势力攻陷,而且县政府的汉族官员以及驻军首领均被处死。"诺那事件"不仅宣示瞻化地方势力的"无法无天",也体现了他们之间错综复杂的关系。当藏族、汉族以及一些地方势力交错在一起时,地方何以平静?人民何以安居?

2. 博巴政府

博巴,藏语,即为"藏人"之意,博巴政府取藏族群众自己的政府之意。博巴政府就是当时进驻瞻化的红军所建立的。至于成立瞻化县博巴政府的时间,文献记载得并不一致,有的为1936年5月,有的为1936年4月,有的为1936年3月。但红四军是于1936年3月底分两路向瞻化前进,于4月2日①深夜占领瞻化县城的。又1936年5月1日,第一届博巴代表大会在甘孜召开,参与者就有瞻化博巴政府代表。可见,瞻化博巴政府的成立时间只可能为1936年4月,具体成立日期则不得而知。巴登多吉也是在红军进驻县城后将诺那活佛交给红军的那位头人。任何军队都需要粮食补给,红军也不例外。为了解决将要过境的红二、红六方面军的粮食物资问题,红军不得不寻求地方头人的帮助,而此时的河西总保巴登多吉表示愿意配合解决红军所需的粮食问题。"通过频繁接触交往,我们对他产生较大影响,他对共产党和红军的政策和主张有了较多的了解,也积极配合我们工作,成立瞻化县'波巴依特瓦政府'(藏族人民政府)时,他被推荐为主席。有他的积极努力和合作,我们在这里的群众工作的开展要顺利得多。"②可见,巴登多吉非常支持红军的工作,并弄到一大批粮食、糌粑、盐巴、酥油、牛羊、帐篷等物资,且他本人也担任了瞻化博巴政府的主席,副主席有三位,分别为翁须多吉、巴金与卡特阿戈。田野调查期间,当地一些百姓说起藏族群众救治一位红军将领的故事,有的版本更是神乎其神。如大盖香巴说道:

习近平的父亲在红军时,路过这边,然后生病了,阿登赤乃喇嘛给开了药,治好了,他父亲还给赤乃盖了一个章。

---

① 笔者在《红军长征在四川》中发现红军进驻县城的日期为4月4日,此处以4月2日为准。

② 王宏坤:《我的红军生涯》,人民出版社1991年版,第266~267页。

他的版本中,这位将领是习近平总书记的父亲习仲勋。绕鲁乡的人大常委会主席则是这么认为的:

> 以前红军过境时,一个军长生病了,就在甲孜村,被村民用糌粑、酥油等治好了,他走的时候还留下了一个物件。这位军长后来升任中央领导。在20世纪70年代,这位领导派人送来5万元表示感谢。谁知道新龙下面还有一个叫作甲孜村的,工作组弄错了,把钱给了另一个甲孜村的村民。那个时候5万元是很多钱,现在估计值不止30万元。

笔者认为,后者的说法更可靠。但不管哪种版本更为可信,这说明在20世纪30年代,确有一名红军高官被当地藏族群众救治一事。可惜好景不长,博巴政府并没有站稳脚跟。在与红二、红六军团会合后,红二、红四方面军不得不开始北上,此时已是1936年7月初。由于国民党军队以及一些地方土司的反扑,瞻化博巴政府也只持续了短暂的两个多月的时间,部分没有随大部队北上的伤员与护理人员在残酷的军事斗争中也牺牲了。

事实上,巴登多吉也并非真心帮助红军,他想借此次机会报复与其有仇的上瞻总保多吉朗加,报复之余还能保存自己的军事实力,为他日后能继续活跃于瞻化政治舞台提供条件。既然博巴政府的"后台"已撤,博巴政府主席巴登多吉则被打回原形,他也在谋划出逃以对付即将到来的政治报复。"现在巴登多吉,畏罪欲逃,工布汪青听说出来,就将巴登多吉挡住,劝伊安分当差"①,然而,后来的国民党军队及重建的政府并未对巴登多吉做任何处罚,他仍被委以总保一职。

国民党军队重新接管瞻化后,接下来就是国民党政府的一段较为稳定的统治时期。此种情形下,政权建设逐步展开,也有关于地方"夹坝"案件的审判资料的记录,成为本研究的重要基础。然而,回顾瞻化动荡的时局与复杂的内部斗争,不难发现,无论是共产党还是国民党都无法将瞻化之地方势力完全消除,从而建立属于自己的政治、军事体系。这些地方势力与"外来"的各种势力之间更多的是相互利用之关系,他们并没有统一

---

① 卷宗号:002—001—005。

的目标。如果一方利益受损，则其会挑起各方之间的争斗。争斗，就避免不了财物的抢劫与人员的死伤。如此，瞻化地方又陷入反反复复的复仇的套路之中，社会秩序只会更加混乱，受害更深的只会是处于社会底层的藏族百姓。无论是主动还是被动，他们都卷入了瞻化的斗争网络之中。此时，他们既是农民也是战士。对于巴登多吉而言，他自己也没有想到红军还会再回瞻化。可惜，那时的他已经没有机会与红军"再续前缘"了。

三、中外之争

除"汉藏之争""国共之争"外，外国势力也一直觊觎此时的康区甚至全中国。较为明显的是两股外国势力——英国与日本。我们知道，抗日战争是全民族的战争，康区虽处川边，但仍与祖国的命运联系在一起。"民七事件""大白事件"等康藏纠纷背后都离不开英国的身影。

英国对康区事务的干预与其插手西藏事务是分不开的。早在1888年，英军发动了第一次侵藏战争，其最终目的是想把西藏从祖国的大家庭中分裂出去，成为服从其战略意义的"缓冲国"。但其侵略行径遭到西藏地区政府以及人民的抵抗，以致他们在1903年继续发动抗英战争。英国不仅直接发动战争，而且策动和支持西藏上层中的亲英势力进行"西藏独立"活动，妄图把西藏从中国分裂出去。1914年"西姆拉会议"的召开以及协议的签署就是其野心的典型表现。

"民七事件"与"大白事件"时期，英国的野心更是暴露无遗。

第一，在战争爆发前，英国政府供给了藏军5000支来复枪和50万发弹药。这是藏军现代化过程中的一部分，也是英国给予藏军东进的支持。有了这批武器的支持，藏军在与川军交火中占据上风，而边军在战争初期节节败退，英国可谓是此次战争的重要帮凶。据统计，"在1923—1942年以及1947—1950年期间，噶厦政府用于购买英国武器军火的开支共计4556506卢比，平均每年约费160000卢比。所花费用占噶厦政府外汇财政支出的40%左右。由于噶厦政府的财政档案很不完整，有关的收入和支出登记也不完全，原噶厦政府实际用于购买英国武器军火的费用肯定大大高于此数"[①]。"大白事件"时期，英国再次出售大量武器给藏军，唆使

[①] 中国人民银行西藏自治区分行金融研究所：《西藏地方政府近代金融机构——"造币厂"》，载《西藏金融》1989年试刊第3期。

藏军卷入军事冲突。可见，大批先进武器的流入，虽有平衡藏英贸易之意，但其主要目的还是武装藏军，为其达成"西藏独立"的政治目的。

第二，英国派遣人员入藏、入康收集情报，为其决策提供重要依据，英人台克满就属于其中之一。需要指出的是，台克满还是"民七事件"的调停人，而且他来康的目的绝非调停这么简单。以下是台克满于1918年3月写给英国驻北京公事朱尔典的汇报：

> 鉴于汉人与金沙江以西的藏人之间重起战端，以及难于在康定及时获得可靠的情报，我认为有必要前往更为接近军事行动的现场，并将于一二日内动身向往边境。假如没有严重的障碍，我拟在那里待几个月，从我所在的地方发回我通常的报告。①

此时台克满的身份是英国的观察员，但早在1907年他就到康定收集情报，更不惜前往战争前沿现场收集有关进展的信息。

第三，英国充当战争的调停人，直接干预康区事务。台克满前往战争前沿地带后也参与了川藏两军的调停。据文献记载："台克满，系大英国领事，应任大英政府交涉委员。"② 我们不管其身份到底为何，他在调停两军冲突中确实发挥了一定的作用。双方签订中的条约中第十三条特别耐人寻味：

> 英领事台克满执汉藏英合同二分。因英领事为此事之中人，应以英文合同为主。此次合同成立后，汉藏英画押各人员，务宜立时将此合同飞报各政府，听候三政府批准，当未批来以前之（时）间，而汉藏各军均不得动兵打仗。③

首先是协定条约的文字以英文为主；其次是协议还须英国政府批准才能生效，若没有得到英国政府的批准，此协议即不能生效，汉藏双方没有

---

① 转引自王尧、王启龙编《国外藏学研究译文集》（第十六辑），西藏人民出版社2002年版，第298页。
② 中国藏学研究中心、中国第一历史档案馆、中国第二历史档案馆等编：《元以来西藏地方与中央政府关系档案史料汇编》，中国藏学出版社1994年版，第2441页。
③ 中国藏学研究中心、中国第一历史档案馆、中国第二历史档案馆等编：《元以来西藏地方与中央政府关系档案史料汇编》，中国藏学出版社1994年版，第2443页。

停战的权力。由此可见，英方在此次战争中的"霸道"地位。英方不仅在"民七事件"中发挥了调停作用，在"大白事件"中同样力促双方达成停战协议，并放言"如果康藏纠纷不能和平解决，必发生严重之果"①。从以上分析中不难看出，英国在两次纠纷中扮演了间谍、和事佬、帮凶等多种角色，而他们的终极目标只是为了在事件中获取更大的政治经济利益。为达此目的，他们千方百计插手西藏以及康区的事务。

  至此，笔者以民国时期康区发生的几个重大事件为着眼点，分析了西藏地区政府、国民党、共产党、英国等多股势力在以瞻化为代表的康区的角力。笔者认为，瞻化当地的社会秩序与这些政治势力的介入密切相关。政治势力的介入就意味着有相应的斗争甚至大规模的战争，而这些斗争、战争并非只涉及这些政治势力本身，当他们进入瞻化时，便与瞻化当地政治势力群体之间纠葛在一起。于是，我们发现，民国时期的瞻化地方势力之中既有亲汉群体又有亲藏、亲英部分。对地方藏族群众而言，他们在地方势力的带领下或主动或被动地成为战士，不得不花费大量钱财购买枪支武装自己，成为各种政治力量之争的排头兵，成为地方之争的重要参与者。当这种争斗与民族根深蒂固的传统观念——血仇结合在一起时，抢劫掠夺、县城被攻陷、地方长官被杀等历史剧就会一幕幕上演，整个瞻化陷入了战斗—复仇—再复仇的漩涡之中，此种漩涡本质上是历史的停滞与轮回。需强调的是，笔者并不认为民国时期涉入以瞻化为代表的康区各种政治势力之间的争夺是引发当地无限制的仇杀与抢劫的主要因素，毕竟清政府时，瞻化藏族群众的抢劫与仇杀已频频发生。但毫无疑问，民国时期当地仇杀、抢劫卷入了一个更大的政治生态之中。在此种政治生态中，瞻化显示了历史的停滞与轮回。

第二节 割据与角力

  按照"内"与"外"之分类标准，前文所言及之如西藏地区政府、国民党、共产党、英国等势力是本土势力之"外"部分。"外"之所以能够在以瞻化为代表的康区掀起波澜，离不开"内"之作用。在瞻化本部，

---

① 牙含章：《达赖喇嘛传》，外文出版社1993年版，第252页。

其独特的政治制度以及内部势力之争夺带来了无穷尽的抢劫、仇杀以及复仇。

一、民国以来的地方政权建设

在清末改土归流之前，瞻对分由上、中、下三土司治之，三分瞻对也是瞻对区域划分的传统。改土归流之后，赵尔丰拟将瞻化五土司所辖之地归并设为怀柔县，并设瞻对委员进行管理，委朱宗湘为瞻对设治委员，隶登科府。民国元年（1912年），正式设怀柔县，因与河北怀柔县重名，于民国二年（1913年）将该怀柔县改为瞻化县，最高首脑为知县，此时的瞻化仍是上、中、下三保。民国五年（1916年），瞻化三个保被改为四个总保，即上瞻总保、下瞻总保、河西总保及河东总保，各总保职位由四位土千户担任。土千户仍是属于土司治理时期的称谓，虽然改土之后，土司已不复存在，但掌握有土司权位者却没有变化，实为换汤不换药。"民七事件"时期，瞻化县被藏军攻陷。民国十一年（1922年），川边镇守使署改四总保为区，即河东区、河西区、上瞻区、下瞻区，并以区为保，各委保长管理。

从清末以来，瞻化行政建制与调整，总体上仍遵循赵尔丰川边改土归流的思路。首先，就县城所辖地方，"大抵一县之中，就地面之大小，分设若干区，每区有保正一人；区之下分为乡，每乡有头人一人；乡之下，复分为村，每村有村长一人。一村之中，户口多者，则每十家分为一牌，牌有牌长一人。凡设县治之地，为求指挥便利，更于各保正之上，设一总保，总理全县事务"①。依据此种原则，再加上瞻化土司分治的传统，民国十一年（1922年）的分区调整一直沿袭下来，至今新龙仍有四区之分。按照巴塘、乡城等地改土归流的经验，"每村令百姓公举各公正者一人为头人，管理村事，小村或合数村十数村公举一人为头人"，"头人三年一换，仍由百姓公举，如从前人办事公正，百姓愿将此人再留三年，亦可准行"②。然而，乡、村、牌设置并不明确，这些基层领导者往往被统称为头人。同时，赵尔丰还在基层建立保甲制度，"地方官衙门，设汉保正三名，蛮保正三名，所有汉民蛮民钱粮词讼等事统归汉蛮保正合管。汉蛮保

---

① 杨仲华：《西康纪要》，商务印书馆1937年版，第274页。
② 吴丰培：《赵尔丰川边奏牍》，四川民族出版社1984年版，第190页。

正工食薪费纸张等项,由官筹给,不准向乡间需索规费。唯此汉蛮语言不通,殊多室碍,以后汉保正必能通蛮语,蛮保正必能通汉语,方为合格"①。虽有此建制,但由于瞻对改土归流时间极短,许多改土归流的措施并未得到有效落实。

民国初期,康区政局混乱,既有川军内部的叛乱、哗变,也有川滇区域之间的争夺,又有西藏对该区之觊觎,致使瞻化县城被攻占,吏治无能。而这些争夺、战争、叛乱、哗变与这一区域的政治与军事精英的争权夺利联系在一起。对于政治与军事精英而言,他们奉行着"强=理"的原则,即有枪有炮才是王道;对于当时的瞻化最高行政长官而言,他们无法在安定的社会环境中进行吏治。此种情形之下,瞻化最高行政长官的自身政治地位极具不确定性,在自顾不及的情况之下,又何谈励精图治呢?所以,当地藏族群众用"土司如石头,汉官如流水"来形容内地官员之更换。从理性的角度出发,这些瞻化地方最高行政长官选择"明哲保身"之策,是政治精英们在此乱世中的最优选择。如果他们并没有"明哲保身"而是"鱼肉乡里",那么当地的吏治只会是"雪上加霜"。任乃强如此形容当时的瞻化吏治:

然瞻对征服未久,西康吏治已坏。历任官吏,言行阔茸,渐为诸番所轻。渐复纵肆不受约束。官吏多欲无刚,因循日甚。延至近年,已成千疮百孔之局矣。②

官吏们行为举止非常卑鄙,欲望多而又没有什么公道原则可以坚持,所以当时吏治已坏。如果把瞻化的局势比作一辆行进的汽车,这些官吏只是汽车上的乘客,他们不是司机也没有把握方向的能力。这样的一个后果就是当时的政治环境只会越来越糟,吏治如此,政府威严何在?地方有势力者又怎么会服从此种政治权威呢?任乃强如此形容瞻化一知事之惨境:"前知事张绰在职三年,时患断炊,诸事委之四瞻头人,划诺而已。"③ 如此,瞻化地方势力极易形成尾大不掉之势。国家权力并不能深入基层并在此扎根。吏治无能、法治混乱、藏族群众潦苦,争夺不断、战争不止、复

---

① 吴丰培:《赵尔丰川边奏牍》,四川民族出版社1984年版,第191页。
② 任乃强:《西康札记》,中国藏学出版社2010年版,第150页。
③ 任乃强:《西康札记》,中国藏学出版社2010年版,第150页。

仇不休，此种状况下，新龙藏族群众的抢劫、报复性抢劫、血亲复仇就像泉水一样从地下涌出，如果不控制好源头，抢劫之势永不休止。

民国十六年（1927年），刘禹九与川军24军刘文辉部发生军事冲突，川边落入了刘文辉囊中。自刘文辉控制川边以来，特别是西康建省以来，虽康区战事时有发生，但其也对境内政治进步做出了一定的贡献。最为突出的是，健全并推广保甲制度。保甲制度始于北宋，是当时编制户籍的制度。赵尔丰改土归流期间，也试图用保甲制度加强对瞻化的基层控制。国民党统治时期，为了加强其政权建设，于1932年8月开始实施保甲制度；1934年，当局又把这种制度推向全国。此时的瞻化也不甘落后，民国二十三年（1934年），瞻化又在总保下面设联保，联保以下设保，保以下设甲，联保主任、保长均由土千户、土百户头人担任，甲长由一般头人担任。于是，瞻化县—总保—联保—保—甲的基层管理制度建立起来。保甲制度按照10户为1甲、10甲为1保的规定对全县人口进行划分。据民国二十三年（1934年）的资料记载，"瞻化县共设上瞻、下瞻、河东、河西4个区，2个联保、41个保、410个甲"①。而且，保甲制度在20世纪40年代仍在不断完善。民国三十三年（1944年），区下开始设乡。至此，县—区—保—甲的行政管理体制进一步完善。即便是在当地解放后的一段时间内，新龙县的建制大体沿用民国时期的县—区—乡的建制划分。与赵尔丰试行保甲制、分区设保的做法不同的是，保甲制度的健全推广至少在形式上标志着国家权力深入到了社会的最基层——村落。

之所以这么说，是因为无论是在保甲制度推广之前还是在这之后，国家权力在瞻化地方的影响都是有限的，但是随着康区时局趋向稳定，国家权力在地方的影响逐渐上升。现存新龙县档案局馆藏的民国时期的档案绝大部分属于1930年以后就是很好的证据，因为只有国家机器在当地正常运转，才会有档案存留下来；而国家政权建设越完整、国家机器运转越频繁，存留的相关档案则越多。不管怎样，保甲制度的健全，对当局益处明显。

第一，编户齐民作为政府统治的最基本内容之一，有利于政府摸清政情、保情、村情与民情，也是政府开展其他工作的基础。以厘清当地人口

---

① 中国人民政治协商会议新龙县委员会编：《新龙县文史资料》（第一辑），甘孜报社印刷厂1999年印，第12页。

为例，在完善保甲制度之前，有关当地人口资料的记录甚少，且记录不甚详细；完善之后的时段里，瞻化县可查的人口资料渐多起来。如民国三十四年（1945年）十二月统计瞻化全县"四区，九乡镇，共86保、293甲，3008户，12122人"①；又如民国三十五年（1946年）六月统计"全县计三千六百五十八户，男丁六千八百三十人，女口七千八百八十六人，藏族一万四千四百六十二人，汉族五十四人"②；到民国三十七年（1948年）瞻化全县"4区、39保、37甲、3751户、19450人"③。事实上，这样的统计还有更多。要想获得此类数据，就必须建立获得数据的机制，而保甲制度的建立恰好能够实现政府的这一目的。

　　第二，有利于政府收集各类税收，实现政府体系的政策运转。拿破仑如此形容战争的三要素："第一是钱，第二是钱，第三还是钱。"政府的运转也不例外。对任何一个政府而言，税收都是至关重要的。瞻化的税种主要有粮税、牧地税、屠宰税、自治税、使用牌照税等，民国三十三年（1944年）自治税取消。税收部分又分为国税与地税，粮税、牧地税属于国税，而屠宰税则属于地方税。根据民国三十六年（1947年）一月三十一日填制的1月份的"西康省瞻化县税捐稽征课表"的记载，"屠宰税是瞻化县最主要的税种"。鉴于税收如此重要，瞻化县还成立了税收征收机构——瞻化县税捐稽征处。以屠宰税为例，稽征处于民国三十七年（1948年）二月四日签发的税票：牛一头、羊一只应征法币六万五千元。瞻化县既有全牧区的乡，也有半农半牧的乡，特别是牛羊，这是他们的重要肉食来源。瞻化县政府就可以通过征收屠宰税来维持县政府机构的正常运转。

　　第三，完善政府机构设置，维护政府机构正常运转。政府职能的实现也需要其各职能部门的推进。民国初期，县知事为一县之主，身兼行政、司法、教育等多种职能。一主多兼的情形在中国历史上并不少见，但对于社会分化程度越来越高的社会来说，一人不可能兼任全部的政府职能。以司法审理而言，在专门机构成立之前，司法审理均由一县之主完成。但随着各类民刑案件的增多，这类事务越来越需要一个专门的机构以及专门的人完成，西康瞻化县司法处便在此种环境下成立。除司法处外，还需要配套的机构，于是又成立了瞻化县司法处看守所。司法处、看守所等机构下

---

① 卷宗号：002—001—373。
② 卷宗号：002—002—153。
③ 卷宗号：002—001—567。

面还有更加细分的内设机构。我们来看"大白事件"时期的瞻化："原县衙建筑被藏军焚毁。继任县长因陋就简，将县衙就设于县城关帝庙内。"①建设的步伐永远也赶不上破坏的速度，战争对瞻化城市建设以及政权建设带来了毁灭性打击。如需重建，又需要极大的财力、物力以及人力，更糟的是丧失了民心。在政权重建过程中，瞻化县先后成立了邮局、省立小学、县临时参议会、县党部、司法处以及司法处看守所、信用合作社等党政机构，涉及党务、行政、立法、教育、司法、商业等方面。如此，县各机构日趋完善，也为县府职能的实现奠定了基础。

不可否认的是，这类机构的成立来自自上而下的政权力量的推进，先不管其所取得的效果是否能如其初衷，但至少代表政权为实现其政治目标所做的努力。要想把政权从千疮百孔的吏治状态中脱离出来，就需要政权更为完善的自我建设。行政、立法、教育、司法、商业等机构的完善，表明政府在开展这些方面的工作，瞻化县的各项事业正朝着政府所设定的目标迈进。如"大白事件"期间被破坏的雅砻江大桥，战争结束后，县府组织人力将此桥修复，以利交通。与当今沙堆不同的是，民国时期的沙堆中心在河西，两岸之间通过木桥联系。民国三十七年（1948年），两岸之间的科查大桥被山洪冲毁，影响整个瞻化县的交通往来。上任不久的县长邓朱着即安排大桥修复工作，又着手组织沙堆群众应对往来的公文、军务的交通。在县长的妥善安排之下，断桥造成的影响降至了最低。民国二十六（1937年）七月，西康省府拨款成立了省立瞻化小学。根据民国三十七年（1948年）十一月的统计，该学校有5个班级、5位教员，共有学生115人，其中男生58人、女生57人。不论数据是否真实，学校能招收100多位在校学生实属不易，因为"设学校反视为增加他们负担，同时经费紧张，困难颇多，人民信奉喇嘛成性，学龄儿童完全受其喇嘛寺利诱，莫入学读书，故办理国民学校困难"②。虽有如此困难，但当局者与学校教师并没有放弃招收学生入学。又如当地枪支泛滥，针对此情，瞻化当局也开展枪支烙印工作，虽没有能够收缴民间武器，但也能在一定程度上规范地方枪支的管理。

第四，开展各种社会调查，为政治决策提供参考。除人口情况调查

---

① 阿来：《瞻对：终于融化的铁疙瘩——一个两百年的康巴传奇》，文艺出版社2014年版，第133页。

② 卷宗号：002—001—564。

外，瞻化当局还开展政情、社情、民情等方面的调查。如民国三十七年（1948年）开展了瞻化县学校情况、警察组织、自卫组织、田赋、自治税捐、县属寺庙、县属生熟地、矿产等多方面调查。这些调查有利于政府摸清地方情形，特别是对瞻化地方自卫组织的调查以及人民私拥武力的调查，摸清了地方的枪支、弹药数量情况，对于政府开展枪支烙印、收缴以及维持社会稳定有很大的帮助。民国二十九年（1940年）九月，西康康民习惯调查委员会就下文调查民间习惯刑法。此次调查的目的就是"为编订特别法令"。调查问题包括"执行死刑之方法如何、对于自首之人是否减轻之刑抑系免予处罚、有二人以上犯罪者是否分别首从处罚之别之标准如何、精神耗弱及痴哑人犯罪是否减轻处罚"① 等30个。这些问题注重从民国刑法中的相关条约要素中来探寻康区习惯法中是否有对应的部分，试图找到康区习惯法中有关民刑法的内容，为地方司法官判处案件时提供可供参考的资料。

随着20世纪30年代以来国民党政权加强对地方政权的建设，国家机构日趋完整，政府职能也正逐步实现，如此，整个社会朝向"正"的方向前进。但人民更关心的是，这些加强政权建设的措施的效果怎样呢？能否控制地方势力之间的你争我夺呢？或者对当地频频出现的抢劫与仇杀有什么影响？事实上，国民党政府的这些加强政权建设之举措的成效与瞻化地方势力之间有着密切联系。

二、县与地方土酋之间的关系

在民国时期一篇《瞻化土酋之过去与现在》的文章中，作者用"土酋"来形容瞻化内部之有权势者，从土酋势力之养成、土酋势力之分析、土酋势力之过去与现在以及改土归流之意见四个方面分析瞻化内部之土酋势力的前世与今生。这些土酋激化内部势力者之间的你争我夺，是导致瞻化社会秩序动荡不安的因素。

之所以借用"土酋"的名称，与他们在当地的实力有关系。笔者在前文介绍了瞻化在清末改土归流之前属土司管辖，虽然西藏地区政府代管46年，但仍未改变瞻对土司管理的政治体制。改土归流之后，虽设流官，但限于政局变化、战事时起的限制，土司时代的土千户、土百户等虽无土

---

① 卷宗号：002—003—009。

司之名，但仍有土司时代之势力与实权。尽管有保甲的推广，"但土千户头人制同时并存，且各区长、保长仍由千户、百户头人兼任"①。在欧阳枢北看来，土酋所拥有之势力主要包括地权、司法权、行政权、武力、宗教五个方面，现择其一二说之。

首先是地权。土地为民之根本，无论是北洋军阀统治时期还是后来的国民党统治时期，瞻化的土地制度并未发生根本改变：

> 西康土地，本无所谓私有，以地权未确定也。人民心目中亦以人为公家差民，地为公家差地，故土地绝少私家买卖情事，而土酋一贯世袭，视土地为皇封御赐，可以自由动用。森林矿产，如非公家开发，则须得其同意。②

由于没有改变土司时代之土地制度，政府并未取得对土地的绝对支配权，而土酋则视之为自己资产，森林矿产的开发，也须征得土酋的同意。土酋虽可自由动用，但其并未全部耕种，人民也有自己的土地。人民对于土地，"就按所耕土地的宽窄为公家完粮当差，就算了事。直到现在，西康的人民都称他们所住的房子为差房，所耕的田地为差地。就是说，住公家的房地，就必须当差上粮。反过来说，不当差上粮，就不能住房耕地，这是一般人民对于土地的观念"③。档案中记载，村民上书县府就自称"差民"。有的村落因较偏远，交通不便，就只缴纳地粮而不当差，沙堆也有五户差民是在村居住未当差而纳粮。为督促田赋的缴纳，西康省于1940年成立了田赋粮食管理处，各县也设置田赋粮食管理处，由县长兼任处长。该机构只负责征收相应田赋，并没有采取分配土地的措施，以改变原有的土地制度。因此，当瞻化发生差民逃离差地的情况时，其所承担的乌拉与其他差务以及粮赋就会中断，尤其是乌拉中断会影响整个县级政权的正常运转。此时，瞻化县县长就会坐立不安了。

其次是行政权、司法权与武力。当地解放后的一份名为《新龙县乌拉

---

① 四川省甘孜藏族自治州新龙县志纂委员会编：《新龙县志》，四川人民出版社1992年版，第27页。
② 欧阳枢北：《瞻化土酋之过去与现在》，载《康导月刊》1939年第12期。
③ 赵心愚、秦和平、王川编：《康区藏族社会珍稀资料辑要》（上册），巴蜀书社2006年版，第329～330页。

差役高利贷情况材料》中就罗列了18种乌拉差役种类：

①给地主支差专种地者从春耕下种一直到秋收甚至到磨成糌粑都是支差负担；②（砍柴、割草差）各地规定有具体的数量、时间等；③到地主家停差，主要做些转马、警卫和家庭小杂活，都自带伙食；④地主或其亲属男女出门途中护送和迎接差；⑤派买枪支子弹马匹衣服呷巫差役以强地主之势；⑥过年常给地主送礼（各地礼物同数量不一定但一般不管穷富都要送如酒、牛肉、酥油、青稞等）；⑦派差修房子（从开始备料到完工都是支差）；⑧说官司双方得首先给地主送礼，这也有规定，各地极不相同；⑨说官司的文书也得送礼，监狱的关监、出监、上锁、开锁都要送礼；⑩罚款（还是地主说不合他的法律，都得受各种处罚）；⑪请客，还有各种宴会念经都要请地主；⑫未经正式结婚而有子孙者，男女各罚当小娃子三年；⑬临时的出差送信；⑭支马；⑮出兵给地主打冤家仗；⑯有牛厂的每年送一天全部所产的酥油、奶渣子等；⑰送马草；⑱临时罚当小娃子。①

材料中的"地主"就属于土酋，18种乌拉差役中就涉及行政、司法与武力三个方面。进驻瞻化的红军将领如此形容当地土司的权力："这里是藏族群众居住区域，藏族群众里面又分为一个又一个部落，一个部落霸一方，管辖许多村庄。藏族的土司和喇嘛权力很大，土司设有衙门监狱，也都有武装。"② 有监狱、有武装表明地方土酋有相当大的司法权与武力。具体而言，行政权方面虽然不敢公然征收赋税，但会驱使百姓为其支差，如修房子、支马、割草等，百姓要为之付出大量的工作劳动。真令认为当时的地主："他不干活，是地主，有土地租给小娃子。小娃子穷，没有土地。"这样土酋有了可供驱使的劳力。此外，土酋还有自己的衙门，行使司法权。对此，欧阳枢北在瞻化任县长时就亲有体会。他曾斥责土酋："禁勿干预司法，即民事方面，亦比在三百元以下者始准其请求在下调解，然积重难返，虽大体听从，然佯诺而实不然者每亦有之。"③ 可见，土酋与县长在争夺一县之司法权。上瞻土酋就曾公开杀人：

---

① 卷宗号：004—001—093。
② 王宏坤：《我的红军生涯》，人民出版社1991年版，第265页。
③ 欧阳枢北：《瞻化土酋之过去与现在》，载《康导月刊》1939年第12期。

案例：查大盖寺摸绒村有巴登者欠拉卡村乃蝦之债共欠茶两□，之招前去索取，途中饮酒被巴登杀有三刀负伤甚微。其后有甲日家派有马队三人赴索柔去捉乃蝦金夫，金夫未使甲日家捕捉，将甲日派去之人毒打一顿。后甲日家又派人去捉乃蝦，将乃蝦施以毒刑，夜半予以枪决。①

本案中的乃蝦虽有伤人之行为，但其并不是有意为之且罪不致死，但是甲日家动用私刑，将其枪毙。可见，甲日家在当地十分骄横，视"国法"如无物。土酋正是有可供驱使的劳力，也有司法权，更是有武装力量来维护自己的利益。如此，土酋所辖之地俨然成为一个独立的"王国"，土酋就是"国王"。

还有一些实力不如土酋者，他们被称为头人。前文谈到，保甲制度的推广，各村委有头人。头人也有大小之分，他们帮助土酋管理地方事务。小头人凭借婚姻、兼并等或出众的战争才能慢慢地壮大自己的势力，成为大头人，甚至成为土酋。就瞻化而言，土酋主要是指瞻化四区保长。汉官治县不能全凭一己之力，政令的上传下达需要选任合适人选予以执行。最理想的办法就是汉官能够自由选派人员担任区与村等级的官员，这样政令就会畅通无阻。但事实上，瞻化地方各级的官员设置与地方土酋密切关联：

设治以来，仍选四区中代本之尤有势力名望者，任为总保，使管诸百姓。废代本名称，另委村长。然各代本势力养成，非空言所能剥脱，村长供其役使而已。只因无名分接近官府，初不能不屈身于总保之下。积之既久，前各代本或变为总保之小头人，或因渐得接近官府，遂与总保抗立。迄于近藏，总保、代本势愈固，官府反或为所制也。总保、代本皆世袭，番民通奉之为官，对之支差上粮（粮仍转纳县署），故奉官府为谨。②

---

① 卷宗号：002—001—537。
② 任乃强：《西康札记》，中国藏学出版社2010年版，第151页。

代本本为藏军官衔，相当于团长。此处的代本指的是西藏管理瞻化时委任各村豪强以代本名义管理藏族群众。改土归流之后，政府虽废代本名且另委派村长，但村长并不能削弱原先代本之实力，渐渐沦为代本之差役，而实力雄厚者则被委任为保长、总保等职位。最有权势者则被委任为总保、区长或乡长等职位。因此，这些土酋就有了双重身份，不仅是国家行政体系中的官员，还是自己"王国"的"国王"。而且自己的身份能够世袭，这样土酋及其亲属能在自己的"王国"中一直称霸下去。世袭制实际上是一种限制社会流动的制度，由于政府的默认，土酋就能依据此传统保证自己家族的地权、行政权、司法权等权力。而且与西藏"政教合一"的政治体制不同的是，无论是土司治理还是土酋分治，他们的行政权、司法权没有受到宗教权力的节制。这与瞻化没有出现过某种宗教统一全境之情况有关，当他们的世俗权力没有受到宗教权力的节制时，他们在行使世俗权力时则更加大胆。

表4-1为1949年瞻化县千户（百户）情况①。

表4-1 1949年瞻化县千户（百户）情况

称 谓	姓 名	驻 地	保甲职务
千户	多吉朗加	绕鲁	上瞻总保
千户	杜呷	穷坝	下瞻总保
千户	穷穷工布	甲拉西	河东总保
千户	扎西洛布	雄龙西	河西总保
百户	刀登	沙堆	保长
百户	土登	大盖	保长
百户	班根	古鲁	保长
百户	泽翁拉姆	麻日	保长

县级政权管理地方的方式为听差。张楷任瞻化县县长时，"四区总保轮值县署候差，无敢擅阙。张对言语，能饰威仪，不假借辞色"②。这表明张楷在当地很有威信，四大总保按时轮流上县署听差。欧阳枢北也认

---

① 四川省甘孜藏族自治州新龙县志编纂委员会编：《新龙县志》，四川人民出版社1992年版，第27页。

② 任乃强：《西康札记》，中国藏学出版社2010年版，第150页。

为："全瞻各村，均由政府令派村长来城听差，并于村长中选委保正二名，设听差公所，统率各村长办公，制度良善，权力集中，四十余头人，均惟政府之命是从。"① 不仅总保上城听差，各村村长奉命之后也须来城。听差的主要任务是协助政府处理各项政务，这与当今开会的形式类似。例如，修雅砻江大桥，县长与四大总保商量如何安排人工以及资金。有时县长会以发文的方式传达各项命令，命令函件以藏汉两种文字书写。写好函件之后，就交由邮运或警兵或者其他政府人员发往县属各区与乡头人。欧阳枢北认为，县府选派之村长唯政府之命是从，但是否如此呢？从任乃强先生的记载来看，瞻化40余头人并非如欧阳枢北所说的那样唯政府之命是从。沙堆大桥被大水冲垮时，县长就多次下文给赤乃喇嘛要求其督促沙堆百姓将桥修复。而且欧阳枢北自己也认为瞻化下瞻区区长："故于政途，多所灰心，但虚与应付耳。县府有召，多命其管家丁巴美洛或阿哩来应。"可见，政府与地方土酋之间的关系并非"命令—服从"这么简单。这主要表现在两个方面。

首先，双方存在相互利用的一面。在动荡的时局、政局以及混乱的社会秩序等因素影响之下，当政者不能以一己之力完成各项政令，推进社会向前发展，这就要求当政者要依靠地方土酋来协助。对于地方土酋而言，在国家政府体系内任职对他们来说，既是一种保护方式，也是一种获利方式。民国时期一份材料清楚地表明了二者的相互利用之关系：

> 而历任县长除收粮催差之任务外余无他事可办，凡来此间之历任军政官吏无不畏惧各千户之势力，尤其畏惧甲日家之势力。是故各机关首长俱与之结往交杂，唯恐惹事，咸以求得现状相安，藉资维系政府威信而已，其真能解除人民痛苦推行政令者可说全无其人。②

如此现状，以致当地吏治败坏，土酋威信有增无减。按照上书者所言，二者简直狼狈为奸。

其次，双方存在相互限制的一面。政权建设的目的之一是为了维护自身统治，加强自身权威。成立司法处及看守所是为了削弱土酋的司法权，

---

① 欧阳枢北：《瞻化土酋之过去与现在》，载《康导月刊》1939年第12期，第2页。
② 卷宗号：002—002—130。

加强枪支管理的目的是为控制康区的枪支泛滥，客观上也在一定程度上削弱了土酋的武装力量。而土酋当然不会心甘情愿地看到原属自己的权益丢失或者割让，他们会千方百计地进行抵抗。对当局者布置的一些工作任务，他们会"虚与应付"，甚至抵抗。因为完全听命于政府，则地方土酋会"沦落"为政府的工作机器。瞻化县所辖各总保或区长、乡长在服从政府命令的同时也会对政府意志进行违背。而且，当局者不会对瞻化土酋一视同仁，土酋势力越大，其在当局者体系中的位置越高，就越会受到政府的重用，也就越有可能保持自己的各种权益。同样，任何一个政府都采取各种措施集中各种权力，成为"利维坦"，自由支配其行政、司法、立法等各项权力。对于瞻化县而言，此集权过程中就必须与地方土酋之间进行行政、司法、立法权的争夺。

双方之间既合作又相互限制的总体关系决定了双方会在具体行动中进行博弈。一些土酋时则忠心向着政府，听从政府差遣；时则调转枪头，站到政府的对立面。其中，多吉朗加就是典型。他是上瞻区最大的土酋，"诺那事件"中，其女儿青梅志玛率其土兵攻打县城，将一排驻军、县长以及退役军官一并杀死。此举属于典型的"犯上作乱"，双方的关系决裂。然诺那没能在瞻化站住脚跟，反而被人捉拿送给红军；被诺那命为县长的青梅志玛也率部逃走，多吉朗加因受牵连而被迫离家出走。而且多吉朗加对国民政府的叛变并非只此一次，"旋于民国二十八年（1939年）班禅行辕叛变之时，彼曾伙同莠民破坏政府，逐走甘孜文武官员，并将章副旅长之军队杀死大半，没收章部枪械多支，藉增己势，而该多吉朗加及尼马二人复敢导引班辕叛兵抢劫瞻化县府破坏仓库焚毁营部"①。此举再一次导致瞻化县城被攻陷，县城居民被抢劫一空。"没有永恒的朋友，也没有永恒的敌人，只有永恒的利益"，瞻化当局与多吉朗加之间的关系从"决裂"中慢慢恢复。瞻化县府对多吉朗加一次又一次的背叛并没有采取极端的报复措施。在逃亡青海躲避四年之后，西康省政府允许他及其家人返回，对甲日多吉朗加以及甲日尼马继续授予官职。由于多吉朗加膝下无子，当其退出瞻化政坛时，其职位由其年轻的外甥甲日尼马接任。按理说，多吉朗加家族早成了瞻化县府的"敌人"，即便青梅志玛后来被国民政府军队处死，县府仍没有放弃招安多吉朗加一家。甲日尼马本人在瞻化

---

① 卷宗号：002—002—130。

政治生活中占据非常重要的地位，曾任上瞻区区长、县参议会议员与参议会议长等职，当地解放后还担任新龙县县长一职。可见，其家族并没有因其"不堪"的历史而被当局者遗弃。国民政府依然利用甲日家在上瞻乡的影响力来维持统治，体现了其政权的脆弱性，甚至形成了县府与土酋之间对权力的划分，如"下瞻区区长杜呷除催收县政府下达的纳粮支差外，县政府不得干预其在辖区内享有的诉讼处罚，加派牛头税、买枪弹费、婚丧款、念经费等封建特权"①。在中央集权的政治体制中，当局者又怎能容忍地方头人摊派各种税务呢？由此不难看出，瞻化当局与地方土酋之间存在的复杂关系。瞻化当局虽然进行了一系列的政权建设，也取得了一定的成绩，但是仍没有建立完善的、能够完全取代地方土酋治理的方式。此种相互利用与相互限制的关系没有得到改变，当局者的举措并没有从根本上推翻土司治理的变种——土酋治理。

三、土酋之争

不仅瞻化当局与地方土酋之间既相互利用又相互限制的关系是影响瞻化地方社会秩序的一个重要因素，而且地方土酋之间的你争我夺也对瞻化地方秩序产生了极大的破坏性影响。

事实上，瞻化地方土酋之间的你争我夺早已存在。19世纪中叶，新龙历史上出现了一次难得的统一，主要归结于工布朗结势力的扩大与对外扩张。在随后的扩张过程中，他吞并了瞻对其他土司，而且向甘孜、德格、理塘等地土司所辖之地进兵。由于他持续侵犯了诸如德格土司、明正土司等诸多土司之利益，以致清政府命令康区十大土司团结一致对其展开军事行动，并最终在清政府以及康区各大土司力量的联合下被击败。于是，瞻化又恢复了土司分治的社会状况。即便是在20世纪三四十年代，瞻化地方政治制度中土司治理的变种——土酋治理仍然存在并在地方政治生活中发挥着重要作用。在这种治理体制中，土酋们的你争我夺更是不会停止。下面从上瞻最大土酋多吉朗加与其他土酋的你争我夺来分析其与其女婿之间的纠纷，也即文中多次提及的甲日家与甘孜俄巴家之间三年多的纠纷。大盖阿布喇嘛粗略地向笔者介绍了二者纠纷的缘由：

---

① 四川省甘孜藏族自治州新龙县志编纂委员会编：《新龙县志》，四川人民出版社1992年版，第218页。

那时候，新龙有四大管家，大管家是多吉朗加。他有两个女儿，一个是曲梅志玛，另一个是巴梅志玛，娶了甘孜俄巴的俄须多吉。但是曲梅志玛不是很愿意，她本来就有相好的，俄须多吉知道以后就把那相好的杀了，于是曲梅志玛与俄须多吉的关系就不好了。

两家的婚姻采取的形式是入赘婚，而且是"二女并嫔之"。根据阿不喇嘛的说法，两家的纠纷缘于女婿与女儿的感情纠纷。笔者认为，这种说法有一定的道理，因为从文献记载中来看，其小女儿曲梅志玛也即文献中的青梅志玛曾带领自己的土兵攻城并杀害驻军以及军政长官，而且曾带领小娃子在道孚松林口一带经常抢劫，可见其异常强悍。俄巴家在甘孜也是大户之家，二者的联姻属于典型的政治婚姻，试图通过联姻的方式扩大自身势力。有如此强悍的妻子在家，二人屡有纠纷实属正常，而且当地确实存在"找情人"的风气。笔者在沙堆调查时，一些当地男性朋友就多次开玩笑问笔者要不要找情人。因此，笔者相信曲梅志玛确有情人存在。但是两家之间并非只有感情纠纷，还存在着土地财产以及百姓控制权的纠纷，当矛盾不可调和时，两家必然发生械斗以及复仇行为。两家的械斗影响着上瞻区的整体社会秩序，各村落中既有支持甲日家者，也有支持甘孜俄巴家者，还有保持中立者。两家及支持者之间的抢劫、枪杀、复仇轮番"上演"，当地的生产荒废，一些藏族群众不堪忍受，不得不逃离上瞻。

在两家的纠纷调处过程中，涉及甲孜喇嘛寺、饶鲁无瓦寺、县长张楷、驻军章副旅长、西康建省委员会、刘文辉以及巴登多吉等多方。以巴登多吉为例。巴登多吉是河西区总保，他也是两家纠纷战事中的参与者，"情甲日俄巴两家纠纷，自经官府理说之后，俄巴家又同河西总保巴登多吉来攻二次，至将本家之财物及邓朱庆错之财物损失罄尽"①。可见，河西总保同甘孜俄巴家共同对付多吉朗加，至于俄巴家与河西总保之关系，由于材料有限暂未弄清。但不管怎样，河西总保与上瞻总保之间结下了仇恨。冯有志先生称两家"积有宿冤，矛盾很深，时常发生冤家械斗"②。在稍后的草场纠纷中，双方的恩怨又加深了：

---

① 卷宗号：002—001—021。
② 冯有志：《西康史拾遗》，巴蜀书社2015年版，第144页。

那年又为争夺草场，向县府起诉。地方县长，亲往查勘，见这片草场，都在下瞻对境内，上瞻对只在交界处有宽仅1米、长数米的一小地段，照理这片草场，应属下瞻对所有。遂把这片草场断归下瞻对。都吉卓玛不服，上告到重庆行辕。①

冯有志先生认为，巴登多吉是下瞻土司，此种说法有误。他曾先后担任瞻化河西区总保、河西区区长等职务。回到此次纠纷，争议草场的面积不到10平方米，县长将此面积草场判给了巴登多吉。此判引发了上瞻总保对县府的不满，便上告县府的不公，后求助于诺那。上瞻总保在"民七事件"与"大白事件"时期都向当局表示了忠心，在甲日家与俄巴家纠纷调解阶段，由于俄巴家巴结县府，引发了甲日家的不满。在诺那的指引下，青梅志玛带兵攻打县城，杀害县长。诺那慌忙逃走时，巴登多吉记恨，在途中设伏将诺那包围，最终将其交给红军，以示报复与自保。巴登多吉也顺势成为博巴人民政府主席。红军将领王宏坤如此回忆当时两家之纠纷：

> 这里的土司之间积怨很深，矛盾尖锐，相互之间经常打仗，争夺地盘，争夺农奴，争夺草场和牛羊。我们到之前，他们刚刚打了一仗，一边是雅砻江河川上的土司，一边是西山山地上的土司。山地上的土司虽然控制的面积大，但山上比较穷，实力远不如河川上的土司大。河川上的土司很富有，又有国民党刘文辉支持，差不多总是占上风，他们经常去抢山上老百姓的姑娘和牛羊。我们到时，河川上的土司跑了，这家伙很反动。②

河川上的土司即为上瞻总保多吉朗加，上瞻总保与河西总保在红军到来之前就发生了战事，抢劫女人以及牛羊是战争中的常事。红军到后，上瞻总保跑了，其也被定性为"反动"。回到两家之纠纷，我们发现原本是翁婿之纠纷，随着纠纷的进展，事态一发不可收拾，不仅引发了瞻化内部上瞻与河西两保之械斗，还与康区的整体政局变动联系在一起，引发了更

---

① 冯有志：《西康史拾遗》，巴蜀书社2015年版，第144页。
② 王宏坤：《我的红军生涯》，人民出版社1991年版，第266页。

大的政治动荡。巴登多吉支持红军之举也遭到瞻化其他土酋之威胁。红军将领在日记中记载有言"河西土司被下瞻土司压迫、威胁,十分动摇、恐慌,不敢来瞻"①,红军不得不下令攻打下瞻土司军队。由此,从两家之"私事"引发为全瞻化甚至全西康之"公事",再一次表明瞻化之地任何小纠纷在控制不及的情况下都会引发大的冲突甚至战争。"在根深蒂固的荣誉准则支配下持续发生的血仇械斗是造成瞻对社会动荡不安的主要根源,这就迫使男人们陷入为本人或家庭成员复仇的了无止境的恶性循环中"②,由此,抢劫、械斗、仇杀无止境,也引发了无止境的动荡。

  笔者认为,无止境的纠纷循环是清末以来新龙社会发展中的一个重要特点,也与社会文明的发展程度有关。协商与武力对决都是解决问题的方式,为什么瞻化土酋都倾向于用武力的方式来解决呢?现代社会中,武力、暴力的方式不是解决社会问题的最终方式。而在新龙,此种方式是他们的首选。如以"善""恶"来论,人类本性之中也有"恶"的一面,在纠纷面前,选择暴力的方式解决问题的"恶"很容易被激发出来。当这种方式成为社会文化体系中的一部分,而且当新龙藏族群众仍然沉浸在崇尚暴力的文化体系之中时,暴力的方式就会成为一种普遍的首选行为。在此种行为模式驱使下,当地的械斗、复仇就不会停止。现代文明体系中,暴力是不被提倡甚至是禁止的,当从崇尚暴力向这种文明体系过渡时,其社会文化体系就需要做出转变。以当今新龙藏族聚居区而言,此种崇尚暴力的文化"惯习"仍在发挥着其强大的影响力,复仇的观念仍比较强烈。

  当然,地方势力的你争我夺,械斗、复仇还与当局的作为有关。如果新龙藏族聚居区有完善的司法体制,即便政府对甲日家与俄巴家的判决有不公之处,他们还有上诉或者申诉的渠道,或许两家纠纷不至于发展成为地区的战争。进而言之,如果当局有能力改变地方土酋分而治之的局面,有能力约束地方的暴力,当地也不会有无止境的仇杀械斗的循环。所以,此举与地方政权的"失职"有密切的关系。回顾瞻化地方的冲突与战争,受冲突与战争之害最深的不是这些土酋而是当地普通藏族群众,毕竟"甲日俄巴以私见不和殃及百姓,此种莽动于法于理,均有未合,无论孰是孰非,究与百姓无与"③。

---

① 陈伯钧:《陈伯钧日记(1933—1937年)》,上海人民出版社1987年版,第517页。
② 玉珠措姆:《瞻对工布朗结在康区兴起的探析》,载《中国藏学》2014年第2期。
③ 卷宗号:002—001—003。

分析至此，我们发现，民国以来瞻化历届政府虽然开展了一系列的政权建设活动，试图增强政权当局在瞻化当地的权威、实现权力集中、改善地方吏治，但事实上他们没有能够改变当地土司分而治之的政治格局的遗存——土酋分而治之。在此情况下，当局与地方土酋之间既相互合作也相互限制。无论是合作还是限制，这两种关系较为脆弱，于是当局与地方土酋之间的关系充满了不可预测性。土酋间的纠纷就不会受到来自政权力量强有力的节制，当替代解决问题的方式并未建立，直接的暴力方式会成为普遍行为模式并一直是藏族群众首选的行为模式。如果不加强国家的政权建设，不改变地方的治理模式，不节制地方势力的你争我夺，不限制地方势力的暴力，那么，械斗、抢劫以及由抢劫引发的报复性抢劫与血亲复仇甚至战争就会永无止境，地方秩序就永无安宁之日，藏族群众生存的政治环境就会永远得不到改善。由此可见，新龙内部的割据与角力事实上维系着地方的抢劫与械斗之势。

第三节　"夹坝"主体的角色分析

抢劫、仇杀、大规模械斗、战争需要大量的人员参与，对于新龙藏族群众来说，他们是怎样组织参与到抢劫、战争中来的呢？他们的战斗力又如何呢？他们又承担了怎样的主体角色呢？

一、地方的军事制度

土司治理的一个特点就是土司拥有自己的武装。清末工布朗结就通过联姻、兼并等方式扩大自己的军事实力，统一了全瞻。在"强=理"的原则之下，土司军队规模的大小决定了土司实力的强弱。改土归流之后，土司名亡实存，土酋分治成为瞻化地方政治格局。在这种特色政治格局之下，各土酋仍然信奉"强=理"，仍然是靠"枪杆子"说话。许文超如此记录瞻化各土酋之实力：

> 瞻化土酋自诺赤乱后，拾遗枪不少，势益庞大。如河西区区长巴登多吉家藏长短枪不下百余支，子弹数十驮，其能掌握运用之民兵又

三百余户，头人中亲戚能为之助者，不下五百户，故一有事变，辄能调动人枪千余。河东尤为强大，上瞻稍衰，下瞻仍旧。①

在譬如"诺那事件"等大的军事行动之后，地方土酋能从战场上获得大量的枪支。枪支越多，其实力越大。一个土酋的军事实力有三部分，其一是家藏枪支、子弹，其二是所辖民兵，其三是头人之亲属。如此武装之下，一有战事，土酋就能调动千余人枪。此时的瞻化以河东区最为强大，上瞻经过多次战乱，其实力也已大大削弱。根据西康省政府政务考察团民国三十五年（1946年）的调查，瞻化上瞻区土酋多吉朗加实力为：现有人枪150余，此时的河西区区长巴登多吉已去世，其职位由其子丁曾扎巴继任，其"辖河西区各村，直接掌握雄溪百姓约三百户，计有人枪二百余"②。实力最强的还是河东区土酋巴金，其"管辖河东区各村，实辖百姓约五百户，枪三百五十余支，实力较为雄厚"③。不清楚的是，此调查是否包括其亲属的军事实力。瞻化各土酋会通过联姻的方式来扩大自己的实力，这是一种古老但又实用的方式。如瞻化土酋杜呷就与河东区区长巴金、理化曲登土司有姻亲关系。红军进驻瞻化时就遭到杜呷的武装围剿，并威胁另一土酋巴登多吉。多吉朗加与瞻化通宵保正更庆系属至亲，也与桑郎头人巴登关系密切，还曾与甘孜大户俄巴家联姻，不过这门婚姻最终造成了双方大规模的械斗。大头人丁曾扎巴与上瞻区桑郎巴登、博孜头人、披擦头人阿多及甘孜协巴家关系密切。因此，在多吉朗加与甘孜俄巴俄须多吉械斗时，河西区区长则帮助甲日家之女婿，双方结下了仇恨。当土酋之间发生大规模械斗时，各土酋亲属、盟友、所属百姓也会介入其中。

与拥有众多武器之土酋相比，瞻化当局之军力则可谓少之又少。青梅志玛攻打瞻化县城时瞻化驻军仅有一排，按照一排三班的编制，当时驻军不超过40人。"是晚，二十二时三十团已攻占瞻化。获迫击炮二、步枪五、驳壳一、子弹四百余排"④，而且守城的武装力量并不是驻军，"扼守桥头堡的是土司的武装，对我们没有防备。这里的土司武装大约有2000

---

① 欧阳枢北：《瞻化土酋之过去与现在》，载《康导月刊》1939年第12期，第2页。
② 卷宗号：002—001—431。
③ 卷宗号：002—001—431。
④ 陈伯钧：《陈伯钧日记（1933—1937）》，上海人民出版社1987年版，第510页。

人。我们占领了瞻化城以后,俘虏了几百人,但大头人都跑了"①。据前文分析,守军应为青梅志玛所率之土兵。不过,从缴获的装备来看,这些装备应该属于当时的驻军所有。根据西康省政府政务考察团民国三十五年(1946年)的统计,当时的瞻化驻军只有"王营长仲良率周王两连驻此,嗣本年和伐定乡后,县无驻军,于八月下旬,王营长之魏连由甘孜移县"②。距离瞻化最近的驻军应属甘孜县,"大白事件"后,甘孜由24军138师二旅三团驻守,瞻化为其防区。瞻化一有纷争,瞻化当局就会请甘孜驻军协同处理。众所周知,军队作为政权的组成部分,是其最重要的暴力机构,也是维持政权稳定、维护社会秩序安定的最重要的工具,重要性不言而喻。然而,军事力量薄弱的瞻化当局又怎能控制拥有众多武器的土酋呢?土酋分治能够持续下去的最主要原因是土酋拥有大量武装,他们坚持"强=理",加之当局无力控制地方枪支泛滥之势,也无力对地方土酋进行节制,所以他们只能仰仗其军事实力,以致尾大不掉。

  以上说明了民国时期瞻化土酋势力之强大。那么,土酋通过什么方式来集结藏族群众参与抢劫、械斗以及战争呢?这与当地土司治理的传统、当地的社会组织结构有很大的关联。在土司的辖区之内,土司对其百姓具有诸多权力。其中之一就是当土司辖区内百姓遭到其他辖区百姓袭击时,土司具有为其成员提供保护的义务,而其成员对土司具有服劳役以及缴纳租税的义务。有人死伤时,其成员有义务为死伤成员进行血亲复仇,为自己的成员而战。瞻化有些村落以从事农业为主兼顾牧业,有的村落以牧业为主兼顾农业,也有以纯牧业为生的牛厂。但不管其经济类型如何,其社会组织的基础仍然是血缘关系。沙堆百姓告诉笔者,藏族人民与汉族人民不一样的地方就是他们认为不分家才是最好的,几个兄弟娶一个老婆也是好的。即扩大家庭在当地被认为是一种很好的家庭类型,并且兄弟共妻也值得提倡。目前,沙堆科查村仍有两户兄弟共妻的家庭。一些研究成果认为,藏族社会组织是围绕着"骨系"的父系血统亲属体系建立起来的,瞻化也是如此。就家庭情况来说,以房东家为例,父亲在一家中掌管着财政大权,大小事都要与父亲商量。如果父亲不管,财政就会交给自己的大儿子管理。而村落则是扩大家庭的联合体,各家庭之间有或多或少的亲属关

---

① 洪学智:《洪学智回忆录》,解放军出版社2007年版第二版,第101页。
② 卷宗号:002—001—431。

系，村落成员推举一名头人管理百姓。根据抢劫与血亲复仇的原则，当A村落之成员遭受抢劫或被击杀时，B村落成员有义务为其复仇。于是，全村就会武装起来。任乃强先生如此记载康区的武装组织：

> 此种武装队伍之组合，常以村为单位，由村长或喇嘛寺主持纠合之。全村每家一人，或只邀少数有力人户之壮丁组织之。重大战役，乃编录全部之壮丁。队伍集合，并无行列进退等训练，勇者当先，怯者随后，同向目的地出发，向目的物进攻。其枪弹粮秣各人自备。虽人自为战，而其团体凝结，天然坚固。进退和战，皆以会议行之，无任个人意志行动者。①

武装队伍常以村为单位，在头人或者喇嘛的带领下出动，各家都有义务提供精壮男性成员。根据战役的大小，出动村落男性成员的数量也不一样，而且每户要自带枪弹粮秣。虽然他们没有像正规军一样的军事训练，但他们组织战役时十分团结，不管是进攻还是退守，都会商量行事。

前文谈到，无论是在改土归流之后，还是在民国时期，当地土司分治的"惯习"仍在发生重要作用，土司的变种——土酋在地方政治生活中占据相当地位，瞻化地方仍处于土酋分治的格局。在此格局之下，瞻化当地仍继承了传统的土司统治的军事制度。以瞻化上瞻区甲日家号召所辖百姓参加战斗的命令为例：

> 甲日家听说呷落打死后，于八月十七号由多吉朗加发出命令："上瞻的百姓每家出兵一人，自带口粮十天。如果不来罚大洋100元。"除两三个保没来外，共到并五百余人。兵到大盖八十家的三十几家人，除少数几家外，其余都被抢。②

首先，动员命令由上瞻区最大土酋多吉朗加发布，按照藏族群众的话来说，他是当地最大的"benbu"，意为最大的干部。其次，命令内容是上瞻的百姓每家须出兵一人参加战斗，而且参加战斗约持续10天，参加者

---

① 任乃强：《西康图经》，西藏藏文古籍出版社2000年版，第316页。
② 卷宗号：004—001—004。

必须准备好 10 天的口粮。毋庸置疑，战斗所需之武器均是自备。另外，如果有家庭不派人来参与战斗，多吉朗加就会对其进行经济处罚——大洋 100 元。命令之下所到之人达 500 余，不过还是有两三个保没有参加，有两三百户。上瞻区并不是全部归由多吉朗加管辖，其对手赤乃喇嘛在多吉朗加出走青海后担任上瞻保主任一职，分管上瞻区的一部分，如上瞻日巴、沙堆、大盖部分百姓就不听多吉朗加之命令。人员集结完毕后，就对其仇家三十几家人进行抢劫。由于瞻化当地的战争与劫掠实际上是混为一起的，所以双方并不是排兵布阵式的对攻，而是对对手的村落进行攻击，且军事行动夹杂着大量财物的劫掠。

从以上分析不难发现，瞻化地方军事制度具有以下几个特点：①土酋所管辖之内精壮男性均有服兵役的义务。按照战事的大小，参加战役的人数也不一样，但男性成员要做好参加战役的准备，因为瞻化一些抢劫、杀人事件很容易扩大为大规模的械斗。②参加战斗的人员的武器、口粮等均自行准备。前文谈到土酋的武力由三个部分组成，其中一个就是辖区民兵。由于土酋不会对参与战斗的人员提供武器与粮食，意即土酋不会对徒手参与战斗的人员提供保护，为了自身的安全，他们也必须自备武器。就算没有战争，瞻化藏族群众也会自备武器以应付随时而来的抢劫及复仇。所以，参加战斗的人员会准备相应的武器。③土酋有权对不听命令者进行处罚。对所辖百姓进行处罚也是土酋所具有的权力之一。经济处罚算是比较轻微的处罚，有些会进行割鼻子、剪头发、剜眼刖足等人身处罚，最为严重者还会被判以死刑。

那么，这种军事制度是如何产生的呢？这又与瞻化当地的社会组织形式密切相关。摩尔根认为，氏族组织是人类历史上时代最古老、流行最广泛的制度，"氏族制度是社会赖以组织和维系的手段"①。氏族的分化就会形成胞族、部落与部落联盟。部落则是原始社会中最为完备的组织形式，"每一个部落都自有其名称，自有其不同的方言，自有其最高政府，自有其所占据、所保卫的领土"②。可见，氏族是部落的基础。摩尔根列举了氏族成员之间的权利、特权以及义务，其中就有相互支援、保卫和代为赔

---

① [美] 路易斯·亨利·摩尔根著：《古代社会》，杨东纯、马雍、马巨译，商务印书馆 2009 年版，第 45 页。
② [美] 摩尔根：《美洲土著的房屋和家庭生活》，李培茱译，中国社会科学出版社 1985 年版，第 18 页。

偿损害的义务。部落之间也会发生战争，保卫部落也是每一个成员应尽的义务。瞻化地区藏族群众主要分为以纯牧业为主的牛厂、以半农半牧为主的定居者与以半牧半农为生者三类。三类居民虽然主要生计方式不一，但不论是土司治理还是民国后的土酋分治时期，其社会组织的基础仍是血缘关系。相互支援与保卫以及代为赔偿损害的义务在当地藏族群众社会中非常明显。外出抢劫时，藏族群众也是全村精壮男子自带粮食，与发动战争的情形是一样的。因此，无论是在家长，还是在头人甚至在土酋命令之下，其成员都会坚守此义务。可见，这种军事制度保留了原始氏族、部落组织的一些特点。有学者谈及藏族土司军事制度时认为，"藏区土司军事武装的一个明显特点就是建立在部落基础上"①。笔者虽不敢断定民国时期瞻化藏族群众的社会组织形式为部落组织，但其确实与部落组织的一些特点相符。

正是因为独特的军事制度，瞻化各土酋以及大头人才能获得源源不断的兵源，有可靠的武装力量。在"强＝理"的丛林法则支配下，他们就有了与政府谈判的筹码，于是可以时而顺应政府时而背叛政府，也有了与其他土酋争权夺利的资源，从而通过劫掠获得更多的财物。事实上，土酋分治的情形不仅在瞻化县存在，康区其他县区如乡城也是如此。王海兵在谈及乡城的土头统治时认为，"在乡城土头统治的发展过程中，武装劫掠起着重要的作用"②。武装劫掠成为土酋们争权夺利的重要手段，而获取更多的财物又能够扩大自己的势力。当然，武装行动也就会有"失"，在复仇观念的影响下，大规模的复仇行为又会产生，混乱之势加剧。

二、亦军亦民

由于土酋所管辖之内的精壮男性均有服兵役的义务，有学者认为这是兵民合一的兵役制度，"在藏区实行'兵民合一''寓兵于民'的兵役制度，这种征集兵员的制度带有浓厚的军事游牧部落的特色"③。笔者赞同此种说法，普通精壮男性在承担放牧、耕作、挖金、采集等任务时，还要做好时时被土酋召唤作战的准备。从角色来说，他们承担着亦军亦民的两

---

① 贾霄锋：《藏区土司制度研究》，青海人民出版社2010年版，第179页。
② 王海兵：《乱世求存：民国时期乡城地区的土头统治》，载《西南民族大学学报》2013年第6期。
③ 贾霄锋：《藏区土司制度研究》，青海人民出版社2010年版，第183页。

种角色。

常备军有专门的持枪、射击、列队、进攻、撤退等方面的军事训练，军队所需之口粮、武器装备均有稳定的来源。而土酋之军队平时要忙于农牧业生产，一方面为家庭生活提供必要的生存物资，另一方面也要为换取或者购买武器准备资本。因此，藏族群众没有时间进行专门的军事训练，但他们并不是毫无作战能力，其军事训练反映在每年举行的赛马、秋冬季狩猎等活动方面。以赛马为例，笔者在沙堆调查时，许多男性毫不掩饰其马术，而且这种马术任乃强也曾亲眼看见。民国时期的新龙主要交通方式是骑马。不仅如此，抢劫与械斗时也需要马匹的帮助，特别是撤退时如果没有马匹的帮助很有可能战死沙场。所以，骑马对于当时的藏族群众来说是一项生存技能。而举行赛马比赛一方面有聚集男性一起娱乐的因素，另一方面又能提高军事技能。至今，赛马仍作为一项传统的竞赛活动在甘孜藏族群众生活中风行。同样，狩猎在为藏族群众提供肉食资源的同时也提高了他们的射击技术。因此，藏族群众的军事训练是与他们的生产生活结合在一起的。通过骑马、狩猎等生产活动的锻炼，他们的骑射技术非常精准，射击基本上能做到百发百中。

身体素质方面，瞻化藏族士兵大多体魄健壮，"康巴"汉子不是徒有虚名，这就为作战提供了很好的体力支持。得益于良好的马术，他们移动非常迅速，动作相当灵活。饮食方面，他们并没有特别高的要求，糌粑、酥油茶是必备之物。他们特别能吃苦耐劳。因此，瞻化藏族群众具有很高的作战技能，并能与正规作战部队相媲美。在当地解放后的平定瞻化叛乱的过程中，他们的作战优势体现得淋漓尽致：

> 四朗汪青，通宵尼马股匪经我几次袭击后，敌人表现非常恐慌但又较为狡猾，行动时多在夜间，首先派出瞭望哨，随带望远镜，观察后才进行。不走光山、大小道、大沟，而走山路无路的地方，树林、小沟。行动顺序远放尖兵（随带望远镜），汪青家属最后系主力。居住的家属、牲畜隔离，主力隐蔽，白天不烧火冒烟，采取晚上和下雨烧茶煮饭，冬季即将到来，敌大股隐蔽，不轻易暴露而以小股四处流窜抢劫，妄想备粮过冬，乘机伏击我零星人员。若遇我小股部队突然袭击，敌则以少数骨干分子抗击我主力，其余叛匪立刻逃窜，分散潜伏森林和复杂地形。如遇我大部队即化整为零，边阻边蔽，时集时散

且消灭痕迹的方法逃窜。敌不常住一地，转移频繁，如在一地住时间较长，即逃选山腰，小叉沟，山头设哨。有时为了防我突然袭击，连马具也不卸。①

按照文献记载，这些新龙藏族群众深谙游击作战的各种方法，体现了"敌进我退，敌驻我扰，敌疲我打，敌退我追"的作战原则。他们枪法极好，适合打伏击。一旦碰到解放军主力部队，他们则利用周边地形分散隐蔽，撤退时还注意隐藏痕迹，生怕被发现，而且时常转移驻地，随时做好转移的准备。叛乱者还不忘把牲畜带上山，以防粮食断绝。他们特别会利用地形，躲在山上，解放军就很难发现其行踪。例如，沙堆乡俄巴村的多吉泽翁弟兄二人在枪杀沙堆工作组干部后逃上山，经过驻军、民兵22天的追捕与围剿才将二人追捕归案。任青告诉笔者，他1975年在理塘独立6团当兵时时常有上山清剿"土匪"的任务。由此不难看出，藏族群众作战表现了极高的军事素养及智慧。

除具有极高的军事素养外，瞻化男性还勇猛无比。他们以能抢为荣，在抢劫或者械斗时不会畏畏缩缩，因为抢劫与械斗是他们立功获取荣耀的机会。"瞻对娃置不理，阎姓等调所亲民丁百余人，持枪佩弹，驻道孚胁之，阻其归途。瞻对娃虽只八骑，佩枪游行自若，泰然如不在意"②，八人并不惧怕百余人的围剿，而且对方并不敢动手，足可见其勇气与胆识。正是因为瞻化百姓具有极强的军事素养以及过人的勇气，才让对方害怕，而无论是清军、国民政府部队还是中央人民政府解放军在与瞻化藏族群众交战时也并非总能处于优势。

亦军亦民还有另一个优势，即能够节省成本。瞻化抢劫、复仇频发，藏族群众在对付被抢劫以及复仇时要花费大量的时间、精力以及财物。藏族群众要自备武器参加战争，而枪支与弹药在当地售价极高，购买需要大量的金钱。所需来源的方式有二，其一是自己生产获得，其二是从他处获得。在没有其他来源的基础上，他们必须顾及农牧业生产获取资源，以维系生存以及将要面对的各种危险。如此降低了战争的成本，节约了军费开支。抢劫他人也是获得资源的方式，另外在战场获得也是方式之一。相比

---

① 卷宗号：004—001—313。
② 任乃强：《西康札记》，中国藏学出版社2010年版，第56页。

自己生产，直接从他人处获得资源更为简便，所以瞻化百姓"其作战，不重杀人而重抢劫。劫人亦然，非对方足以障碍其掠取财物，则不杀之。所得财物，由主者分配：先提一部抵偿伤亡消耗之值，然后均分"①。除藏传佛教禁止杀生的戒律限制外，获取资源也是他们的出发点。当然，从他人手中暴力获取的风险也极高。

瞻化藏族群众性格中具有两面性。一方面，他们要从事农牧业生产，维持基本的生存；同时他们深受藏传佛教的熏陶，信守佛教戒律。笔者曾在与躺在地上的真令交谈时，拍下了爬上身的蚂蚁，真令急忙阻止了笔者，生怕笔者将蚂蚁拍死。此时，笔者感受到了藏族群众的善良以及他们对藏传佛教的虔诚。笔者相信，藏族群众的这种善良以及对佛教戒律的遵守并不是当代才有的事情。另一方面，瞻化存在的抢劫、杀人、血亲复仇、械斗以及战争等较为血腥的一面，反映了瞻化藏族群众强悍的性格特点。土酋之间、头人之间、政府与头人之间、寺院与寺院之间的小纠纷在没有控制好的情况下极易酝酿更大的灾难，以致陷入复仇—再复仇的循环往复之中，地方社会秩序遭到极大的破坏。如果用"善"与"恶"进行总结，那么，要如何理解藏族群众性格中的"善"与"恶"呢？石硕认为，"康区高山峡谷的自然环境与多元性的社会文化不仅造就了康巴人个性张扬和积极进取的性格，事实上也是《格萨尔》这部伟大的英雄史诗生产的土壤"②，而藏传佛教作为藏族群众社会文化生活的主导性力量支配着他们的行为方式与思想观念。笔者认为，石硕的观点道出了致使瞻化藏族群众性格中的这种二重性的缘由。对任何群体而言，"善"与"恶"都是他们性格中不可回避的部分，我们要做的是如何发扬善的一面而尽量遏制恶的一面。回到民国时期的瞻化，藏族群众随时要听令土酋或者头人的号召进行抢劫或者械斗，他们在日常生活中也要做好随时应对被抢与被仇杀的准备，在此环境中，他们没有理由放下手中的武器徒手抵抗对方。格勒也认为，"康巴人更看重人在恶劣环境中所表现的勇力与意志，而与之有关的道德问题，比如善与恶，比较而言要看得淡一些"③。尽管如此，我们还是发现瞻化的一些抢劫案件完全是为了获得他人之物、见利起歹心

---

① 任乃强：《西康图经》，西藏藏文古籍出版社2000年版，第316页。
② 石硕：《青藏高原东缘的古代文明》，四川人民出版社2011年版，第491页。
③ 格勒、海帆：《康巴：拉萨人眼中的荒凉边地》，生活·读书·新知三联书店2005年版，第70页。

的。笔者认为，这种行为为藏传佛教的戒律所不允许，也是对他人人身、财物的极大威胁。这些违反基本人类伦理的行为是应该予以唾弃和禁止的，通过辛勤的劳动获取财物才是正当之行为。还有一些抢劫、仇杀是基于土酋或头人之间的争权夺利，在此行为中，普通藏族群众成为土酋、头人利用的工具，他们之间的争斗只会彰显人性中丑陋的一面。然而，这并不是普通瞻化人所能控制之事，毕竟权力与利益所到之处，争斗就不会停止。藏传佛教在倡导藏族群众与人为善之时，并不能消灭埋在人心中恶的种子。在严重的生存危机迫使之下及在权力与欲望的召唤之下，它就极易冲破宗教力量的束缚，恣意肆行。

  本章叙述到此，可以形成以下结论：民国时期瞻化的抢劫、血亲复仇、械斗以及战争与当地的政治生态密切相关。国民政府在 20 世纪 30 年代以后逐渐加强地方的政权建设，通过建立保甲制度、建立完整的国家机构力图实现增强政府权威、维持社会稳定的目的。但这些措施的实施并未改变当地土酋分治的政治体系，政府与土酋之间是既合作又相互限制的复杂关系。土酋时而顺应政府，时而背叛政府，当局无法节制地方土酋，而且土酋之间的争权夺利以及藏汉、国共以及中外等多股政治势力在地方的争夺加剧了地方局势的混乱。土酋辖区内精壮男性均有服兵役之义务，就为土酋提供了源源不断的兵源。这些精壮男性平日要参加农牧业生产，当战斗命令下来后马上要手持武器、骑上快马参加战斗，他们承担了亦军亦民的两种角色。他们生活中不仅要遵守藏传佛教的戒律，而且时时要准备实施抢劫、血亲复仇、械斗以及战争等暴力血腥行为，体现了他们性格中的二重性。在复杂、动荡、生命与财产安全缺乏保障的社会环境之中，人性中"恶"的一面出现的可能性就会大增。如果不加强国家的政权建设，不改变地方的治理模式，不节制地方势力的你争我夺，不限制地方势力的暴力行为，那么，械斗、抢劫以及由抢劫引发的报复性抢劫与血亲复仇甚至战争就会永无止境，地方秩序永不得安宁，藏族群众生存的政治环境永得不到改善。由此可见，新龙区域政治、新龙内部的割据与角力事实上维系着地方的抢劫与械斗之势。

第五章 "夹坝"维持机制的打破

"夹坝"横行、抢劫频发影响商旅正常的通行,破坏了地方的生产生活秩序,影响了政权对边疆地区的统治。对此,清政府、国民政府及中央人民政府采取各种手段对"夹坝"进行治理,试图打破"夹坝"的维持机制,重建地方社会秩序。治理手段方面,清政府、国民政府及中央人民政府采取的方式各有不同,取得的效果也不尽相同。

第一节 清政府的治理

新龙藏族群众的频频抢劫严重威胁了清政府对边疆地区的统治,为此,清政府不惜多次发动军事行动力图对抢劫者进行法办。然而,清政府使用武力的方式并没有取得成功,抢劫行为仍在继续。

一、"夹坝"之袭

康熙五十八年(1719年),清政府首次从打箭炉(今康定)、理塘、巴塘、察木多(今西藏昌都县)一线进军西藏,为保证线路的畅通以及粮饷供应,清政府在沿途设立了粮台、塘汛等。"查打箭炉至西藏,番蛮种类甚多,而剽悍尤甚者,莫如瞻对等部落,每以劫夺为生"[①],可见,行走于这一线的官兵、行旅、商队屡遭沿线各"番蛮"抢劫。乾隆九年(1744年),江卡汛撤回把总张凤及兵丁36人,行至理塘海子塘地方被下瞻对"夹坝"抢劫一空,被抢之物包括驼马、军器、行李、银粮等。瞻对"夹坝"如此大胆的行径让清政府震怒不已。清嘉庆时期,中瞻对土司茹

---

① 《清高宗实录》卷二三三,乾隆九年十二月壬申条。

色长官司势力日益强大,土司罗布七力常与邻近土司发生草场、土地纠纷,并聚众抢劫等。嘉庆十九年(1814年),中瞻对率众抢劫章谷地面。罗布七力之子工布朗结是新龙历史上最为出名的土司。他在统一全瞻对的过程中不断与其他土司发生抢劫、械斗以及战争,鼓励其辖区内青壮年到其他区域进行抢劫。他的大举兼并致使川藏要道阻塞。他们多次抢劫川藏线上往来的文报,严重威胁清政府与西藏地区政府的联系,最终导致清政府与藏军以及地方土司的联合围剿。战争的结果之一就是清政府将康区"烫手山芋"——瞻对于同治四年(1865年)12月"赏给"达赖喇嘛管理,以期达到"以藏治藏"的效果。于是,瞻对进入了长达46年之久的藏管时期。然而,藏军管理者盘剥瞻对藏族群众,引发了瞻对藏族群众的武装反抗,当地的抢劫之风并未得到有效遏制。

可以说,对于清政府而言,"夹坝"问题成为其治理康区边地中令人头疼的问题,尤以瞻对"夹坝"为最。由于瞻对"夹坝"不仅袭击商旅,威胁内地与西藏的经济关系,而且袭击清政府沿线军队及其补给,阻碍交通,给清政府对边地的统治特别是对西藏的统治带来极大的挑战。抢劫行人或者商队虽说是对社会秩序的挑战,但总不如袭击清政府沿线军队及其补给严重,后者意味着对清政府明目张胆的反叛。加之,瞻对扼南北川藏大道之咽喉,其战略地位十分重要。为了维护西藏与内地的经济联系,维系内地与西藏的政治往来,加强对西藏等边疆地区的统治,清政府一直探索如何解决瞻对"夹坝"。

二、鞭长莫及的法

如果说人类学中"文化"是最难定义之概念,那么法学中"法律"概念与之类似。从古至今,无论中外,每个法学家、思想者以及法律工作者都有自己的法律观。不同的法律观体现了不同的分类标准。分类是人类的最基本能力之一,而"法律"也是一种分类体系,是关于禁止与允许何种行为的一系列分类,并由国家机器或者某种力量强制保障实施。"法无禁止即可为"与"法无授权不可为"则是对此种分类的最好概括。不过,分类体系的适用范围有一定限制。在不同的文化体系中,在不同的分类标准之下,什么"可为"、什么"不可为"没有统一规定。因此,在不同的文化体系、不同的地域之下,法律此种分类体系也会发生碰撞。

回到新龙藏族群众的抢劫,按照最通俗的理解,是以暴力或者暴力相威胁或者以其他相应方式强行劫取公私财物的行为。瞻化藏族群众的抢劫，多以快枪、土枪为武器逼迫他人将财物交出；在遭受反抗时，被抢劫者极有可能发生身体受伤甚至死亡的危险。虽说他们抢劫不轻易伤人，但事实上一些抢劫案件极为残忍，不仅财物被劫去，而且人员全部被杀害。例如，乾隆四十四年（1779年）理塘麻塘寺被瞻化200余人抢劫，就杀死喇嘛二人，还掳走一人。商旅、行人被劫甚至被杀，清政府负有保护失职之责，而官兵之武器、粮食一次次被抢则大大损害了清政府的威信。此种情形之下，清政府正常的行事逻辑是将"贼人"捉拿归案"法办"，即按照清政府的律令进行依法处理。清政府的法律形式多种多样，既包括律典如《大清律例》《大清律集解》等，也有会典如《康熙会典》《雍正会典》《乾隆会典》《嘉庆会典》《光绪会典》等从康熙到光绪年间分别完成的"五朝会典"，还包括条例、事例、则例和成例等。诸多法律形式中，《大清律例》无疑是最为重要的以刑为主、诸法合体的法典。《大清律例》中对白昼抢夺有明确的界定以及处罚规定，认为"人少而无凶器，抢夺也；人多而有凶器，强劫也"①。即根据参与人员以及有无凶器来区分抢夺与强劫，而对其处罚的规定有22条之多。现择其一二予以说明：

> 白昼抢夺人财者（不计赃），杖一百徒三年；计赃（并赃论）重者加盗窃罪二等（罪只杖一百流三千里）；伤人者（首）斩（监候），为从各减（为首）一等，并于右小臂膊上刺"抢夺"二字。若因失火及行船遭风着浅而乘时抢夺人财物及折毁船只者，罪亦如之（亦如抢夺科罪）。其本与人斗殴或勾捕罪人，因而窃取财物者，计赃准窃盗论；因而夺去者加二等，罪只杖一百流三千里，并免刺。若（窃夺）有杀伤者，各从故斗论。②
>
> 凡白昼抢夺人财物至一百二十两以上者，照窃盗满贯律拟绞监。③

为首抢劫并伤人者判斩首，从犯罪减一等而且右手小臂膊上要刺"抢夺"二字，抢劫他人财物120两以上者就要被判绞监。斩首、绞监均为严厉的处罚。可见，清政府对抢夺的行为可谓"零容忍"。咸丰十一年

---

① 马建石、杨育棠：《大清律例通考校注》，中国政法大学出版社1992年版，第703页。
② 马建石、杨育棠：《大清律例通考校注》，中国政法大学出版社1992年版，第703页。
③ 马建石、杨育棠：《大清律例通考校注》，中国政法大学出版社1992年版，第707页。

（1861年）八月，康区察木多粮务报告了一起"夹坝"抢劫事件。缘起于陕西商人朱元来察木多等地贸易，行至边坝二道桥的地方遇到抢劫藏族人三人。他所带鹿茸、骡马、行李等物被劫走，其本人也被杀死。事后，前任粮务派人将一名抢劫者捉拿归案，其余两名抢劫者逃跑。报告中称：

> 奴才查例白昼抢杀人者，斩立决。该凶犯噶丫既经拿获，追出赃物，又复当堂供认，岂容久羁显戮。奴才照例将该犯噶丫就地正法，并严饬商上，查拿在逃凶犯。①

报告表明清政府对于抢劫者确有按律严惩的决心，以维护法纪与社会秩序的稳定。然而，法律的使用也有地域之限制，如果在清政府能直接掌控的范围或其能力范围之内，当局则会派出力量对抢劫者进行归拿法办。但瞻对的抢劫并非在清政府的直接控制之下，"普天之下，莫非王土；率土之滨，莫非王臣"也只是名义上适用于当时的清政府。事实上，当时的瞻对属于土司分治的格局。如"上瞻对撒墩土千户索诺木于乾隆十年投诚授职，颁给号纸，无印信。住牧上瞻对撒墩。管地东至二百八十里交霍耳章谷界，南至三百五十里交瓦述毛丫界，西至四百九十里交德格界，北至一百四十里交麻书界，四至共一千二百六十里。所管土民五十户，无认纳粮"②。此处的上瞻对撒墩土千户所辖之地就包括今天的新龙县沙堆乡。吉美俄泽也曾告诉笔者"沙堆"就是一个大地主的名字，后来这一家逐渐没落了，人口也没有了，更加证明了今天的沙堆曾是乾隆十年（1745年）土司所辖之地。而当时的瞻对除上瞻对撒墩土千户外，还有上瞻对茹长官司、上瞻对峪纳土千户、中瞻对茹色长官司、下瞻对安抚司四个土司。这些土司每年只需缴纳少量赋税，有的甚至免赋税。因此，从行政控制的角度来看，清政府沿袭前朝实行的土司制度，只要名义上归顺，就会依照"依俗而治"的传统将原属土司之地依旧划给土司管理。由于清政府对瞻对的行政控制非常弱，即便有什么"乱子"，清政府也需要命令土司协助处理。从军事控制的角度来看，清政府粮台、塘汛等设置距瞻对较远，对瞻化的军事控制力也比较弱，其要调动军队镇压瞻对的各种违法行为以及

---

① 吴丰培：《景纹驻藏奏稿》，四川民族出版社1986年版，第52页。
② （嘉庆）《四川通志·土司志》。

叛乱需要付出极大的成本。因此，清政府希望以土司制度实现对地方的间接控制，实现王土的统一。对于清政府而言，瞻对"夹坝"虽是违背了王法，但瞻对处于清政府的权力控制之外，清政府的"王法"鞭长莫及。因此，对于一般性抢劫，清政府只能命令土司将抢劫者交给当局以正视听，以维护清政府律法之威严。如果是抢劫官兵等重大事件，当局就要做出是否出兵以维护法纪的抉择。

三、土司"乏力"

瞻化土酋拥有行政、土地、司法、军事等多方面的权力，而对于清时的土司而言，他们同样拥有这些方面的权力。土司会颁布自己的法律，如德格土司就颁布了成文法律十三条，对违反土司法律之人会处以"挖眼、割手、割鼻、割舌、割嘴唇、截脚、抽脚筋、割耳、用铁丝烧红烙面部等"①肉刑，而"康人之刑极残酷，罚金、鞭笞、禁锢、剜目、割鼻、剁手、刖足、投河、剥皮，唯无大辟耳，其捕擒贼盗，仍有枪毙、斩首碎尸之事，其刑皆由土司、呼图克图、铁棒头人任意为之，刑具有皮鞭、黑屋、铁镣、铁链、铁刀等项"②。可见，土司之法也甚为严厉。以工布朗结为例，他是清末瞻对最著名的土司，异常严厉。当地流传着许多工布朗结的故事。松登说：

> 他修房子要很多人去，要去对面很远的地方挑土，一些女人还跳江自杀。给小孩子吃酸奶，然后从房顶摔下来。还打乌鸦，如果打不到那就要死。总之很悲惨，叫嚣西藏，把如来佛祖拿过来。

不止一位报道人谈到"射乌鸦"的故事，反映出土司掌握着百姓的生杀大权，而且他们并不是严格依据自己制定的法令行事，而是具有很强的主观随意性，属于典型的"人治"。

对于抢劫，土司表现出两面性。一方面，瞻对处于土司分治时，各土司之间并无依附或服从之关系，因此，土司自己的人口、军事实力决定了

---

① 四川省编辑组、《中国少数民族社会历史调查资料丛刊》修订编辑委员会编：《四川省甘孜州藏族社会历史调查》，民族出版社2009年版，第95页。

② 马大正：《民国边政史料续编》（第二十五册），国家图书馆出版社2010年版，第427页。

土司之地位。各土司为了争权夺利不断发生抢劫、械斗、战争等武力行动，破坏当地秩序。土司之下的小头人能够通过抢劫、械斗、战争等方式兼并其他头人，不断扩充自身实力而成为大头人，甚至独霸一方。如"撒墩（今新龙县最北一村）则是因剿办中瞻对时离叛上瞻安抚司后来投诚者"①。又工布朗结在清末时兼并其他土司，短暂统一全瞻，而且鼓励本辖区青壮年抢劫其他辖区之民等。可见，抢劫成为土司争权夺利的一种方式，通过抢劫引发报复性抢劫或血亲复仇从而导致更大的冲突达到兼并的结果。因此，一些抢劫行为完全出自土司的默许甚至有其力量之支持。如乾隆九年（1744年）的官兵被抢，清政府命令下瞻对土司班滚交出首犯以及赃物"法办"，四川巡抚纪山奏禀乾隆皇帝称"自江卡撤回官兵被瞻对等土司'夹坝'抢劫，如瞻对将'夹坝'首犯献出，则另行请旨完结；倘刁顽不化，容与督、提二臣酌筹会奏"②。谁知班滚不仅不从，更是放纵藏族群众抢劫额眭奔松塘的文书以及理塘宣抚司一带牧民的牛羊与帐篷等财物。又如雍正六年（1728年），下瞻对土司率众抢劫商旅行人，当地方官员进行干预时"啸聚抗官"，不听从劝导。可见，土司并不会听从清政府的命令乖乖地将抢劫首犯交出来，也没有对抢劫进行制止。

　　另一方面，瞻化当地仍有一些禁止抢劫的规定。例如，工布朗结就规定，其辖区内不允许小偷小摸，一有发现会被处以罚款；更不能在本辖区内抢劫，也不能抢劫妇女财物，抢劫时更不能伤及妇女小孩之性命。俗话说，"骆驼的脖子再长，也吃不到隔山的草"，抢劫也不能抢劫本村与土司辖区之内的。虽然土司也有禁止抢劫的习惯法，但藏族群众以能抢为荣，在荣誉观与血亲复仇神圣观念的驱使下，在土司你争我夺的政治背景下，瞻对之土司不会听从清政府的命令禁止辖区内的藏族群众抢劫。清政府为了加强对各川边地区的管理，设置了成都将军一职，凡是川边藏族聚居区文武官员的升迁调补，民刑案件、屯务、驿站、土司承袭和朝觐、宗教等事务均是其分内之事，特别是"土司管辖番民地方，抢劫盗案关涉番地者，应令该管地方官，勘验情形，照例详报，并报将军"③。可见，清

---

　　① 西藏自治区社会科学院、四川省社会科学院编：《近代康藏重大事件史料选编》，西藏古籍出版社2001年版，第17页。
　　② 中国人民大学清史研究所编：《清史编年（第五卷）乾隆朝（上）》，中国人民大学出版社1991年版，第194页。
　　③ 中国科学院民族研究所四川少数民族社会历史调查组编：《金川案》，中国科学院民族研究所四川少数民族社会历史调查组1963年印，第131页。

政府对当地抢劫案件十分重视。"旧时昌都地区对'夹坝'抢劫有民间习惯法约束。其处罚规则：一是抢劫并造成他人死亡者，对凶手抽筋、砍手；二是抢劫未造成他人死亡，只造成他人轻伤者，凶器予以没收，所抢财物退还原主，没收家庭财产，并鞭笞 200 下；三是在实施抢劫财物时，被抢者因防卫而当场打死抢劫者不赔偿命钱，若抢劫者被当场抓住，则用湿牛皮裹住，在烈日下晒干后投入河中溺死。"①

总之，尽管土司也需要一定的秩序，不希望自己统治区域内人口凋零，但他不会总是限制地方百姓的抢劫，甚至还予以鼓励，有时还亲自率领百姓外出抢劫。由于清政府的行政命令并不具备足够的权威能使土司将其辖区内的抢劫者交给清政府法办，因此，清政府依靠土司的力量来禁止新龙藏族群众抢劫的间接治理方式行不通。但清政府不会任由瞻对藏族群众的抢劫继续猖狂下去，因为这会威胁其对西藏之统治。于是，直接出兵镇压成为被逼无奈之举。

四、军事镇压

为了维护清政府对西藏的正常统治以及边地的安定，清政府不惜耗费大量的财力、人力与物力共八次出兵瞻对这个"不毛之地"，这在整个民族地区历史中都甚为少见，尽管并不是每次战争都缘起于瞻化"夹坝"。

雍正六年（1728 年），由于下瞻对"夹坝""纠党抢掠""啸聚抗官"，致使土司策冷工布被清军黎雅营游击高奋志用鸟枪与铁杆击毙。由于高奋志采取欺骗手段劝降、击毙策冷工布，他的欺诈行为招致下瞻对藏族群众的不满，于是他们设伏准备报仇，将高所率士兵 200 多人打死，高本人匆忙逃窜。此次伏击事件为两年后的清政府用兵埋下了伏笔。雍正八年（1730 年），下瞻对藏族群众又在川藏大道上"纠党抢掠"。此时的清政府决定派兵镇压，四川总督黄廷桂派遣官兵次第调抚，共"派汉土兵一万二千人，支给米面、军需等项为数浩繁"②。清政府的进攻遭到了藏族群众的顽强抵抗，"征剿瞻对，大费兵力，总因该番持险，攻击匪易"③。藏族群众拆除雅砻江大桥，阻清军于江东。清兵无计可施之下才"隔河取

---

① 格勒、海帆：《康巴：拉萨人眼中的荒凉边地》，生活·读书·新知三联书店 2005 年版，第 76～77 页。
② 《清实录藏族史料》，卷二二九，乾隆十年四月甲子条。
③ 《清实录高宗实录》，卷二三一，乾隆九年十二月壬申条。

结",草率收兵。这是清政府的首次用兵瞻对,但上万名士兵未能击败处于分治状态的瞻化土司及民众的抵抗,无疑增强了瞻化地方土司以及藏族人武装抵抗清政府的信心。于是,清政府之威严在藏族人心中一落千丈,"夹坝"更是肆行无阻。

针对乾隆九年(1744年)的瞻对抢劫,川陕总督庆复下令土司交出抢劫者,但土司仍是抗拒不遵。于是,他上书乾隆皇帝要求"自宜大加惩创",同时他"以上下瞻对惯为'夹坝',奏请选委镇将各一员为正副都统,调拨汉、土兵各四千名,俱由打箭炉出口,相机剿办"①。乾隆皇帝看到奏折后批示,"看来有不得不如此之势,然须详妥为之"②。这表明乾隆皇帝也认为到了不得不再次出兵攻打瞻对"夹坝"的时候了。次年七月,四川提督李质粹率领汉、土官兵万余人分三路向下瞻对进攻。战事之初,清军进展尚顺利,但上下瞻对土司联合抵抗,处处设防,依靠碉堡,据险扼守,不久两军竟处于相持状态。庆复见此情景,不得不亲临前线督军。然前线之况要比他想象的糟糕,"不料军营提督始而玩忽,续而捏报,号令不一,赏罚多不严明。兵丁病孱者不知裁退,器械锈坏者不知更换,将弁气沮,士卒离心"③。如此状况让下令进攻的乾隆皇帝大为震怒,"瞻对一事,前因庆复、纪山奏请用兵,以为一劳永逸之计,朕是以允行。今遣发兵丁已陆续增至二万有余,兵饷已拨至百余万两,自去年七月进剿,至春已历九月,兵众粮多,旷日持久,尚来奏厥肤功"④。根据民国时期瞻化的人口记录,整个瞻化人口不超过2万人,若当时精壮年男性以1万为计,即多出1倍的士兵也没有取得胜果。更为讽刺的是,庆复等前线将领谎报下瞻对土司被烧死以骗取战功,最终落得自尽下场。

嘉庆皇帝并没有吸取雍正、乾隆时期两次出兵瞻对失败的教训,于嘉庆二十年(1815年)四月命令罗声皋、罗思举二人带清军与土兵剿办中瞻对土司。嘉庆下达命令时用词甚为严厉,目的是通过用兵来重建清政府在边地的威信,达到安定边疆与维护法纪的目的,但中瞻对土司罗布七力又上演了自焚的假象,蒙骗了清政府。

---

① 中国人民大学清史研究所编:《清史编年(第五卷)乾隆朝(上)》,中国人民大学出版社1991年版,第197页。
② 转引自陈一石《清代瞻对事件在藏族地区的历史地位与影响》(一),载《西藏研究》1986年第1期。
③ 《清高宗实录》卷二六〇,乾隆十一年三月戊寅条。
④ 《朱批奏折》(民族类),全宗号1324第5号,中国第一历史档案馆藏。

三次军事进攻不但没有达到预期效果，反而耗费了大量的财力，可谓劳民伤财，然中瞻对土司罗布七力之子工布朗结的崛起更是让清政府坐立不安。工布朗结又称为布鲁曼，布鲁曼在藏语中是瞎子的意思。他通过不断的兼并逐渐统一全瞻对，并且向甘孜、德格、理塘等周边土司地区扩张。按照道光二十九年（1848年）一月成都将军裕城与川督琦善的说法，工布朗结"侵凌各土司，杀毙其民人，掳掠银钱牲畜，劫夺茶包什物，各处土司被其蚕食，莫可谁何"①。犯下如此"罪行"之人清政府又怎能让其安稳地坐上土司之位呢？在琦善的请战之下，道光皇帝发动了第四次瞻对之战。此战中，工布朗结接受了清政府授予的六品长官司之衔，不过受衔之后的工布朗结并没有停止对外扩张的步伐，屡有骚扰茶路、侵占土司地盘、破坏道路、抢取公文、劫去粮员行李等行为。清政府妄图羁縻之目的并没有达到，以致达赖喇嘛都难以容忍，其上书驻藏大臣时言明"因瞻逆窜扰起衅，藏汉番民均各衣食维艰，实在愁苦莫极"②。甚者，工布朗结还扬言要攻打西藏。如此胆大妄为，清政府与西藏地区政府又岂能三番五次的容忍？于是，西藏地区政府派兵1万多名东进围剿工布朗结。腹背受敌的工布朗结终于抵挡不住川藏联军的攻击，最终兵败，于同治四年（1865年）被焚毙命。吉美俄泽曾对笔者说：

> 他还曾放言把西藏的菩萨拿到这边来供。西藏那边听了很害怕，在一次战役中派出了400名喇嘛在念经，这就导致了布鲁曼失败。

他的讲述固然不可信，但印证了藏军攻打工布朗结的事实。当今新龙县的雅砻江江东、乐安乡政府背后的台地上仍然留下属于工布朗结碉楼的断壁颓垣。站在碉楼下，不禁联想到工布朗结在此指挥军队与川藏联军作战的情境，感叹瞻对历史上最著名土司之崛起与没落。这一次，清军终于战胜。战后，清政府商量治理瞻对之策，川督骆秉章建议，"将瞻对三处地方赏给达赖喇嘛派堪布管理，建庙梵修，应请敕下驻藏大臣，查明清旨

---

① 转引自陈一石《清代瞻对事件在藏族地区的历史地位与影响》（二），载《西藏研究》1986年第2期，第47页。
② 转引自陈一石《清代瞻对事件在藏族地区的历史地位与影响》（二），载《西藏研究》1986年第2期，第49页。

办理"①。清政府照准其建议，瞻对进入了长达46年之久的藏管时期。前五次用兵瞻对，不计其耗费的人、财、物，还是没有使得这片不毛之地安定下来，清政府无计可施才同意将瞻对"赏赐"给达赖喇嘛管理，希望借用藏传佛教的力量来化解瞻对这一"顽疾"。当然，将瞻对"赏赐"给达赖喇嘛管理还有一个更现实的原因，即藏军向清政府索取平定军费16万两，川督骆秉章以国库空虚为由奏请朝廷将瞻对赏给藏方以偿还军费。

从以上五次用兵瞻对不难看出，清政府希望借用军事手段的方式平定瞻对藏族群众的抢劫，进而达到维持其在地方的权威以及边疆统治的目的。瞻对藏族群众利用气候、自然条件的天然优势以及他们骁勇善战的军事技能并未让清政府的如意算盘实现，但一次又一次的用兵失败没有让清政府吸取教训，他们深信武力的作用。固然武力对于维持政权的稳定、边疆的安定以及人民财产与生命安全确实具有不可替代之作用，但光采取武力镇压的方式只是治标不治本的方法。清时新龙藏族群众的抢劫是他们总体生存状况的一个反映，或为满足生存的需求，或为报复，或为宣示自己的强大，或为土司之间的争斗。因此，要从"乱"的瞻对走向"治"的瞻对，需要从根本上改变瞻化藏族群众的生存状况以及社会环境，了解其行为逻辑。清政府更多的是出于愤怒，没有真正弄清瞻对藏族群众抢劫之因，并未从整体上思考瞻对藏族群众抢劫之势具体的维持机制的问题，而是匆忙用兵，希冀一劳永逸。不仅如此，清政府的多次军事行动并未取得胜利反而激发了瞻对土司、藏族群众、抢劫者对抗清政府的信心。即便是战胜了，清政府又弃之不顾。工布朗结的死亡并不代表当地社会秩序会走向平静，还会有其他土司在瞻对兴起。土司之间的争夺、藏族群众的抢劫仍会继续。由此，如想从根本上禁绝当地频发的抢劫，单单依靠军事行动的方式注定是会失败的。

五、藏管瞻对及清末改土归流

多次用兵失败使得清政府渐渐明白仅仅依靠自身根本无法解决瞻对之"夹坝"问题，达赖喇嘛接管瞻对之后，派"民官一，僧官一，率兵镇抚之，官兵均限三年替换，所派之官，由藏中达赖喇嘛，及管事之商上选

---

① 转引自陈一石《清代瞻对事件在藏族地区的历史地位与影响》（二），载《西藏研究》1986年第2期，第51页。

定，咨请驻藏大臣奏明，乃能赴任"①，即由僧俗两方面的力量进行管理，以免滋生事端。民官是瞻对驻军最高首领——代本，统率1000余名瞻对驻军，并且在瞻对选任了一些头人充任地方管理者。按照清政府之设想，达赖喇嘛派来之僧官一定会大肆弘扬佛法，使佛教盛行，这样瞻化当地也就逐渐能形成"政教合一"的政治制度，达到宗教羁縻，驯服瞻对藏族群众，减少藏族群众抢劫的目的。同时，藏军的进驻能够起到军事震慑的作用。毕竟清军须从成都等地调运军队进藏，不仅要花费大量财力，而且在作战方式、当地气候的适应、地形地势的运用等方面限制了清军战斗力的发挥。藏军之进驻弥补了清军在气候、地形等方面的劣势，与地方土司势力交战方面的优势便会体现出来，最终达到"以藏制藏"的效果。

可事与愿违，黄教在瞻对并没有取得主导地位。亚乌寺、日巴汤布寺、大盖朱登寺等寺庙都属于红教。除红教、黄教之外，当地还存在黑教、花教等藏传佛教派别，而且每个土司信仰与推崇的教别也不一样。因此，要在多教共存的现实情况上达到某一教别大一统之状况是很难的。某一教别的盛行与世俗政权的强力推动密不可分，意即教权与政权是紧密联系在一起的，强行推行某一教别就会遭到其他教别及其土司政权和所信仰之教众的反对，甚至会引发流血事件。瞻对僧俗官员的管理并没有改变当地土司分治的根本政治制度，黄教的传播也不顺利，反而"瞻对藏官，占夺其地，且年索兵费，所带藏兵千余，四路贸易，络绎不绝，概令百姓支差，不给差费，复索供给，并诬损坏货物，勒令赔偿，受害难堪"②，可见，瞻对藏官及军队只顾敛财，随意差遣百姓，不仅不给差费，还向百姓索取生活供给，百姓深受藏官之害。如此横行的在瞻任职的藏官不仅没有得到达赖的惩罚，反而任期结束后能升任噶厦政府的噶伦。一些土司在藏官的压制之下也是有苦难言，（藏官）"替谷白土司攻其百姓，致瞻民耗财不少。其子与随员扎阿色、夺结扎对及传号等互相为恶，杀人抄家，总计赚银二万数千"③。藏官不仅不能使地方秩序恢复安定，反而鱼肉百姓。因此，瞻对藏族群众与土司对西藏地区政府之管理恨之入骨，他们曾屡屡上书清政府陈诉藏官之压迫并希望划归四川管理，但清政府弃之不顾。

---

① 付嵩烋：《西康建省记》，书林书局1932年刊本，第46页。
② 付嵩烋：《西康建省记》，书林书局1932年刊本，第47页。
③ 王彦威纂辑：《清季外交史料》王亮编、王敬立校，书目文献出版社1987年版，第1467页。

藏军首领如此管理地方，可见僧官对其行为并没有起到节制作用。对于地方秩序而言，抢劫自然就不会停止。甚至光绪十五年（1889年）瞻对爆发了反对藏官的武装起义，起义者希望迎接被川藏联军镇压而死的工布朗结之子继续管理瞻对。这是一次典型的官逼民反，起义者虽然驱逐了藏官，但是在清军镇压之下很快又被平息了，而藏军再次进驻瞻对继续管理。不过，清政府中一些大员如时任四川总督鹿传霖看到瞻对如此之乱、如此难治，便上书光绪帝建议将瞻对收回并将瞻对土司改土归流。虽然其建议并没能立刻得到批允，但此时的康区改土归流之势已不可避免。藏军重新管理瞻对后，为了避免新龙藏族群众陈诉无门，时任驻藏大臣升泰就上书光绪献治瞻之策：

> 前督臣骆秉章请以瞻地与藏，亦深维以夷治夷之义，免滋烦扰，羁縻以至于今，臣等核度情形以为番官肆虐，瞻民有所控诉则其情得伸，即不至激而生变，商上既经执拗不愿归炉里兼辖，操之过戚，恐亦不能相安，应请以后番官肆虐，准瞻民向驻藏大臣衙门具控从严查办，如以道途遥远，请查照廓番过有票件交定日守备转送之例，其呈词即交距瞻对较近之江卡守备转递，不拆不看，倘该守备敢于积压拆阅，查出一并严办，庶番官欲其遵依图切结并俟具奏完案再行发给两造断牌，并于瞻对官寨处所刻碑勒示永远遵守外，所有臣等公同酌筹办理瞻对善后事宜。①

即准许瞻对之民上书驻藏大臣打官司，判决之后还要发断牌。可见，升泰仍是希望对瞻对进行"法治"，对刑法惩罚方面特别是抢劫也做了详细规定：

> 人命至重，黄教亦戒嗜杀，此后如残指肤体抛河枪毙等，法宜从禁革除，"夹坝"匪徒由该官就地惩办外，其有关人命重件必须商上转陈驻藏大臣核示遵办以重民命，此条照议，唯"夹坝"匪徒就地惩办，若应治以死罪仍须商明商上转禀驻藏大臣请示究办。②

---

① 卷宗号：002—002—153。
② 卷宗号：002—002—153。

如此表明瞻对在土司治理下，当地存在残指肤体、抛河、枪毙等习惯法，从注重人命的角度出发，这些非人道惩罚理应禁止。对于抢劫，则允许地方官就地按照大清律法惩办，如果涉及人命要判死罪则应商请驻藏大臣。升泰的建议是清政府对地方进行法治化建设的重要举措。除此之外，他还建议清政府采取禁止藏官包揽客货阻碍民生、禁止滥支应乌拉、减免赋税、统一斗秤等措施恢复民生。这些有益民生的举措得到很好的施行，虽然能减轻藏族群众之负担，对恢复藏族群众之生产有一定的积极意义，但并不能改变瞻对土司滥用司法权之状，也不能从根本上消除当地藏族群众的抢劫行为。

如果说将瞻对赏给达赖喇嘛是清政府的"权宜之计"，那么，清末瞻对之改土归流则是这个即将没落的王朝加强皇权建设、维护边疆安定的最后拼搏。英军入侵西藏，让清政府认识到边疆安全的重要性，一些有识之士力举加强边疆建设，赵尔丰就是其中一位。他曾先后任建昌道员、川滇边务大臣、驻藏大臣、四川总督等职，在川边藏族聚居区进行的改土归流就是他加强边疆建设的重要举措。瞻对改土归流进行较晚，宣统三年（1911年）二月初六，赵尔丰发布了改土归流告示：

> 现将瞻对地方改为怀柔县，设置汉官管理，已委员前往勘查界址，清理户口。凡地方事宜，均照巴、里两塘改土归流章程办理，免去从前一切支应。自此以后，尔等同为大皇上百姓，遇有委曲之事，可向汉官处申讼。汉官必定按照国法，公平判断，不使尔等稍受冤屈。至地方应办之事，俟汉官到任后，与尔等百姓公同会商，按照规定章程，选举村长保正，办理地方一切事宜，各居乐业，本大臣有厚望焉。①

勘查界址、清理户口、免去从前支应、依法判决、选举村长保正，这些都是加强政权建设的重要举措。司法方面，根据改土归流章程之规定，大小讼词均为地方官员审理，其他人均不得干预。对于命案、劫案、窃案也有详细规定：

---

① 转引自次旺俊美主编《近代康藏重大事件史料选编》（第二编上），西藏古籍出版社2004年版，第218页。

（十八）命案：蛮俗杀人，向以赔银赔茶了事，人命甚重，岂能若此轻易了结。以后杀人，必须抵命，其中或有情节轻重之间，听官审断，自能为之剖白，断不准私自赔银了案。

（十九）劫案：凡有夹坝抢人谓之劫，拿获即予正法，无论其有无杀人。

（二十）窃案：夜间乘人睡熟，或扒墙，或挖洞，或撬门入人家偷物，谓之窃。被人拿获送官，除追还原赃外，初犯者杖，犯二次者责枷，犯三次者罚永远为人奴，犯四次者充军。①

按照大清律例，抢劫者不一定会被判死刑，而此处不论其有无杀人均执行死刑，不难看出赵尔丰对"夹坝"处罚极为严厉，对抢劫行为之极端痛恨。而且禁止当地"说官司"的习惯法，不允许以赔银赔茶的方式了解命案，原则上一定要实现杀人抵命。可见，赵尔丰的司法改革极为激进。同年六月，清中路巡防军第九营进驻达阶（今新龙大盖），藏官回藏，瞻对成功改土归流，设瞻对委员。但好景不长，清政府的灭亡没能使这些举措长久施行下去，历史并没有留给赵尔丰实践改土归流章程之足够时间，"各居乐业"仍只是一种美好的幻想。"国"之不存，抢劫又焉能止步？

总结起来，在各土司分治之下，清时瞻对藏族群众的抢劫层出不穷。由于并非清政府直接管辖，以《大清律例》为代表的"王法"并没能管控好瞻对藏族群众的抢劫，瞻对"夹坝"并未受到王法的惩罚。为了维持地方秩序的安定以及对西藏边地的统治，清政府不得不通过军事手段的方式来维护"王法"的权威，希望剿灭"夹坝"，平定瞻化的抢劫。多次军事行动的失败反而使当地的抢劫以及地方土司之间的争夺愈演愈烈，即便在西藏管辖之下也是如此。长此以往，边疆将永无安宁之日，以赵尔丰为代表的清政府有识之士在瞻对等地推行改土归流，结束地方土司分治之乱象，力图以严法来治理瞻对藏族群众之抢劫。但清朝的灭亡使得一些土司借机复辟，瞻对藏族群众之抢劫依然肆行。虽然清政府极力希望遏制瞻对藏族群众的抢劫之风，但并未改变当地土司分治之现状，国家权力并未深入基层，土司之间的争权夺利并未停止，藏族群众的生存状况并没有得到改善，而且"王法"的推行也失去了瞻对地方政治力量的支持。因此，

---

① 吴丰培：《赵尔丰川边奏牍》，四川民族出版社1984年版，第193页。

"王法"鞭长莫及。加之,清政府的多次军事行动反向增强了当地强悍、好武之风,无论是土司还是百姓都有武力进行抢劫、复仇、械斗与战争。可见,清政府并未从整体观的角度来理解瞻对藏族群众的抢劫,并未分析抢劫与百姓生存、荣誉观、复仇习俗、土司的你争我夺等方面的关系。因此,单纯地利用"王法"、军事镇压来控制瞻对之抢劫是注定要失败的。

第二节 国民政府的治理

"劫匪",作为"夹坝"的一种名称,常常出现于川边地方政府文献中,他们抢夺财物甚至伤人性命的暴力行为明显违反了民国政府刑法的规定。但是,国家法律的推行和遵守与国家政权力量之强弱、国家法律制度是否完善以及国内总体政治环境、传统习惯法的"惯习"等有密切关系,虽然国民政府加强国家基层政权建设,但并未取得对地方的绝对控制,武力镇压仍是地方政府控制抢劫的重要方式。

一、依法而治

赵尔丰在瞻化的改土归流,颁布了专门针对"夹坝"的法律,用"厉法"来规范当地的社会秩序。但是,清朝的迅速灭亡没有留给瞻化藏族群众足够规训"厉法"的时间,历史把治理瞻对藏族群众抢劫的重任交给了国民政府。按照现代化理论,民国时期是中华民族现代化过程的重要历史阶段,而法制现代化是现代化建设中的重要一环,司法对于国家现代化的重要性已成为当时政界、学界的共识。民国初期,康区政治局势动荡不安,司法建设基本处于停滞状态,一县之司法事务由县知事兼任。待刘文辉治理康区之后,康区的法制化建设才逐渐推行。当时,一些知识分子疾呼加强国家的法制建设,有的甚至将其与抗日战争胜败联系在一起,"盖司法不但保障人权,亦是维护国策,完成国家目前之权益。凡是扰乱社会,妨害抗战,或危害国家者,皆在受司法制裁之列,是司法影响于抗战之胜败甚大"①。以此为标准,瞻化藏族群众的抢劫就是侵犯人权、危害

---

① 萧文哲:《改进西康司法之商榷》,载《东方杂志》1938年第6号。

国家权益、扰乱社会秩序的典型。对于"夹坝",官方文献中有一个新的称呼——"劫匪"。匪,按照《辞海》的解释,指的是强盗,意为为非作歹危害人民的人。国民政府用"匪"来标签那些暴力违法者,如"劫匪"。有时用"瞻化匪人"来指代那些不知名的抢劫者。民国成立不久后就颁布了《民国刑法》,这是中国历史上第一部以"刑法"命名的法律。民国二十四年(1935年),国民政府颁布了新的刑法。新刑法中关于抢夺与强盗的部分规定如下:

第三百二十五条:意图为自己或第三人不法之所有,而抢夺他人之动产者,处六月以上五年以下有期徒刑。因而置人于死者,处无期徒刑或七年以上有期徒刑。致重伤者,处三年以上十年以下有期徒刑。第一项之未遂犯,罚之。

第三百二十九条:意图为自己或第三人不法之所有,以强暴、胁迫、药剂、催眠术或他法,致使不能抗拒,而取他人所有物或使其交付者,为强盗罪,处三至十年的有期徒刑。

第三百三十二条:犯强盗罪有下列行为之一者,处死刑或无期徒刑:一纵火者;二强奸者;三掳人勒赎者;四故意杀人者。

从新刑法的规定来看,强盗罪比抢夺罪判处方面更为严厉,如犯强盗罪者有故意杀人者要被判处死刑或无期徒刑。而瞻化藏族群众的抢劫是以刀、枪等武器为威胁,强迫他人交出财物行为,有的抢劫还致使人员伤亡,明显地违反了新刑法中关于抢夺与强盗罪的规定。除刑法这种普通法之外,国民政府还颁布了惩治抢劫的特别法。民国三十三年(1944年)四月八日国民政府公布并实施了《惩治盗匪条例》,只要是违反此条例中的一条者就可以称为"盗匪",如第一条中"强劫而故意杀人或使人重伤者"就属于典型的"盗匪",特别法中的"盗匪"所指的范围实际上比刑法中对强盗罪的规定要大。而根据此条例,"强劫而故意杀人或使人重伤者"就要处以死刑。以上属于中央层面之法律。一些匪患较为严重之地方也颁布了地方惩治盗匪的相关条例。例如,山东省政府1942年9月就颁布了《山东省惩治盗匪暂行条例》,这里盗匪也包含抢劫者。对于抢劫者,该条例也规定处以死刑。因此,无论是中央还是地方层面,"盗匪"成为危害社会秩序的顽疾,必须予以极刑。而不管是依照新刑法还是特别法判处，许多瞻化"夹坝"均要被判处无期徒刑或者死刑。以瞻化藏族群众抢劫之频繁来计，瞻化县府的监狱一定是人满为患。可瞻化监狱的状况并非如此。在一份未知时间的"瞻化县政府监狱表"中就表明瞻化县府并无收押人犯。事实上，瞻化县的监狱也收容不了这么多人，"监所于三十年新建衙署之左侧，合计四间，每间面积宽约四千尺，能收容人犯十人"①，如此小之监狱又怎能容下诸多犯法者？这说明，刑法中关于抢夺与强盗的规定以及国家法律的判处并没有得到严格的执行，也表明西康的法制化建设受到了相应的阻力。这些阻力既有政权本身的原因如西康法制化建设推进不力，也有客观方面之原因如受到地方土酋势力或者地方习惯的抵触。从西康省的石渠县之司法状况中可以看出端倪：

  司法事项，由县长兼理，现行法规，多不适用，判决诉讼端（纷）争，率本土民原有之习惯成例，状纸由西康省司法筹备处配发后，凡人民递呈，均比遵照合法手续进行。唯石渠人民，秉性淳厚，纷争极少，值得受理者，年仅二三案而已。②

  第一，在司法处之类司法机构成立之前，当地是县长兼理司法事项，"汉官所在之地，适用中国法律，但地方法院尚未设立，司法事务由县知事所兼任"③。第二，县长兼理司法事项并不依照现行法规，而是依照藏族群众生活中原有之习惯成例，即学界所言之习惯法。第三，在此情况之下，地方政府还是在法制化建设方面做出了一定的努力，如统一司法状纸、递交司法状纸后要按照相应的程序进行审理等。第四，不管石渠县县长是否有所隐瞒，该县受理的司法纷争非常少，年仅二三案。可以说，石渠县的司法状况在康区各县之中有一定的代表性，但与之不同的是，瞻化县县长受理的司法纷争则要多很多。这与瞻化当地抢劫、复仇、械斗事件频发有很大关系，当其中一些案件上报后，县府有理处之责。瞻化县在处理时也并不是完全依据刑法之规定将这些抢劫者法办。民国三十五年（1946年）天兴隆丁福春两家被劫损失枪马货驮及死亡人命一案中，县司

---

① 卷宗号：002—001—278。
② 赵心愚、秦和平编：《康区藏族社会历史调查资料辑要》，四川民族出版社2004年版，第62页。
③ 陈重为：《西康问题》，中华书局1930年版，第193页。

法机关如此判结：

> 所有在锣锅梁子行劫犯二十二名，胆敢劫夺财物击毙行商四人，殊属藐违法纪，依法应处死刑，姑念已赔财物命价，准予从轻议处，着即按名解送来县各处以有期徒刑十年，以示惩戒。①

从中不难看出，本案是劫夺财物杀人的案件，按照新刑法的规定，应处以死刑，但是法律执行时已经大打折扣。因为按照康区赔命价习惯法，只要抢劫者对被抢者进行了赔偿命价以及财物之后，被抢劫者及其亲属就不能进行追究了。因此，考虑到康区习惯法的调解，县司法机关准予从轻议处，处以抢劫者有期徒刑10年。

前文谈到瞻化监狱并未人满为患，可见，县府一定通过某种方式将这些抢劫者"释放"或者"保释"。的确如此：

> 中央减刑办法之规定应予减处刑罚三分之一（计一年），又尼玛盗阿登枪支案既经了息，扎喜洛布宣告此罪也，予减处刑（一年），陈在禁致间抵扣外，零余解刑罚准予抵缴罚金（320元）。②

此案中的盗窃者被判处有期徒刑三年，县司法机关根据中央减刑办法将其减刑一年，案件了结后又予以减少徒刑一年，除去其在县拘禁的时间，理论上其应该关押徒刑不到一年。然而，剩下不到一年的徒刑也以缴纳罚金的方式折抵了。县司法机关判处缴纳罚金320元。为了使罚金能按期缴纳，当时的河东区区长还出具了保证书：

> 民等特联名具保该扎喜洛布，限本年二五日照数缴清，以后为有翻异情事，与保等是问，中间不虚，保状是实。

如此，县司法机关就不用担心犯人的罚金是否能够按期缴纳了。另一案中也表明了县司法机关采取此类办法：

---

① 卷宗号：002—003—003。
② 卷宗号：002—001—300。

为具保结事，窃蝦衣阿格、甘大被张炳轩以抢劫具控，蒙恩判结赔偿暨处以徒刑，自应送判完结。兹由民保阿格、甘大出外措办赔款及徒刑当备金限一月内缴纳清楚，如有违误，保人愿负完全责任。①

保人通过出具保证书保得犯人外出，使犯人有时间筹措赔款以及折抵徒刑的罚金。如此，犯人就不用在监狱里服刑。"交保习惯为康人恒事，保人责任即以犯罪人犯罪，轻重为实。"② 且出具保证书的大多是地方的大小头人，上案中的河西区区长更是地方土酋，他们的具保，县司法机关不能不考虑。对藏族群众而言，坐牢是一件极为丢面子的事情，他们会通过各种方式试图减免自己的徒刑。虽然没有证据表明所有被判徒刑者均能逃脱监禁，但从县司法机关准许缴纳罚金折抵徒刑的做法能够看出县司法机关在具体的司法判处过程中并没有"死抠"刑法条文，而是采取了适当的办法予以折中，一方面县司法机关不失去应有的权威，另一方面藏族群众也保住了面子，实为一种"双赢"的方式。在康区藏族运用习惯法的同时还要斟酌案件的轻重，一些性质极为恶劣的抢劫者被判处了死刑：

查甲呷触犯连续抢劫而故意杀人之罪，已由本署（部）判处死刑，于九月三十日执行枪决矣，呷绒、仕隆、得太等三名，准予发县执行三年徒刑，以遏逃风，而重差粮，唯该县长实司民数，既经判处徒刑，执行期满，即须严饬该管乡村长妥加爱护，不得虐待，倘有虐待情事，应以该县长是问。③

此案虽不经瞻化司法处判处，但是首犯甲呷因为连续抢劫并残忍地杀害了被抢劫者，因此被判处死刑，其他三名从犯被判处三年徒刑。又如，瞻化上瞻区土酋多吉朗加之女青梅志玛也因多次抢劫、叛乱被政府军处死。

如此，当局者一方面通过统一司法状纸、设置司法机构、加强司法人员培训、规范审理程序等方式加强地方法制化建设，力图能够使"国法"得到有效的执行，完成保护人民之生命、财产安全之政治使命，完成保护

---

① 卷宗号：002—001—164。
② 卷宗号：002—003—009。
③ 卷宗号：002—001—264。

地方秩序安定的责任；但另一方面，"国法"在地方的执行过程实际上是国家法与习惯法的互动博弈过程。从收集的材料来看，习惯法与国家法在每一个案件的审理与判处中都存在互动博弈。死刑是对抢劫者最为严厉的处罚，然而县司法机关并不经常使用国家法律所赋予的剥夺他人的生命权力，而是采取遵照藏族群众赔命价的方式予以折中。从徒刑的判处与收监情况来看，地方习惯法在司法审理过程中仍占据主导地位。县司法机关的判处表面上维护了国家法的权威，而实际上赔命价习惯法、缴纳罚金折抵徒刑的方式才是司法审理的重点。即便一些罪大恶极的抢劫者被判处死刑，但这种严厉的方式在瞻化还是极少运用。枪毙青梅志玛为地方驻军所为，而不是瞻化县司法处所为。对于康区习惯法与国家法的互动博弈，当时一些学者就有清醒的认识，"故言改进西康司法者，首宜注意采行适用之法律"①，即要推行适合康区社情之法律，而不是一味地推行国法。

瞻化县司法处的审理、判决把国法与习惯法结合运用，一方面遵从了地方习惯法之相关规定，但另一方面反映了地方行政、司法建设、地方管理等多方面存在的不足。试想，如果县司法机关严格地按照国法将抢劫者执行枪毙之刑，那么藏族群众必然会起来进行武装反抗，地方政府之差徭就没有人承担，特别是乌拉差役，县府就会陷入与外界断绝联系的状态。因此，为了维系政权的正常运行与地方秩序的安定，地方执法者在审理与判处过程中必会有所顾忌。对于任何一个政权而言，其在推行法治化过程中都面临着如何处理好国家法与习惯法的关系问题。传统习惯法不会自动退出历史舞台，国家法制建设也不是一蹴能就。从收集到的资料来看，藏族习惯法在司法案件判处中占据主导地位。那么，对瞻化"夹坝"而言，实则是对他们抢劫行为的姑息。

对地方司法执行者来说，维护"国法"的成本亦是相当之高。首先在当地交通极为不便的情况之下，抢劫者或者逃离瞻化县，或者进入当地的高山深林之中，政警接到报案出动捉拿抢劫者之时，抢劫者早已逃之夭夭。而且"乃查各区头人积习，关于民刑案件大多私自理说，并不呈报请示，始无论处理是否适当国法，至侵越法权，蔑视法令"②，一些抢劫案件无须经过县司法机关就按照习惯法处理完毕，国家法律遭到民间的蔑视

---

① 萧文哲：《改进西康司法之商榷》，载《东方杂志》1938年第6号。
② 卷宗号：002—003—003。

与抵触。对于一些特别严重的案件，瞻化县司法机关就会请求地方驻军出动清剿。例如，天兴隆号商队被劫杀一案以及卡娘娃劫杀德格商队一案，陆军整编24师独立团第三营就出动缉拿抢劫者。即便出动驻军也不能够立马将抢劫者捉拿归案，抢劫者会利用地形的优势躲避驻军的搜索，甚至与驻军交战。在捉拿天兴隆号抢劫者时，县司法机关道出了自身无力之状：

> 且呷绒等集有相当武力，若以县府警兵往发缉捕，绝难达成任务，地方武力亦不可靠，前商准副团长函示，俟乡城事件解决后，即派队入县协办，因兹有稽延歉速而势不许也。①

第一，县府由于警兵力量的薄弱，担心遭受到抢劫者的武力反抗，但不能依靠地方武装力量，只能请求驻军的帮助。不过，此时的驻军正在乡城县进行"救火"，要待乡城事毕才能返回瞻化。一般来说，邀请部队出动的案件都是大案、要案，普通的抢劫案件，县府只会派警兵捉拿。但即便是警兵出动，也不一定能够把抢劫者捉拿归案。前文提到，康区有"具保"的习惯。当某村人有犯抢劫罪之嫌疑，其村落百姓、村落寺庙以及地方头人甚至土酋愿意出面担保。从某种程度来说，此类担保也是证据，就算其担保内容为假。碰到此类情形时，瞻化警兵不会强行将抢劫者带走。于是，案件就陷入了举证、自证、担保的反复过程。当被抢劫者通过"眼线钱"的方式寻得证据之后，被抢劫者就必须接受对质、审理。这样一来，抢劫案件从报案到审理结束通常要花费几个月甚至更长时间，耗费大量的人力、财力。

第二，政府还会担心司法案件可能引发的政治动荡。一旦政府强制执法，拥有大量枪支的"夹坝"极有可能产生武装冲突，这是西康省地方政府极不愿面对的状况。如卡娘村村民劫杀德格仲萨寺及希泥家活佛与商队之后，并不畏惧军队与政府警兵，他们不仅言辞非常激烈，而且采取破坏交通要道、进行巡逻、转移妇幼等措施，做好与军队、政警硬碰硬的准备。

---

① 卷宗号：002—001—058。

二、打击盗匪

如果将全部希望寄托于国家法律而不寻找其他"良方",瞻化藏族群众抢劫之势根本不会得到有效控制。对此,瞻化地方政府也有清醒的认识。因为法的控制毕竟是一种事后的控制方式,而且根据"不告不理"的原则,法律控制具有严重的被动性。为使抢劫者不敢抢劫,地方政府也探索了一些事前控制的方式。

第一,加强对交通要道之巡防。以瞻化为代表的康区频频发生邮运被劫事件,给邮运正常运行、政令通行带来了极大的损害。为了减少劫邮事件的发生,西康省政府下令要求各地加强对交通要隘之地的巡防:

> 但因各县局平时既疏于戒备,临事复又敷衍塞责,以致匪风未减,劫掠常闻,长此因循,实属妨害交通,影响邮运,为此令仰该即便遵照务于所辖区内交通要隘随时派队防守或巡弋,以免再有劫邮案件发生,遇劫案发生亦须立即负责缉办。①

邮差是西康最危险的职务之一。"据1941—1949年间不完全统计,邮差被劫135次,其中被杀4人(含临时差),被击伤40余人(次),被捆绑、吊打、剥光衣服、洗劫一空的不计其数。"② 根据省府的命令,各辖区之交通要隘须有队伍进行巡逻,对意图抢劫者形成威胁,从而保障邮运的畅通以及来往商旅人员的安全。当局更是要求如有劫邮案件发生就须立即予以查办。沙堆是新龙县最北之村落,其通往甘孜的道路崎岖,荒无人烟,是埋伏进行抢劫的理想场所。沙堆藏族群众往甘孜支差时常常被抢,"况往来当差途中随时被掠"③,许多沙堆藏族群众无法承受频频支差任务以及被抢的危险,他们不得不逃往他处居住。鉴于"沙堆之牛马常在门坎山一带有被抢情事,本府并已饬驻守沙堆保安队负责切实保护"④,于是一排官兵驻守沙堆,震慑意图抢劫者。至于驻防后效果如何,暂未有材料

---

① 卷宗号:002—002—156。
② 中国人民政治协商会议《四川省甘孜藏族自治州文史资料选辑》委员会编:《四川省甘孜藏族自治州文史资料选辑》(第八辑),甘孜报社印刷厂1989年印,第143页。
③ 卷宗号:002—001—576。
④ 卷宗号:002—001—576。

说明，但至少表明瞻化县府为了防止抢劫事件的发生做出了加强巡防的努力。除沙堆外，瞻化其他抢劫频发之地就没有军队的驻扎。

第二，加强对枪支的管理。枪支是藏族群众进行抢劫的利器，而且县政府与地方部队并不能为瞻化藏族群众提供必要的保护。因此，从自卫的角度而言，地方没有正当理由禁止瞻化藏族群众私自购买武器，也没有任何理由将民众自卫之武器收缴。为此，西康省政府颁布了枪支烙印管理办法，尽量将枪支的无序管理纳入规范化管理。枪支烙印管理办法有利于摸清地方武装力量，方便清查抢劫者，但不能从根本上限制民众获得、拥有及使用暴力，而且军队流出的枪支是藏族群众获得武器的重要来源。因此，政府虽然想要加强对枪支的正规化管理，但又无法控制枪支从自己内部流出，形成了枪支管理的悖论。

第三，加强对村落以及外来人员进入境控制。当局认为，加强对外来人员的管理，特别是对那些行为不轨者的监控，能够减少地方偷盗、抢劫事件的发生。为此，地方政府颁布了《惩治盗匪章程》。该章程对本村人员外出、外来生人进入等进行了详细规定。现择一二分析：

> 本村人民有事他出者报知本村保正村长字据或到县领有护照字据，私行他出者即系甘心为匪，由该保正村长连环保人等捆送来县究办。
>
> 各村人民不准挟仇报复，如有仇杀打伤人者即为匪徒，该村长头人连环保人即将凶手捆送来县讯究，如将凶手放走即将该村长头人连环保人一并究送。
>
> 外来生人匪徒内地必有穷户驻足方能盗窃，凡有生人入境不准容留住宿，如有留容之家即是穷户，连环保人应即报知村长头人将穷户送县，如保人不查不报，即是连同一气定将连环保人一并究治。①

根据章程，"匪"所包含的对象进一步扩大，私自外出者是"匪"，将会受到法律处罚。政府希望通过联保以及发给通行护照的办法控制本村人外出，且限制外来生人入境居住。如果有人收纳外人入住其家，也要被送县究办。更是不准藏族群众相互报复，影响社会秩序，报复者将以匪徒

---

① 卷宗号：002—002—153。

论处。联保的办法类似古代连坐，如果一家有抢劫或者偷盗等不法行为，其联保之家均会受牵连。可见，章程规定极为严厉，藏族群众之人身自由也受到限制。与农业民族的定居不同的是，瞻化藏族群众具有一定的流动性，特别是那些以畜牧为主的牧民，他们的行踪无迹可寻。因此，要想限制瞻化牧民的人身自由非常难。对于诸如沙堆定居藏族群众而言，他们也具有一定的流动性。当藏族群众屡屡遭受抢劫无法在当地生存下去时，他们就会举家迁移。因此，当局希望控制藏族群众人身自由的办法不能从根本上消除地方的抢劫。

第三节　人民政府的治理

随着历史的车轮向前推进，新龙藏族群众的抢劫在新的政策之下越来越少，抢劫不再成为社会治理的顽疾。而这一转变的过程是瞻化当地移风易俗的过程。

一、县人民政府之政权建设

1950年7月20日，解放军18军一个排和平解放瞻化。1951年2月1日，郭维淮奉康定军管会之命任瞻化县军事代表，率工作组到达瞻化县城实行军事管制。接管后的工作组着手召开人民代表大会与筹建县人民政府。5月11日，瞻化县各族各界人民代表会议召开。5天后，县人民政府成立，推举甲日尼玛为县长，巴金、丁曾扎巴为副县长。这三位曾分别为上瞻、河西、河东三区最有势力者。除这三位外，巴登降错为人民法院院长，且民族、宗教上层人士中还有15人为各区区长、科长，13人为政府委员。从县、区政权机构的人员构成来看，县人民政府成立之初，瞻化当地的一些民族、宗教上层人士进入新的政权体系之中，且占据重要位置。这一过程可称之为"政治赎买"。通过政治赎买，新的政权平稳交接，对维持地方社会秩序的安定及少数民族地区的管理意义重大。除任命新的政府官员外，新召开的人民代表大会还审议通过了《瞻化县团结爱国公约》。该公约中有许多条款涉及地方社会秩序，其中对仇杀、抢劫等暴力行为做出了规定：

二、坚决禁止打冤家、互相械斗与残杀、抢劫等行为发生。如果遇有纠纷与过去旧存之案件，应经人民政府解决，不得私下报复。遇有关两县之问题，应经过两县的人民政府或自治区人民政府解决之，更不能有违反团结之非法行为。如果任何一方有违反行为者，要受到人民政府的严厉惩办。

四、坚决禁止乱杀人，不论任何人有犯罪之行为应经过人民政府以法办理，但在人民中间没有处死人的权利。如不经人民政府杀死人者要抵命。如遇有暗杀私人报复者，可实行逮捕送交人民政府处理或实行自卫，确实为了自卫而打死人者经查实后不抵命，吃酒行凶打死人者要抵命。

五、对于土匪抢劫、偷盗者，首先各乡保长头人要严加管束所属不准有任何抢劫偷盗行为，如发现了可立即报告人民政府。更不能有包庇行为，如果有包庇行为以及管束不严，除抢劫偷盗者受到处分外，各乡保长亦应受连带处分。如遇有武装抢劫偷盗者可实行逮捕或密告人民政府，以法处理，但不能私下报复。①

具体来看，第二条从总体上规定了解决地方械斗、仇杀、抢劫等案件的原则，即不准私自解决，等待县或自治区人民政府的介入，避免更大之伤亡与仇恨；如有违反，则会受到政府的严厉追究。第四条禁止乱杀人，政府收回私自剥夺他人生命的权利，规定酒后行凶杀人者必须抵命，倘私自报复仇杀人者要予以逮捕抵命，但自卫行为导致他人死亡者除外。第五条规定各乡、保头人有管束所属百姓之权利，所管百姓有抢劫、偷盗行为，各乡、保头人也有连带责任，若遇到武装抢劫或者偷盗行为要求上告人民政府依法处理。总结起来，可归纳为三点，第一，除政府外，头人、民众没有私自剥夺他人生命的权利；第二，人民政府依据不同情况对杀人、抢劫、偷盗者进行处理；第三，民众不能私自采取武装报复、挑起械斗等暴力行为。从内容上看，此公约在最大范围内限制新龙藏族群众使用暴力，强化政府在维持社会秩序中的主导地位与作用。从性质上看，此公约实际上是规范藏族社会行为之"法"。《中华人民共和国宪法》在1954

---

① 四川省甘孜藏族自治州新龙县志编纂委员会编：《新龙县志》，四川人民出版社1992年版，第409页。

年第一届全国人民代表大会第一次会议通过,而《中华人民共和国刑法》制定与通过的时间更晚。因此,在专门性法律实施之前,此公约成为规范民族关系、藏族群众行为的"法"。实行此类公约是整个康区较为普遍的做法,如西康省藏族自治区第一届各族各界人民代表大会上通过了《加强民族团结的决议》。该决议的部分内容包括:

②各民族间与民族内部的纠纷,应通过人民政府用调解方式协商解决,禁止互相械斗、打冤家、暗杀、毒害等行为;

③加强团结友爱合作精神,禁止互相抢人、劫路和偷盗行为,如还有上述事件发生,应及时报告人民政府,调解解决,不得私下互相报复;

④杀人者抵命,抢人、劫路、偷盗者除归还物品外,还要通过人民政府依法惩办。①

此决议表明了新的人民地方政府对康区盛行的抢劫、杀人、偷盗、械斗、打冤家等暴力行为的明确态度,力图通过协商的方式解决地方的纠纷与争端。除此决议外,还制定了《西康省藏族自治区各族各界人民团结爱国公约》。该公约共十条。其中,第五条就规定"严禁再有挑拨、械斗、仇杀、抢劫、种罂粟、贩毒等非法行为,违者一律依法严惩"②,对于藏族聚居区以往的纠纷要秉承既往不咎互谅互让的精神处理。可见,省、县两级地方政权团结爱国公约都对康区盛行的抢劫行为进行明确规范禁止,力推用协商的办法解决纠纷。而且要求在人民政府任职的主要领导以及地方各区与乡、保头人要带头遵守公约决议的内容,"对任何人违反团结公约必须受到人民政府的依法处理"③。不仅如此,中共新龙县工委、县公安局等政权机构的相继成立也表明县人民政权力图加强对地方政权的领导与对地方社会秩序的控制。从爱国公约的颁布、新机构的成立来看,县人民政府展现了与以往政权对待地方抢劫不一样的态度,对地方抢劫、偷

---

① 《甘孜藏族自治州概况》编写组、《甘孜藏族自治州概况》修订本编写组编:《四川甘孜藏族自治州概况》,民族出版社2009年版,第134页。
② 《甘孜藏族自治州概况》编写组、《甘孜藏族自治州概况》修订本编写组编:《四川甘孜藏族自治州概况》,民族出版社2009年版,第134页。
③ 四川省甘孜藏族自治州新龙县志编纂委员会编:《新龙县志》,四川人民出版社1992年版,第409页。

盗、械斗、复仇等行为展示了强大的政权压力，大部分头人也被纳入地方政权体系中来。然而，在公约实施期间，瞻化地方秩序也没有得到根本转变，仇杀、偷枪案件仍频频发生。资料显示：

  五一年仇杀占总收案 40.7%，抢偷占 33.3%，婚姻一件，土地二件，债务二件。
  五二年仇杀占总收案 18.8%，抢偷占 32.1%，婚姻占 4.76%，土地占 19.1%，债务占 10.7%。
  五三年仇杀占总收案 9%，抢偷占 33.36%，婚姻占 7.86%。①

从三年的收案类型来看，当地仇杀、抢偷占案件中的多数，其中抢偷案是县公安局两年收案最多的案件类型。可见，新龙解放之初的社会秩序仍然比较混乱，仇杀、偷枪案件频发，也表明《瞻化县团结爱国公约》并没能对地方社会秩序尤其是瞻化地方的仇杀、偷抢等行为进行有效约束。此种局面的造成与新龙解放初期的政治状况有关。县人民政府还未取得对瞻化政治、军事、经济等方面的绝对控制。政治上，政治赎买的方式虽使得地方上较大势力的土酋、头人名义上服从县人民政府的领导，但仍没有建立绝对权威，县人民政府的运作仍须依靠地方头人，他们仍拥有较大的政治权力；军事上，地方头人等仍有自己的武装，并不是绝对忠于县人民政府的力量；经济上，县人民政府也没有取得对地方经济的控制权。本质上来看，此种模式仍是国民政府时期"土酋分治"的延续：

  有些上层反映说："现在正是报仇的时候，以后改革了，再不能报仇了。"县长说："现在打死人比过去占两方面的便宜，一是赔命价比过去少一半，银子数字和过去一样，但不值钱的东西少了；二是政府不罚款，凶手也不用送礼。"又说："现在打死人，一打就想把全家打死。"②

县人民政府一些上层人士的述说再一次表明县人民政府成立之初地方

---

① 卷宗号：004—001—010。
② 卷宗号：002—001—035。

社会复仇明显增多，并归因于县人民政府的"新政"，政府对凶手不罚款，所以凶手更是肆无忌惮。除此之外，凶手所需承担之赔命价较民国时期少，犯命案者之法律成本以及经济成本减少，使得藏族群众产生了"一打就想把全家打死"的极为恶劣的想法与行为。拥有的政治权利、较低的法律成本与经济成本的结合使得部分头人在新的政府成立初期仍肆意妄为，一些普通藏族群众也还未切身感受到新政权的变化。因此，他们对新政权的到来未予以重视。

《瞻化县团结爱国公约》内容上虽然注重团结，但仇杀、抢劫频发的社会现实不仅显得当地并不怎么"团结"，同时给新政权的统治根基造成了极为不利的影响。有的代表甚至对县人民政府的行为提出了质疑：

> 你们在宣传团结，现在比以前打死的人还要多，为啥不惩罚造事生非的分子，为啥不执行第一届代表会议的决议杀人抵命呢？①

由此看来，公约的规定并未得到有效的执行，引发了一些代表对政府的不满。此时的新龙县正处于政权建设的过渡时期，国家机关职能的全面开展仍受到限制。以新龙县法院为例，人民法院虽对杀人、抢劫者有审理之责，但其部分判处并未得到有效执行：

> 关于八两保长阿木石木登批和阿落仇杀一案，虽在经你府解决后，并执行了部分命价，但登批和阿落两犯各被判处的一年徒刑，一直没有执行。据目前所了解的材料来看，由此就引起尼马（死者之弟）的不满，曾意图报复。经你府把该案的主谋加拉意西扣捕起来是对的，但事后，因看守工作的不严，致使该犯越狱逃跑，从而在部分群众中产生了一些对我政府不正确的看法（说是把人放走的）。②

此例中的杀人者并没有"依法抵命"，而是各被判处有期徒刑一年且没有立刻执行。可见，当时的县法院并没有"严格执法"。更让人意外的是关在看守所里的主谋竟越狱逃跑，足见当时的国家政权建设仍较为薄

---

① 卷宗号：002—001—010。
② 卷宗号：002—001—019。

弱。而当时的新龙县公安局将当地抢杀事件频发归结于民族上层之间的争夺：

> 多数主要案件是因为上层统治者为了巩固和扩大其统治势力而造成的，造成了以上十分严重的情况，不仅死亡了三十人且严重的加重了群众负担和影响了群众生产，造成县城区人心惶惶。①

新政权中的民族上层之间的争权夺利是引发地方秩序混乱的因素之一，这种状况与民国时期的大体相同。但是，这也同样表明至1955年，中央人民政府仍未取得对新龙的绝对控制，没有办法对政权体系之内的民族上层的争权夺利进行有效制约，以致一些头人甚至公开叫嚣"县政府不得干预他们享有的特权"②。可见，如果不进行彻底的、全方位的社会变革，抢夺之势难以改变。

二、民主改革

如上文所言，在民主改革以前的政权过渡阶段，《瞻化县团结爱国公约》并不能约束地方社会秩序，百姓或头人能够轻而易举地获得与使用暴力，对新龙藏族聚居区进行全方位的改革势在必行。民主改革的开展就是破除这一地方惯性的重要步骤，也是地方社会性质转变的重要措施。

民主改革的主要内容就是废除旧有的土地制度，实行农民土地所有制；废除现有的高利贷以及头人的特权，解放并安置农奴；通过重新分配土地与牧地、消灭剥削，过渡到社会主义社会。紧随全国民主改革的步伐，接到民主改革任务后，新龙县工委组织积极分子参加民主改革培训会，学习民主改革政策与布置任务，并组建民主改革工作组，积极准备开展工作。工作组以及积极分子经过短期培训后便进驻各乡开展民主改革。为了消除民族上层的顾虑，新龙县工委召开了全县上层人士协商会议。会议一方面是为了消除民族上层的疑虑；另一方面也要求他们积极配合，其中就有要求他们交出武器。曾参与新龙县民主改革的罗印俊称此举为"借枪"：

---

① 卷宗号：004—001—035。
② 中国人民政治协商会议新龙县委员会编：《新龙县文史资料》（第二辑），甘孜报社印刷厂2011年印，第8页。

一九五六年三月初为了防止意外，配合区、乡工作组发动群众，县上及时提出向集中学习的这一批上层人士"借枪"。当时的所谓"借枪"，其实质就是要把封建地主阶级的武装拿过来，掌握在农民手中，达到"枪换肩"的目的，进而消灭整个封建剥削的农奴制度。①

枪是"夹坝"的利器，"借枪"是限制地方头人拥有暴力的手段，也是历届政权不曾采取过的措施。当然，任何群体都不甘心割让自身的军事实力。所以，"借枪"注定不会很顺利。一些头人不甘失去自己的利器。甲孜阿日就是其中的典型：

> 从区上开完会回乡途经甲孜村时，即去甲孜阿日家"借枪"。阿日当时不在家，已去绕六乡开会，仅有他妻一人在家。他们即将枪取走。回到绕六后，杨国安又马上叫阿日来，把在他家借枪情况作了交代，又要借阿日身上的一支短枪。（此枪很好，是英国造的八大钉）阿日霍地从身上抽出短枪，枪口对准杨国安，并说："枪有你来拿！"边说边退出门外，下楼逃跑。当日晚上，阿日等组织了几十人叛乱包围了工作组，情况发生了突然变化。②

当工作组要借他身上的短枪时，他拔枪威胁工作组成员，走向了人民的对立面。过渡时期的新龙头人在行政及军事方面仍有很大实力。享有这些特权的头人不甘失去自己拥有的武力、土地、财力以及其他方面的特权，而民主改革就是要消除藏族聚居区社会存在的种种剥削，建立一种新的社会秩序。因此，武装反抗县人民政府的民主改革是为必然。沙堆乡自1956年2月16日开始民主改革工作，但遭到了以安基为首的地主的武装反抗。安基组织力量在沙堆的石门坎伏击南下平叛的解放军：

---

① 罗印俊：《回忆新龙县的民主改革》，见中国人民政治协商会议《四川省甘孜藏族自治州文史资料选辑》委员会编《四川省甘孜藏族自治州文史资料选辑》（第七辑），甘孜报社印刷厂1989年印，第229页。

② 罗印俊：《回忆新龙县的民主改革》，见中国人民政治协商会议《四川省甘孜藏族自治州文史资料选辑》委员会编《四川省甘孜藏族自治州文史资料选辑》（第七辑），甘孜报社印刷厂1989年印。

叛匪们就在这里进行埋伏阻击，居高临下，随意射击，这就迫使英勇的解放军只好改道，分成几处爬山，使用密集强烈的炮火掩护才杀开了一条血路，可仍付出很大的代价，不少的解放军同志在"石门坎"流尽了最后一滴血。第三天到沙堆乡叛匪都跑光了，村子里只有少数人，我们在沙堆仍然召集了一次会，宣传政策，还收到三支枪。在沙堆桥头我们打死叛匪一人。①

不仅沙堆如此，由部分头人、寺庙领袖领导的叛乱在全县境内发生。至1956年3月14日，全县除未叛乱的河东区、河西区的雄龙西与博孜以及下瞻区的朱倭半个乡外，其余地区先后叛乱，叛匪共3200人，枪1630多支。② 下派各乡的民改工作组受到了叛匪的武装攻击，人员损失惨重。但人民解放军迅速出击，使得全县的叛乱在该年7月基本平息，受降的叛众达300余人，缴获枪支1100余支。不过，还是有部分叛首逃脱。沙堆乡的安基就是其中之一：

  沙堆地主安鸡（基）从叛逃起，一直为匪在外，全家共有六人。计地主安鸡46岁，其弟罗布降泽46岁，其父白马汪硝70岁，其子易巴12岁，其妻子32岁，其女3岁，有长枪三支，短枪一支。

他带领家人隐藏在山上，不时潜回村落进行破坏。民主改革的大势没有因为他的存在而停止，沙堆乡民改组没收了地主部分土地、废除了地主之乌拉差务以及其他债务，选出了农民代表，成立了自卫武装中队部、乡妇代会、乡青年组织及乡人民政权。至此，县人民政府扎根藏族聚居区。不过，抓获逃亡在外的叛首仍是新政权各项工作的重中之重。然而，1959年3月，新龙部分乡又出现了新一轮的叛乱，参与叛乱者有525人，枪55支，连同民主改革未歼之叛乱者，新龙县内形成了15股1500余人、500余支枪的叛乱者。他们对零散的解放军士兵、政府工作人员、"民改"积

---

① 罗印俊：《回忆新龙县的民主改革》，见中国人民政治协商会议《四川省甘孜藏族自治州文史资料选辑》委员会编《四川省甘孜藏族自治州文史资料选辑》（第七辑），甘孜报社印刷厂1989年印。

② 参见四川省甘孜藏族自治州新龙县志编纂委员会编《新龙县志》，四川人民出版社1992年版，第13页。

极分子等实施凶杀、暗害、抢劫等。为保卫民主改革的胜利,解放军六团三营、六团一营等部队再次进入新龙平叛。

除武力平叛外,新龙县还开展了"反叛乱、反违法、反特权、反剥削"的四反运动与镇反运动,对一些叛乱分子实施了关押或判处死刑。此外,当局还积极争取一些反叛分子投降,如日巴的头人直美俄热就是在外逃亡数年后投降回村的。通过这些方式的结合运用,新龙平叛压力逐年减轻。当然,那些逃亡在外的反叛者经常回村进行凶杀、暗害、抢劫,对地方社会秩序仍是极大的挑战。不过,通过武装平叛,旧有的土酋分控的瞻化社会秩序被彻底颠覆。新龙藏族的土地上出现了其历史上从不存在的强有力的政权,那些不服从政府的头人再也不能恃强横行,他们之间的大规模械斗、仇杀、抢劫等行动基础逐渐被消磨,由此致使的社会不稳定因素也随之减少甚至消除。

虽然民主改革收缴了头人与百姓的部分武器与弹药,但仍有部分武器散落在藏族群众手中,这些武器的存在仍然是对社会秩序的极大挑战。为此,当局一方面劝说藏族群众自觉交枪,对交枪的百姓给予一定的经济补偿;另一方面又通过动员新龙宗教领袖号召藏族群众交枪销毁。沙堆汤布寺活佛多洛与尔吉志麦就做出了很大的贡献:

> 在全县各寺庙对信教群众讲经说法时,利用他们在信教群众中的威望,说服动员民众主动交出散村民间的枪支,消除社会隐患。1998年促使群众自愿收缴民用枪支210支,交寺庙统一销毁,其中沙堆汤普寺销毁40支。①

1998年是《中华人民共和国枪支管理法》实施的第二年,新龙宗教头人通过其威信说服藏族群众交出枪支销毁。因为,按照该法的规定,如果个人违法持有枪支则应受到相应处罚。所以,在新的法律颁布之后,新龙藏族群众如没有合法持枪之证明,则是触犯法律的行为。尔吉志麦活佛积极宣讲国家的法律精神,劝说藏族群众交出枪支销毁。仁青也谈及了沙堆亚乌寺堪布多噶在收缴枪支以及维护社会治安方面的重要作用:

---

① 中国人民政治协商会议新龙县委员会编:《新龙县文史资料》(第一辑),甘孜报社印刷厂1999年印,第39页。

现在五明佛学院的办法比较好，百姓拥护的比较多。以前七十、八十、九十年代沙堆乱得很，相互打、相互偷，几句话不对头就打，治安乱得不得了。现在多噶堪布在这里，治安好得不得了，现在乡政府的人拿着工资耍，因为工作堪布都搞完了。枪支、刀具全部都要没收、烧了，然后全部扔到河里去了。枪支身上不能带，整个新龙就安定下来了。①

不仅仁青如此认为，村里的年轻人说他们很愿意听多噶堪布的劝导。多噶堪布经常劝导村里人不偷、不抢、不喝酒、不抽烟，有枪的就要把枪交出来销毁。所以，每当问道村落里还有没有枪支时，村民都表示没有私存枪支了。不管他们所言真假，可以判断的是新龙藏族聚居区民间仍存有一定数量的枪支。这些枪支的持有者不惧国法的惩罚也不听从宗教头人的劝导，站在社会安全的角度来看，使用枪支终究是对他人生命、财产以及社会秩序的一种威胁。一个对人民生命、财产以及社会秩序负责任的政府就有义务尽量减少甚至消除这种威胁。以下就是新龙县公安局破获的一起倒卖枪支的案例：

当日下午三时，有一人乘康运司班车从甘孜往新龙准备在新龙境内倒卖枪支及子弹若干。据此情报，我局当即组织干警，在局长亲自参加和指挥下，通过严密部署，堵关设卡，秘密控制和重点清查，经过十小时奋战抓获了倒卖枪弹犯龙卡降错，并当场缴获其非法携带准备倒卖的小口径步枪一支，半自动子弹450发。据龙卡降错交代，龙卡，甘孜县新卡区人，藏族，男，现年37岁。他从理塘非法购得小口径步枪一支和半自动步枪子弹后，便乘车至新龙准备销售，但到新龙还未站稳脚跟，就被我公安人员神速地抓获了。②

倒卖枪支的行为明显违反了《中华人民共和国枪支管理法》的规定，县公安局在获取相关情报后就组织力量对犯事者进行逮捕。如此控制地方枪支之努力，也是清代以及国民政府不曾有的行为。不仅倒卖枪支者会被

---

① 2014年4月20日科查村访谈资料。
② 卷宗号：026—001—770。

逮捕，一些非法持枪者也会被判刑：

> 宜马，男，新龙县人，文盲，牧民。因犯故意伤害罪判处有期徒刑十年，又因犯非法持枪罪判处有期徒刑二年。二罪并罚有期徒刑十二年。没收其仿六四手枪一支，藏刀一把。①

虽然没有得到宜马犯罪的详细资料，但是他确因犯非法持枪而被处有期徒刑二年，而且像宜马此类因非法持枪而被判刑的并不是少数。毫无疑问，这些犯罪分子都因非法持枪而遭到法律制裁，足见政府对民间私藏枪支的严厉态度。

可见，从民主改革的"借枪"到之后的枪支的陆续被收缴就是中央人民政府执行其政府职能的具体表现，也是政府逐渐垄断暴力的过程。从效果来看，这些举措解决了无论是清代还是国民政府都没有办法解决的新龙枪支泛滥的问题。社会秩序要从"乱"的社会状态向"治"的社会状态转变，收缴民众私拥的利器是有必要的，而且能够承担得起民众不愿交枪甚至武装反抗的代价。国民政府对新龙的枪支泛滥也深恶痛绝，但是其采取的办法也只是对枪支进行烙印，甚为可笑的是民众获得枪支的重要来源就是政权自身——军队。政权自身的此种逐利行为不仅损害了政权的威信，还增加了地方对抗政权自身的势力。民主改革中带头武装反抗的头人就是相信凭借手中的武器，他们仍能维护自己在国民政府时期甚至在当地解放初期拥有的权益。他们仍以为中央人民政府会像清政府以及国民政府一样在新龙这片历来是谁强谁就是主人的土地上不能长久统治下去，妄图恢复以往的特权。在经过当地解放初期的"甜蜜时光"后，他们妄图再度"变天"，恃武反抗。然而，此种幻想很快破灭了。

除依靠政权自身的权威外，新政权充分发挥宗教力量在收缴枪支、劝导人们行善、调解纠纷等方面的作用。宗教的力量在新龙藏族聚居区的重要性不言而喻，对地方社会秩序的恢复与重建具有十分重要的作用。吴朱卡就曾毫不掩饰地认为，寺庙在藏族群众心中是第一位的，藏族群众很愿意听寺庙活佛或堪布的话。以亚乌寺多噶堪布讲经为例，每次讲经时不同年龄阶段的藏族群众均会参加。讲经时，多噶堪布就经常教育藏族群众不

---

① 该案例来自于新龙县法院。

要偷不要抢，对别人要好些，多修功德，为下辈子积福。前文谈到村里的年轻人很愿意听多噶堪布的劝导，其中一位藏族群众听从不抽烟的劝导之后，就立马买了"中华戒烟王"戒烟。喝酒也是如此，经堪布积极宣传后，喝酒的藏族群众也非常少了。民国时期，抢劫者把抢劫而来的物品献给寺庙，以减少自己的罪恶。不仅如此，一些寺庙还鼓励甚至自身成为抢劫者，如此与藏族聚居区的抢劫形成了一种共生的关系，形成了对抢劫的庇护。而如今，宗教成为中央人民政府充分利用的一种力量，是禁止抢劫的力量。可见，一前一后的对比，在不同的氛围下，宗教成为影响地方社会秩序的重要力量。

三、国家法治建设

如果说大部分藏族群众失去了手中的"利器"是控制地方抢劫、杀人之势的一种手段之外，那么新龙地方法治建设也是促使抢劫减少的一个重要因素。作为国家的重要机关，在新龙县和平解放后的很长一段时间内，新龙县的法制建设与国家的各类政治改革、运动联系在一起。新龙县人民法院的主要任务是配合民主改革、平息叛乱、镇压反革命、保卫合作化运动等，破坏此类任务者均为反革命。抢劫、暗害、凶杀等行为是反革命行为，需按照惩治反革命的条例进行处罚。例如，1959年5月9日，新龙县人民法院就根据《惩治反革命条例》，宣布反革命分子耳金、泽瓦松吉死刑。但是，死刑这种极刑在新政权体系中较少运用。例如，1973年沙堆喇嘛普巴的拦路抢劫，当时的沙堆公社也只是"根据党的政策不容，民愤极大，受害者多次申诉，和沙堆群众一致要求，按照惩治反革命的有关条例，给予普巴戴上反革命分子帽子，进行打击"①，并请求县府有关机构将其逮捕。一些杀人、抢劫者实施判处刑期，其中有的甚至越狱逃走。可见，在国家法制建设的初期阶段，司法审理、司法执行等方面仍存在许多不足的地方。

随着国内总体政治环境的好转，国家司法建设的步伐加快。1980年1月1日，新的《中华人民共和国刑法》实施。之后，国家相继实施了"一五""二五""三五""四五""五五""六五"普法活动。普法开展实际上是国家发动的具有全民性质的启蒙式扫盲、提高法律知识的活动，目的

---

① 卷宗号：079—001—011。

是通过普及法律常识，提高全体公民的法制观念。新龙藏族聚居区也不落后，各种形式的普法活动开展起来。"据1986年统计，已普及法律常识33169人，占应普及数的95.62%。"① 新刑法的施行以及法律知识的普及，使得民众能够认识到抢劫及抢劫致使人员伤亡是违法行为。

与民国时期不同，在中央人民政府管理下，暴力抢劫必然受到法律的制裁。民国时期瞻化县虽然成立了司法处、看守所等机构，但这些机构的职能发挥受限于政府的权威，而中央人民政府中无论是对抢劫者进行追捕之公安、提起控诉之检察院还是进行司法审理之人民法院的体系健全，即便是犯罪者逃脱本乡，全国司法体系的力量也将对其进行继续追捕而不会使罪行得以逃避。而民国时期，逃离是逃避法律制裁的重要方式。因此，当司法的力量能够对抢劫者进行惩罚时，当抢劫者之犯罪成本以徒刑等方式呈现时，抢劫者之犯罪成本大大提高了。如20世纪90年代，道孚县松林口多发车匪路霸，"车匪路霸在此横行，公开或半公开的拦路杀人抢劫，严重影响公路畅通和来往车、人的安全，影响甚广，路人惊惧"②，这种局势引发了中共四川省委的高度关注。甘孜州委、州政府领导召开州政法委、州公安局、武警支队等部门负责人会议，专题研究"如何进一步抓好打击道孚县松林口路段车匪路霸问题"，而且四川省公安厅、武警总队下令派武装警察部队进驻道孚县松林口一带。道孚县政法系统也安排力量对此种行为予以打击，成果显著，"集中围捕车匪路霸行动9次。破获车匪路霸案件16起，其中，特大盗窃案件2起、抢劫案11起、诈骗案2起、一般盗窃案24起。抓获各类违法犯罪嫌疑人71人，打掉街霸村霸团伙4个，摧毁特大抢劫犯罪团伙1个。收缴'五四'式军用手枪、'六四'式军用手枪、小口径步枪、小口径手枪、改制半自动步枪等16支，收缴各种子弹1万余发，管制刀具84把。挽回经济损失11万余元"③。如此，当人民的生命、财产安全受到严重威胁时，国家政权将动用政法、武警等力量进行打击。

然而，民主改革后的法治建设深受国家政治运动的影响。"1967年2

---

① 四川省甘孜藏族自治州新龙县志编纂委员会编：《新龙县志》，四川人民出版社1992年版，第251页。
② 《重大政务》，见道孚县政府网（http://www.gzdf.gov.cn/Print.aspx?id=690），2015年3月11日访问。
③ 《重大政务》，见道孚县政府网（http://www.gzdf.gov.cn/Print.aspx?id=690），2015年3月11日访问。

月'砸烂公检法'之后，法院各项审判程序、制度被废除，造成大量冤假错案"①，一些民事纠纷无人管，藏族群众之间的一些纠纷也激化成杀人放火等刑事案件。但在20世纪80年代，法院又组织力量对之前的案件进行复查，纠正了一些判处案件。不可否认的是，全国性的政治运动对司法的正常运作与开展造成了破坏性影响，但这种影响不单在藏族聚居区存在。幸运的是，中央人民政府有能力对其纠正，不至于在错误的道路上越走越远。新刑法实施后，新龙县法制化建设的步伐加快，而建成法治社会也是共产党领导的政权所追求的目标之一。事实证明，20世纪80年代以来新龙县的法治建设着实取得了长足的发展。但法治建设并不意味着新龙藏族聚居区彻底与"传统"割裂，藏族习惯法的部分内容特别是赔命价习惯法并未退出历史舞台，在现代生活的纠纷处理中仍发挥着重要作用。新龙县人民法院刑事庭庭长余松谈道：

> 近些年，由刀致人死亡的案例比较多，多数属于故意伤害。如果有人被杀害，民间调解时要进行财物赔偿，赔偿的数目并没有统一的规定。所赔钱财一般由家属凑钱交出，不够的部分再由亲戚凑或者以物来抵偿。假设赔偿人民币60万元，行凶人交了30万，剩下的以物来折抵，那么剩下的部分并不是以一元抵一元来计算，而是有的一元折抵三元。这样的赔法其实对国家的司法建设是有好处的，因为它解决了矛盾，消除了社会的一大隐患。

有的案件经过民间调解后，被害人还会上书司法机关。上书的内容大概是案件经过双方的调解已经处理好，请求司法机关减轻对行凶者的司法处罚。从目前的司法实践来看，地方司法机关一般都会对此类上书酌情考量。从习惯法与国家法的互动关系来看，国家法在地方适应的过程也是与藏族习惯法的互动过程，且这种互动过程在不同的历史阶段呈现了不同的特点。例如，在民主改革之前，新龙地方的抢劫事件频发，国家法制建设并不完善，并不能对地方"夹坝"进行制约，报复性抢劫与说官司仍是解决抢劫事件的主要方式。不过，谈判解决问题的方式一直是新政权所倡导

---

① 四川省甘孜藏族自治州新龙县志编纂委员会编：《新龙县志》，四川人民出版社1992年版，第249页。

的，大力号召在民族内部"本着'互相信任、互相尊重、互相让步、互相帮助'的精神，召集冤家械斗双方和上层人士共同协商，参照历史习惯进行公正地调解并帮助双方订立团结和解公约"①，实与说官司的习惯法殊途同归。

20世纪80年代以来，民族习惯法在藏族地区的回潮已是不争的事实，表明无论是在法治混乱之时代还是在法治建设日趋完善之当今，藏族习惯法中的部分内容并不会随时代的变迁而消失，反而会顺应时代的需求发挥着不同的作用。正是如此，部分国家司法机关工作人员认为，藏族赔命价习惯法在当今社会生活中是实用的，既能消除社会矛盾又能减少司法成本还能维护社会稳定。站在政府的角度而言，藏族习惯法的精髓部分顺应时代的要求在法治建设中发挥作用是值得提倡的，但是要注意的是以何种形式提倡与发挥作用。对于新龙藏族聚居区而言，国家法律与习惯法实际上一直是相互竞争的关系。民国时期，藏族习惯法过于强大，成为解决纠纷的主要方式，抢劫者能通过多种方式免去国家法律的惩罚，损害了国家的法律权威。在当今国家法治建设过程中，特别是对于抢劫、仇杀等暴力犯罪案件而言，习惯法虽能化解一些社会矛盾，但也不能任由习惯法成为解决纠纷的主要方式，国家法之权威应得到应有之尊重与体现。尤其是赔命价习惯法，当出现人员伤亡时，被害人之生命权应得到相应保障，行凶者也应受到相应法律制裁。众所周知，赔命价习惯法是藏族文化体系中的重要组成部分，具有很强的生命力。它不会因为新政权的法治建设而彻底退出藏族群众社会生活。理塘县政协的一位工作人员谈到藏族聚居区案件处理时认为，在藏族地区对杀人、抢劫、偷盗等犯罪分子处以死刑的处罚不太实际，因为这与藏传佛教中好生的观念及藏族习惯法不太相符，但并不是意味着国家不能对这些犯罪分子进行惩治，可行的办法是延长判处徒刑的时间，如判处无期徒刑。虽然是一家之言，但这在一定程度上不仅维护了国家法律的权威，也对暴力犯罪分子实施了相应的制裁。因此，在地方司法实践过程中要积极探索，处理好国家法律与习惯法的关系，维护国家法律的权威。

---

① 四川省甘孜藏族自治州新龙县志编纂委员会编：《新龙县志》，四川人民出版社1992年版，第244页。

四、经济生活的转变

前文谈到经济生活的短缺是"夹坝"维持机制的一个方面,但1950年后藏族群众生计方式发生了重要转变,特别是20世纪末以来随着国家对藏族聚居区经济发展的大力扶持,藏族群众的经济生活发生了巨大变化。20世纪八九十年代,暴力抢劫事件减少,但偷盗一度成为危害社会秩序的重要因素。以沙堆乡为例:

> 我乡的治安秩序混乱,偷盗现象严重,交通经常受到严重破坏,来往车辆货物被盗,强行爬车、拦车现象严重,多数青年社员酗酒肇事,提劲打人,打架斗殴现象甚为严重。在今年乡党委和政府的领导下,对社会治安进行了承包制,并承包给了15户民兵,在民兵的努力下,今年全乡无偷盗现象,比去年的8件偷盗案下降为0,打架斗殴的现象在去年的基础上大有好转。①

以上是沙堆乡1984年年度工作总结的部分内容,从中不难看出该乡藏族群众拦车、强行爬车等偷盗事件频频发生,打架斗殴现象甚为严重。经过该乡党政机构的整治,其1984年的治安得到好转,并无偷盗事件发生,打架斗殴也好转。又如,1991年8月6日晚1时左右沙堆小学出现的被盗事件:

> 8月6日晚1时左右窜入沙堆小学破门盗取帐篷一套,包铁4把,运往沙堆所处又道班存放。当时用包铁换取现金,买了沱牌酒,然后我拖坝乡五村社员扎西其加用手扶拖拉机运往拖坝乡,给运费30.00元,现已付10.00元还差20.00元未付。现帐篷一套已出售给甘孜县庭卡村村民德呷,收取现金60.00元。②

此偷盗者就是沙堆科查村村民。从以上案例不难判断在20世纪八九十年代,沙堆乡甚至整个新龙县的治安状况堪忧。一些行走在217省道上

---

① 卷宗号:079—001—038。
② 卷宗号:079—001—054。

的大货车司机深有体会。不少人表示，20世纪90年代沙堆人拦路、爬车偷东西的例子很多，如果司机反抗就会被打，因而晚上根本不敢开车经过沙堆。但是，他们同时也表示，近些年沙堆的治安好了很多。例如，曲扎（炉霍人，货车司机）说：

> 以前这边的治安一点都不好，上车爬货的事情特别多。晚上一般不敢开车，沙堆上面也不好。不过现在好多了，活佛说了，不能偷、抢，赚自己的辛苦钱，用了也安心。

曲扎的话也得到沙堆附近斯俄乡藏族群众的认同。一次在甘孜县等公交车回沙堆时，一位斯俄乡的藏族群众说：

> 新龙人不怎么的，沙堆也是。以前偷、抢啊什么都干。现在好多了。不过现在甘孜的新龙人不怎么好，很强悍。他们那时到斯俄这边偷过东西。

日巴然真村的念咋就毫不掩饰地说，他20世纪90年代就曾偷过东西：

> 以前就是"夹坝"，看到别人偷就自己也偷。那时候的"夹坝"多得很，不过已经戒了10多年了，是向活佛戒的，现在已经不偷。偷的原因有两个，一个是面子问题，别人偷，自己也偷。另一个是没有吃、用的问题。

念咋的直言不讳显得十分真诚，不否认自己曾是"夹坝"。而据念咋讲述，生活窘迫是造成他偷东西的因素。当别人偷时，自己不偷就会显得没有面子。沙堆小学被盗案中被偷的东西也只是帐篷、包铁等物件。盗窃者拿到东西后就换成了酒，也说明生活的窘迫是其行窃的动力。客观来说，这一历史阶段的治安混乱并不只是新龙藏族聚居区独有的事情，龙脊壮族地区小偷小摸的现象也曾多次发生，当地壮族百姓也用穷来解释小偷小摸现象的存在。

然而，随着国家现代化的推进，藏族群众日益卷入到国家现代化的浪潮中来。以虫草为例，采集虫草已成为沙堆藏族群众最重要的生计方式，俄巴仁聪家就能从虫草的交易中获利颇多。她表示：

> 现在挖虫草、菌类，很赚钱。还有砍木材卖，一天估计就有7000元。4月下旬开始就上山挖虫草，大概是50天的样子。而外面100元一天的工资太低了，挖虫草一天就能赚很多。有的家庭50天能赚几十万。现在修一座房子就要20万到30万元的样子。如果虫草的价格高，两年就能修好。

虫草贸易利润如此之高，以致他们不愿意出外打工，觉得100元一天的工资太低。笔者问了在沙堆修路的外地工人，普工一天是一百四五十元。有些藏族群众瞧不起这点工资，不愿参与到当地的工程建设中来。仁聪家收入还不是最高的，有的沙堆家庭一年能赚五六十万。受益于市场对虫草、菌类等高原野生植物的需求，大部分新龙藏族家庭能从中受益。而且国家为藏族群众提供了低保、医疗保险等全方位支持，这些措施进一步减少了藏族群众的生活支出。得益于收入的大幅提高，藏族群众修建新房子以及购买冰箱、洗衣机、汽车等，改善自身的生活状况。与清末、民国时期相比，更是有天壤之别。因此，无论是甘孜县的老乡，还是行走在甘新路上的卡车司机，抑或是当地藏族群众，他们都认为现在的社会秩序相比于20世纪八九十年代好了许多。当然，这并不意味着地方社会就会完全平安无事，仍有一些偷盗事件的发生。例如，笔者田野调查期间，科查村出现了一起偷盗价值10多万元的虫草的事件，但是藏族群众并没有选择报案而是通过"自查"的方式找出了小偷，劝说小偷主动把虫草交回，并罚款1000元了结。小偷也听从劝导，并主动缴纳罚款。可见，即便是因为贪欲而进行偷盗，藏族群众也能自发地将此类危害社会秩序的事件处理好。

综合来看，清政府、国民政府以及中央人民政府都力图对"夹坝"进行治理，打破"夹坝"的维持机制，维护社会秩序安定以及人民生命、财产的安全。清政府不惜发动多次军事行动来对其进行军事打击，希望将抢劫者捉拿"法办"。国民政府一方面推行法制化建设，加强国家法在地方社会的权威；另一方面对抢劫者予以军事威胁。但从实施效果来看，清政府与国民政府的控制新龙藏族群众抢劫之举以失败告终,"夹坝"的维持机制仍未被打破。即便在当地解放初期,新龙藏族聚居区的抢劫之势也并未得到根本好转。随后,中央人民政府通过民主改革改变了新龙藏族聚居区的社会制度,平息了反对新政权的暴乱,持续收缴散落于民间的枪支弹药,推行法治建设,这些措施对抢劫形成高压态势。不仅如此,在国家的大力扶持之下,在市场经济潮流的席卷之下,新龙藏族群众的生活得到极大提高。于是,新龙藏族聚居区"夹坝"的维持机制打破,地方的抢劫之风已得到根本遏止。

结　　语

对中国历史上地方社会的暴力民风——抢劫而言，不同的研究者会有不同的研究视角，进而有不同的解读。由于时间、地域、暴力主体、具体历史环境等因素的不同，新龙藏族聚居区的抢劫民风与其他地区类似的暴力民风存在显著的差异。因此，要对此种特殊的暴力民风进行解读，要呈现此种差异，就必须聚焦于某一特定的时空范围，依托文献与田野材料，走进历史现场，综合分析。由于今新龙藏族聚居区是清末以来的康区抢劫频发的高发地，加之今新龙县档案局馆藏大量民国时期的档案材料，因此，选择新龙藏族聚居区分析地方社会的暴力民风具有很强的代表性。得益于所搜集的资料，本书对清末以来新龙藏族聚居区抢劫之风的维持机制进行了剖析，意在从整体上、在具体的历史文化之下对此种暴力民风进行解读，揭示地方社会与文化变迁的独特历程。

一、具体历史环境下的暴力民风

由于历史文献的缺乏，新龙藏族群众的暴力抢劫在清以前的文献中少有记录，但并不意味着清以前的历史阶段中新龙藏族群众的抢劫强度与频度会逊于书中分析的时段，意即新龙藏族聚居区的抢劫之风并非清代以来形成的。可以说，新龙藏族群众的抢劫一直横行于当地解放之前的新龙之地，毕竟此种暴力民风的形成并非一朝一夕之功。回到清末以来的这一历史时段，我们发现，新龙藏族群众的抢劫是具体历史环境之下的特殊产物。

具体而言，新龙藏族聚居区是康区自然环境最为艰苦、最为恶劣的区域，恶劣的自然条件对当地藏族群众的生存状况影响极大。首先，当地可供耕种的土地并不多，而且缺乏精耕细作的田间管理，加之频繁的自然灾害，使得仅有的土地上产出很少。其次，此种恶劣的自然条件对藏族群众的重要财产——畜牧产生极大的影响，以雪灾为代表的频发的自然灾害威胁着畜牧者的生存。在此种自然环境下，以沙堆乡为代表的半农半牧经济根本上是一种不能自给自足的经济类型，而对于牧民来说，以畜牧为主导的经济更是一种不能自给自足的生存经济。此种生存经济极为脆弱，深受自然环境的影响，受灾较为严重的年份，四出抢劫的藏族群众更多。对他们而言，抢劫是生存动机驱使下的一种生存策略，也是抢劫频发的一种维持机制。

　　当然，我们不能完全把新龙藏族群众抢劫民风的维持全归咎于当地恶劣的自然环境，他们的生存也深受社会环境的影响。当地百姓还得向政府纳粮、遭受头人的盘剥以及支应各种差役，加重了藏族群众的负担，使得他们的生存状况更为糟糕。这还只是他们生存的社会环境的一个方面。抢劫他人必然会遭受被抢及血亲复仇，抢劫而来的物资能短时间满足人的生存，但一旦被抢，他们同样会损失极大，而且会有人员的伤亡。物资能够生产或者直接抢夺而来，人员的减少却不能在短时间内补充。在此种抢、被抢、血亲复仇的条件下，可以说，他们的生存更为脆弱。地方社会有说官司的习惯法试图化解抢劫引发的仇恨，消除地方社会的不安因素。但是，此种习惯法调解成功则会消除抢劫者与被抢劫者的仇恨，却不会抑制抢劫的频发；如果说官司没有取得成功，则会导致双方更大的仇恨，带来更大的灾难。

　　而且，新龙藏族群众的抢劫与该区的政治生态密切相关。改土归流之前，新龙由土司分治，土司享有司法、武装等方面的权力。各土司之间的你争我夺从未停止，使得该区历史上很少得到统一，一些抢劫事实上是土司之间的你争我夺引发的。清政府也没有对该区实施有效的控制，土司对清政府的命令没有也不会认真遵循。改土归流后，新龙陷入混乱的治理时段。土司虽然名义上不存在了，但他们仍以"土酋"的身份存在，政府与土酋之间形成既合作又相互限制的复杂关系。20世纪30年代以来，地方政府通过建立保甲制度、建立完整的国家机构力图增强政府权威，也力图对地方抢劫进行治理，但这些措施并未改变当地土酋分治的政治体系，而且土酋之间的争权夺利以及藏汉、国共以及中外等多股政治势力在地方的争夺加剧了地方局势的混乱，也极大地影响了新龙藏族群众的生存环境。一些藏族群众不堪忍受土酋的争夺、抢劫、械斗，不得不逃离该地，逃离此种混乱的生存社会环境。

不仅如此，土司或土酋管辖范围之下的精壮男性均有服兵役的义务，此种独特的军事制度为土司、土酋提供了源源不断的兵源。在"强＝理"的丛林法则支配下，他们就有了与政府谈判的筹码。这也是影响土司、土酋与中央政府的关系，影响地方局势、影响抢劫与血亲复仇的重要因素。

在自然环境与社会环境的综合影响下，这一历史时段新龙藏族群众的生存环境极为恶劣。产出及各种支持使得维持生存的资源极为不足，从外界直接获取成为迅速维持生存的重要方式。从此种观点来看，用"生计不足"论解释新龙藏族群众的抢劫是站得住脚的，也与中国历史上其他地方的暴力民风呈现出一定的共性。但新龙藏族群众抢劫频发的社会条件则显示了此种暴力民风的独特性。新龙"夹坝"横行与地方的政治制度、军事制度、习惯法的调解、中央对地方的治理、区域政治生态等因素密切相关。就新龙社会的政治、军事制度而言，带有明显的部落制的残余，这与新龙藏族聚居区部落社会的历史密切相关。历史虽不能假设，但不妨试想清末或民国时期新龙藏族聚居区若没有此种独特的政治制度、军事制度，新龙藏族群众的抢劫、械斗等就缺乏强有力的组织基础及人员支撑；或清政府不是采取土司分治的政策，而是加强对地方社会的治理，地方抢劫之势也不会如此猖獗。我们不能一一试想，但诸种试想却表明了新龙藏族群众抢劫的特殊性也体现了致使"夹坝"横行的具体历史条件。若脱离了清末以来的具体历史条件来看新龙藏族群众的抢劫民风，则有简单甚至歪曲理解之意。

二、具体文化机制下的暴力民风

美国法律人类学家劳伦斯·罗森曾这样谈及法律与文化的关系。他说："如果我们不将法律视为文化的组成部分，就无法理解法律制度的诸多功能；如果不关注文化的法律形式，就无法理解所有文化的各个方面。"① 类比可知，如果我们不从文化的视角对新龙的抢劫民风进行分析，也就无法理解抢劫民风的相关文化机制。

首先，新龙藏族群众的抢劫有一定的文化基础。英雄故事的吸引、家庭妇女与同龄群体对男性的角色期待、喇嘛和父母的支持、当地勇猛好斗

---

① ［美］劳伦斯·罗森著：《法律与文化——一位法律人类学家的邀请》，彭艳崇译，法律出版社2011年版，第152～153页。

的传统等共同塑造了新龙藏族群众以勇猛、抢劫为荣的荣誉观，而且他们沉浸在这种以抢劫为荣的文化中，以能抢而洋洋自得。在此种荣誉观的支持下，他们并未视抢劫为"犯罪行为"，形成了与其他群体不同的"法律观"，体现了不同的法律文化。不同的法律代表了不同的法律观也体现了不同的法律文化，当"罪"与"非罪"的法律观发生接触时难免不会发生碰撞。而且，在法律文化的碰撞中，藏族传统习惯法尤其是其中的赔命价部分体现了强大的生命力。可见，英勇、以能抢为荣只是整个文化体系中的一环，与抢劫"非罪"的法律观联系在一起。

其次，报复性抢劫、血亲复仇也不单为一种暴力行为，也有文化的支撑因素。虽然复仇在人类社会历史上极为常见，但新龙藏族群众视报复性抢劫、血亲复仇为事关自身荣誉的正义行为。为因抢劫或被抢而死亡者复仇是其血亲、村落成员应尽的义务，不能报仇在他们看来是很没有"面子"的事情。于是，他们实施报复性抢劫、血亲复仇，不仅理直气壮，而且有强大的精神动力。

宗教文化也是如此，如果新龙藏族群众恪守藏传佛教不杀生的戒律，那么地方抢劫之势必然会受到宗教文化的制约。当然，这只是一种理想状况。现实情况是，宗教文化并没有发挥其应有的制约作用。新龙并没有由一种宗教占据统治地位，白教、花教、黑教、红教等多种教派共存，且受到世俗力量的推崇。藏管时期，清政府希望借助黄教的力量教化藏族群众，但事与愿违，黄教并未在新龙藏族聚居区站稳脚跟。当世俗政治力量发生争斗时，其代表的宗教力量也不可避免地卷入争斗中来，清政府希望借助黄教的力量进行教化就是最好的例子。而且，一些宗教头人也卷入地方争斗之中，他们还是一些抢劫、械斗的发起者。更广泛而言，一些抢劫者与宗教形成共生的关系，明显没有受到宗教戒律的节制。

因此，当以文化的视角分析新龙藏族群众的抢劫民风不难发现，他们的抢劫与地方荣誉观、面子、复仇观、法律观、宗教文化等密切相连。如果失去了文化体系中其他文化因素的支持，抢劫、报复性抢劫、血亲复仇也不会有强大的动力源泉，也很难理解当今藏族聚居区为什么一些案件经法院判结后还会有血亲复仇等报复行为的发生，也很难理解为什么当今藏族聚居区藏族传统习惯法会有如此强大的根基。当然，没有任何文化是一成不变的，当把抢劫发生的具体条件与当地独特的文化机制联系起来时，新龙藏族群众的抢劫民风也能得到更好的解读。

三、从显到隐：风俗的流变

从历时性的观点来看新龙藏族群众的抢劫，这种暴力风俗经历了从显到隐的风俗流变过程，此种转变过程也是打破新龙"夹坝"三方面维持机制的过程。民主改革之后，新龙藏族群众的抢劫逐渐减少。甘孜藏族有名的"匪区"道孚松林口也于20世纪90年代末受到了国家机构的大力打击。而且，笔者在新龙沙堆田野调查时也感受到，当地社会秩序并未如想象中的那么差。不过，沙堆乡乡长认为，该乡仍是整个新龙县维稳的重中之重。按照他的理解，沙堆社会秩序表面上波澜不惊实则暗流涌动。其实，地方政府的担心并非毫无道理。首先是民间仍散存一定数量的枪支。虽然宗教头人劝导民众交出枪支且地方政府对交出枪支者给予一定数额的经济补偿，但仍有未交的，而且这些枪支仍是他人财产与生命安全以及地方社会秩序的威胁。其次，仍有一部分藏族群众对人民政府怀着错综复杂的感情，有时甚至表现为对立情绪。毕竟，藏族群众对民主改革以及人民解放军武装平叛的理解与感受是不一样的。所以，从维护政权以及社会稳定的角度出发，地方政府对地方局势不敢有丝毫懈怠。

而从风俗流变的角度来看，大规模暴力抢劫虽然在当今民主改革后新龙藏族聚居区很少发生了，但从清末以来暴力抢劫的突发情况来看，此种风俗的转变与整个社会变迁联系在一起，与中央政权对地方社会的控制程度联系在一起。摇摇欲坠的清政府虽然多次出兵镇压，但多以失败告终；国民政府虽极力控制地方抢劫之势，但其政权体系的力量无法对地方形成强有力的控制。而新生的县人民政府镇压了一些头人的武装反抗，对一些罪大恶极者处以关押或者死刑，也有一部分以抢劫为生的人被当成"惯匪"被镇反了；同时，加强基层政权的组织建设，从根本上扭转了清末以来中央政权对"边地"控制不足的局面。因此，可以说，地方抢劫频发与否与中央政权对"边地"控制程度有着密切的关系，当"国"弱时则"民"强，当"国"退时则民"进"。在此种关系之下，一旦国家降低了对地方社会的控制或者国家政权受限于自身势力以及交通、信息等条件，地方社会秩序将会出现动荡。法国历史学家布罗代尔曾强调："盗匪与国家政权为敌，通常在各个国家的政府力量薄弱的地区内，在军队无法采取大规模行动、国家鞭长莫及、无力支配控制的山地活动。"① 穆黛安对清

---

① ［法］费尔南·布罗代尔著：《地中海与菲利普二世时代的地中海世界》（第二卷），吴模信译，商务印书馆2013年版，第136页。

代华南沿海地区海盗的分析，不仅强调生存的重要性，也看到了国家对地方的控制，而且20世纪八九十年代沙堆偷盗、车匪路霸横行的历史经验再一次证明了此种观点。需要指出的是，这段时期属于国家政权的放权阶段，也是乡村治理较弱的阶段，"国"弱时则"民"强、"国"退时则民"进"的关系此时非常明显。甚者，当此种暴力行为与国家的分裂行为、藏族对国家的认同以及藏汉之间的民族关系联系在一起时，抢劫的性质就会发生变化，抢劫行为也更为复杂。由此可见，地方政权对地方局势的"严阵以待"，是可以理解与必须采取的行为。

我们知道，新龙藏族群众抢劫的暴力风俗的转变也并不是新龙藏族群众的"文化自觉"，即社会文化变迁的动力是强有力的外部力量。同样的，外部力量——清政府以及国民政府也试图对此种暴力风俗进行转变。清政府、国民政府、中央人民政府三者采取的部分策略大体上是一致的，如"以暴制暴"，而清政府与国民政府策略的实施效果并不明显。但除此之外，当同样是外来的人民政权扎根西藏地区之后采取了多种方式，使得藏地发生巨大的社会变迁。就宏观层面而言，1950年后的新龙藏族聚居区经历了两次大转型。第一次转型是从政治混乱的土酋分治时代进入共产党领导下的社会主义政权体系中。第二次转型是20世纪80年代以来卷入社会主义改革开放建设的浪潮之中。两次转型，新龙藏族社会经历了巨变。民主改革的成功彻底改变了之前的地方混乱的政治状况，一批民族与宗教上层通过"政治赎买"的方式进入政权体系，但他们不能再像以往那样为所欲为，而武装镇压与武器收缴工作的推行渐渐控制了地方枪支泛滥之势。随着国家法制建设的不断推进，抢劫、杀人等暴力犯罪者得到应有的法律制裁，国家法能够为人民生命以及财产安全提供相应的保障。从两次转型的过程中不难发现，强有力的外部力量主导着藏族聚居区社会的变迁。同时，社会变迁与文化变迁并不总是同步的。过去，新龙藏族群众认同"强＝理"的逻辑，而暴力的方式就是展现自己"强"的最好方式。在新的政权体系中，民众使用暴力的方式得到了控制，但是这种传统的文化观念并没有随着社会的变迁而立即发生改变。在任何时代的任何社会里，人们或多或少地都会受到地方性知识所凝聚的文化压力的影响，这种文化压力是感性的，它依赖于群体的力量维系着，并且会进一步加固群体的文化特质。可以说，此种传统崇尚暴力解决问题的文化观念的转变是一个长时段的过程。

既然新龙藏族聚居区崇尚暴力的文化观念的转变尚需时日，那么，我们应该怎样引导呢？或者说，当抢劫的暴力的"陋俗"流变之后，怎样建立一种"良俗"呢？笔者认为，让藏族群众在更大范围之内参与到市场经济体系之中是办法之一。例如，藏族群众现在的生计转型就是市场参与的结果。2013年当地的虫草价格普遍要高于2014年的，其中的一个原因就是2013年市场对虫草的需求量大。市场经济体系的逻辑是交换，我们知道经济人类学关于抢劫的一种观点也是交换，但两种交换有完全不同的含义。一种是基于公平、公正的逻辑，另一种则是属于暴力的强加。市场经济中的交换，藏族群众都要付出相应的劳动，而抢劫则是直接获取。当参与良性市场经济体系之后，"规则"意识则会渐渐培养起来，而规则意识的培养对于转变崇尚暴力的文化观念是有益的。

参 考 文 献

一、著作类

[1] 阿来. 瞻对：终于融化的铁疙瘩——一个两百年的康巴传奇［M］. 成都：文艺出版社，2014.

[2] 安乐博. 盗匪的社会经济根源［M］//叶显恩. 清代区域社会经济研究：下册. 北京：中华书局，1992.

[3] 白翠琴. 罗致平文选［C］. 广州：花城出版社，2004.

[4] 蔡少卿. 民国时期的土匪［M］. 北京：中国人民大学出版社，1993.

[5] 陈伯钧. 陈伯钧日记（1933—1937年）［M］. 上海：上海人民出版社，1987.

[6] 陈重为. 西康问题［M］. 上海：中华书局，1930.

[7] 陈光国. 藏族习惯法在判处刑事案件中的作用探讨［C］//中国民族学会. 民族学研究：10. 北京：民族出版社，1991.

[8] 陈庆英. 藏族部落制度研究［M］. 北京：中国藏学出版社，1995.

[9] 陈元吉. 陈渠珍遗著［M］. 长沙：湖南人民出版社，2008.

[10] 次旺俊美. 近代康藏重大事件史料选编［M］. 拉萨：西藏古籍出版社，2004.

[11] 丹珠昂奔. 藏族文化发展史［M］. 兰州：甘肃教育出版社，2001.

[12] 杜文思. 法律与法俗：对法的民俗学解释［M］. 北京：人民出版社，2013.

[13] ［德］恩格斯. 家庭、私有制和国家起源［C］//［德］马克思，恩格斯. 马克思恩格斯文选：第2卷. 北京：人民出版社，1962.

[14] 冯明珠. 中英西藏交涉与川藏边情：1774—1925［M］. 兰州：兰州大学出版社，2007.

[15] 冯有志. 西康史拾遗［M］. 成都：巴蜀书社，2015.

[16] 付嵩炑. 西康建省记 [M]. 南京：书林书局，1932.

[17] 甘孜州志编纂委员会. 甘孜州志 [M]. 成都：四川人民出版社，1997.

[18] 《甘孜藏族自治州概况》编写组，《甘孜藏族自治州概况》修订本编写组. 四川甘孜藏族自治州概况 [M]. 北京：民族出版社，2009.

[19] 高其才. 中国习惯法论 [M]. 长沙：湖南出版社，1995.

[20] 格勒. 甘孜藏族自治州史话 [M]. 成都：四川民族出版社，1984.

[21] 格勒，刘一民，张建世，安才旦. 藏北牧民：西藏那曲地区社会历史调查 [M]. 北京：中国藏学出版社，1993.

[22] 格勒，海帆. 康巴：拉萨人眼中的荒凉边地 [M]. 北京：生活·读书·新知三联书店，2005.

[23] 根旺. 民主改革与四川藏族地区社会变化变迁研究 [M]. 北京：民族出版社，2008.

[24] 何国强. 政治人类学通论 [M]. 昆明：云南大学出版社，2011.

[25] 何西亚. 中国盗匪问题之研究 [M]. 上海：泰东图书局，1925.

[26] 何星亮，郭宏珍. 突厥史话 [M]. 北京：五洲传播出版社，2008.

[27] 洪学智. 洪学智回忆录 [M]. 2版. 北京：解放军出版社，2007.

[28] 胡德明. 甘孜州可持续发展战略理论与实践 [M]. 成都：四川民族出版社，2006.

[29] 华热·多杰. 藏族古代法新论 [M]. 北京：中国政法大学出版社，2010.

[30] 黄应贵. 反景入深林——人类学的观照、理论与实践 [M]. 北京：商务印书馆，2010.

[31] 黄志繁. "贼""民"之间：12—18世纪赣南地域社会 [M]. 北京：生活·读书·新知三联书店，2006.

[32] 季卫东. 法律程序的意义 [M]. 北京：中国法制出版社，2004.

[33] 纪晓岚. 阅微草堂笔记 [M]. 呼和浩特：内蒙古人民出版社，2008.

[34] 贾霄锋. 藏区土司制度研究 [M]. 西宁：青海人民出版社，2010.

[35] 菅志翔，马戎. 民国时期西部边疆的政权建设与族群关系 [M]. 北京：社会科学文献出版社，2015.

[36] 李安宅. 藏族宗教史之实地研究 [M]. 北京：中国藏学出版

社，1989.

[37] 李安宅. 李安宅藏学论文论选［M］. 北京：中国藏学出版社，1992.

[38] 李劼人. 李劼人选集：第四卷［M］. 成都：四川人民出版社，1984.

[39] 李鸣. 碉楼与议话坪——羌族习惯法的田野调查［M］. 北京：中国法制出版社，2008.

[40] 李露. 建国初期"镇反"刑事政策实施研究：1950—1953［M］. 北京：中国政法大学出版社，2011.

[41] 李强，汪洋. 马斯洛［M］. 昆明：云南教育出版社，2010.

[42] 李绍明，童恩正. 雅砻江上游考察报告［R］. 昆明：中国西南民族研究学会，1986.

[43] 林水檺. 中华文化：发展与变迁［M］. 吉隆坡：马来西亚中华大会堂联合会，1997.

[44] 刘曼卿. 国民政府女密使赴藏纪实［M］. 北京：民族出版社，1998.

[45] 刘永红，李茂松，等. 四川季节性干旱与农业防控节水技术研究［M］. 北京：科学出版社，2011.

[46] 刘赞廷. 乡城县图志［M］. 油印本. 北京：民族文化宫，1960.

[47] 刘赞廷. 瞻化县图志［M］. 成都：巴蜀书社，1992.

[48] 隆英强. 社会主义法治建设与藏族法律文化的关系研究［M］. 北京：中国社会科学出版社，2011.

[49] 娄云生. 雪域高原的法律变迁［M］. 拉萨：西藏人民出版社，2000.

[50] 鹿传霖. 筹瞻疏稿［M］. 台北：文海出版社，1966.

[51] 陆韧. 现代西方学术视野中的中国西南边疆史［M］. 昆明：云南大学出版社，2007.

[52] 罗布江村. 康藏研究新思路——文化、历史与经济发展［M］. 北京：民族出版社，2008.

[53] 罗布江村. 历史·现状·发展：中国民族研究西南论坛文集［C］. 北京：民族出版社，2008.

[54] 罗印俊. 回忆新龙县的民主改革［G］//中国人民政治协商会议

《四川省甘孜藏族自治州文史资料选辑》委员会. 四川省甘孜藏族自治州文史资料选辑：第七辑. 康定：甘孜报社印刷厂，1989.

[55] 马大正. 民国边政史料汇编［G］. 北京：国家图书馆出版社，2009.

[56] 马建石，杨育棠. 大清律例通考校注［M］. 北京：中国政法大学出版社，1992.

[57] 马菁林. 清末川边藏区改土归流考［M］. 成都：巴蜀书社，2004.

[58] ［德］马克思，恩格斯. 马克思恩格斯全集［G］. 北京：人民出版社，1962.

[59] ［德］马克思，恩格斯. 马克思恩格斯选集［G］. 北京：人民出版社，1995.

[60] ［德］马克思，恩格斯. 马克思恩格斯文集［G］. 北京：人民出版社，2009.

[61] 牛绿花. 藏族盟誓研究［M］. 北京：中国社会科学出版社，2011.

[62] 瞿同祖. 中国法律与中国社会［M］. 北京：商务印书馆，2010.

[63] 冉光海. 中国土匪［M］. 重庆：重庆出版社，2005.

[64] 任新建. 雪域黄金：西藏黄金的历史与地理［M］. 成都：巴蜀书社，2003.

[65] 任新建. 康巴历史与文化［M］. 成都：巴蜀书社，2014.

[66] 任乃强. 西康图经：民俗卷［M］. 台北：南天书局有限公司，1987.

[67] 任乃强. 西康图经［M］. 拉萨：西藏藏文古籍出版社，2000.

[68] 任乃强. 任乃强藏学文集［C］. 北京：中国藏学出版社，2009.

[69] 任乃强. 西康札记［M］. 北京：中国藏学出版社，2010.

[70] 沈宗濂，柳陞祺. 西藏与西藏人［M］. 北京：中国藏学出版社，2006.

[71] 石硕. 青藏高原东缘的古代文明［M］. 成都：四川人民出版社，2011.

[72] 四川省甘孜藏族自治州新龙县志编纂委员会. 新龙县志［M］. 成都：四川人民出版社，1992.

[73] 西川省甘孜藏族自治州新龙县编纂委员会. 新龙县志［M］. 北京：方志出版社，2010.

[74] 四川省民族研究所《清末川滇边务档案史料》编辑组. 清末川滇边务档案史料［G］. 北京：中华书局，1989.

[75] 四川省编辑组. 四川省甘孜州藏族社会历史调查［R］. 成都：四川省社会科学院出版社，1985.

[76] 四川省编辑组，《中国少数民族社会历史调查资料丛刊》修订编辑委员会. 四川省甘孜州藏族社会历史调查［R］. 北京：民族出版社，2009.

[77] 苏发祥. 安多藏族牧区社会文化变迁研究［M］. 北京：中央民族大学出版社，2009.

[78] 孙健三. 定格西康：科考摄影家镜头里的抗战后方［M］. 桂林：广西师范大学出版社，2010.

[79] 孙镇平，王立艳. 民国时期西藏法制研究［M］. 北京：知识产权出版社，2006.

[80] 洲塔. 甘肃藏族部落的社会与历史研究［M］. 兰州：甘肃人民出版社，1994.

[81] 洲塔，乔高才让. 甘肃藏族史话［M］. 兰州：甘肃文化出版社，2009.

[82] 唐柯三. 赴康日记［M］. 南京：新亚细亚学会出版科，1934.

[83] 王川. 西康地区近代社会研究［M］. 北京：人民出版社，2009.

[84] 王海兵. 康藏地区的纠纷与角逐：1912—1939［M］. 北京：社会科学文献出版社，2013.

[85] 王宏坤. 我的红军生涯［M］. 北京：人民出版社，1991.

[86] 王娟. 化边之困：20世纪上半期川边康区政治、社会与族群［M］. 北京：社会科学文献出版社，2016.

[87] 王力雄. 天葬——西藏的命运［M］. 香港：明镜出版社，1998.

[88] 王明珂. 游牧者的抉择：面对汉帝国的北亚游牧部族［M］. 桂林：广西师范大学出版社，2008.

[89] 王明珂. 父亲那场永不止息的战争［M］. 杭州：浙江人民出版社，2012.

[90] 王启梁. 迈向深嵌在社会与文化中的法律［M］. 北京：中国法制出版社，2010.

[91] 王彦威，纂辑. 清季外交史料［G］. 王亮，编；王敬立，校. 北

京：书目文献出版社，1987．

［92］王尧，王启龙．国外藏学译文集：第十六辑［C］．拉萨：西藏人民出版社，2002．

［93］王尧．西藏文史探微集［C］．北京：中国藏学出版社，2005．

［94］王尧．走进藏传佛教［M］．北京：中华书局，2013．

［95］王绍东．碰撞与交融——战国秦汉时期的农耕文化与游牧文化［M］．呼和浩特：内蒙古大学出版社，2011．

［96］王晓莉，贾仲益．中国边疆社会调查报告集成［G］．桂林：广西师范大学出版社，2010．

［97］温克刚．中国气象灾害大典：四川卷［M］．北京：气象出版社，2006．

［98］翁之藏．西康之实况［M］．上海：上海民智书局，1930．

［99］吴传钧．西康省藏族自治州［M］．北京：生活·读书·新知三联书店，1955．

［100］吴丰培．赵尔丰川边奏牍［M］．成都：四川民族出版社，1984．

［101］喜饶尼玛，苏发祥．蒙藏委员会档案中的西藏事务［M］．北京：中央民族大学出版社，2006．

［102］西藏民族学院历史系．清实录：藏族历史资料汇编［G］．咸阳：西藏民族学院历史系，1981．

［103］西藏自治区社会科学院，四川省社会科学院．近代康藏重大事件史料选编［G］．拉萨：西藏古籍出版社，2001．

［104］西藏自治区政协文史民族宗教法制委员会．西藏文史资料选辑：第21辑［G］．北京：民族出版社，2004．

［105］谢天沙．康藏行［M］．上海：工艺出版社，1951．

［106］徐韶明，何国强．整体稀缺与文化适应：三岩的帕措、红教与民俗［M］．广州：中山大学出版社，2013．

［107］徐平．活在喜马拉雅［M］．昆明：云南人民出版社，1999．

［108］徐晓光．清代蒙藏地区法制研究［M］．成都：四川民族出版社，1996．

［109］徐晓光．藏族法制史研究［M］．北京：法律出版社，2001．

［110］牙含章．达赖喇嘛传［M］．北京：外文出版社，1993．

［111］杨双华．藏族习惯法的现实表现与处理建议［C］//赵心愚．西南

民族研究：第一辑. 北京：民族出版社，2010.

[112] 杨仲华. 西康纪要 [M]. 上海：商务印书馆，1937.

[113] 俞湘文. 西北游牧藏区之社会调查 [M]. 上海：商务印书馆，1947.

[114] 泽波，格勒. 横断山民族文化走廊：康巴文化名人论坛文集 [C]. 北京：中国藏学出版社，2004.

[115] 曾国庆，黄维忠. 清代藏族历史 [M]. 北京：中国藏学出版社，2012.

[116] 张冠梓. 多向度的法：与当代法律人类学家的对话 [M]. 北京：法律出版社，2012.

[117] 张继. 定瞻厅志略 [M]. 油印本. 北京：中央民族学院图书馆，1978.

[118] 张济民. 青海藏区部落习惯法资料集 [G]. 西宁：青海人民出版社，1993.

[119] 张其勤. 清代藏事辑要 [G]. 吴丰培，增辑. 拉萨：西藏人民出版社，1983.

[120] 张秋雯. 清代雍乾两朝之用兵川边瞻对 [C] // "中央研究院"近代史研究所集刊编辑委员会. "中央研究院"近代史研究所集刊. 台北："中央研究院"近代史研究所，1992.

[121] 张善城，徐梦秋. 伦理学原理 [M]. 厦门：厦门大学出版社，1994.

[122] 张晓辉. 多民族社会中的法律与文化 [M]. 北京：法律出版社，2011.

[123] 张怡荪. 藏汉大辞典 [M]. 北京：民族出版社，1986.

[124] 赵心愚，秦和平. 康区藏族社会历史调查资料辑要 [G]. 成都：四川民族出版社，2004.

[125] 赵心愚，秦和平. 康区藏族社会珍稀资料辑要 [G]. 成都：巴蜀书社，2006.

[126] 赵旭东. 法律与文化：法律人类学研究与中国经验 [M]. 北京：北京大学出版社，2011.

[127] 中共甘孜州党史研究室. 甘孜藏族自治州民主改革史 [M]. 成都：四川民族出版社，2000.

[128] 中国藏学研究中心,中国第一历史档案馆,中国第二历史档案馆,等. 元以来西藏地方与中央政府关系档案史料汇编[G]. 北京:中国藏学出版社,1994.

[129] 中国第二历史档案馆,中国藏学研究中心. 康藏纠纷档案选编[G]. 北京:中国藏学出版社,2000.

[130] 中国科学院民族研究所四川少数民族社会历史调查组. 金川案[R]. 北京:中国科学院民族研究所四川少数民族社会历史调查组,1963.

[131] 中国人民大学清史研究所. 清史编年(第五卷)乾隆朝[M]. 北京:中国人民大学出版社,1991.

[132] 中国人民政治协商会议新龙县委员会. 新龙县文史资料:第一辑[R]. 康定:甘孜报社印刷厂,1999.

[133] 中国人民政治协商会议新龙县委员会. 新龙县文史资料:第二辑[R]. 康定:甘孜报社印刷厂,2011.

[134] 四川省编辑组,《中国少数民族社会历史调查资料丛刊》修订编辑委员会. 四川省阿坝州藏族社会历史调查[R]. 北京:民族出版社,2009.

[135] 周大鸣. 文化人类学概论[M]. 广州:中山大学出版社,2009.

[136] 朱晓阳,侯猛. 法律与人类学:中国读本[M]. 北京:北京大学出版社,2008.

[137] [英]A.R.拉德克利夫·布朗. 原始社会的结构与功能[M]. 丁国勇,译. 北京:中国社会科学出版社,2009.

[138] [英]爱德华·埃文思-普里查德. 论社会人类学[M]. 冷凤彩,译. 北京:世界图书出版公司,2009.

[139] [英]爱德华·汤普森. 共有的习惯[M]. 沈汉,王加丰,译. 上海:上海人民出版社,2002.

[140] [英]埃德蒙·R.利奇. 缅甸高地诸政治体系——对克钦社会结构的一项研究[M]. 杨春宇,周歆红,译. 北京:商务印书馆,2010.

[141] [美]埃尔曼. 比较法律文化[M]. 贺卫方,高鸿钧,译. 北京:清华大学出版社,2002.

[142] [英]埃瑞克·霍布斯鲍姆. 匪徒:秩序化生活的异类[M]. 李

立玮,谷晓静,译. 北京:中国友谊出版公司,2001.

[143] [英]艾瑞克·霍布斯鲍姆. 原始的叛乱:十九至二十世纪社会运动的古朴形式[M]. 杨德睿,译. 北京:社会科学文献出版社,2014.

[144] [英]埃文思–普里查德. 努尔人:对尼罗河畔一个人群的生活方式和政治制度的描述[M]. 褚建芳,阎书昌,等,译. 北京:华夏出版社,2002.

[145] [美]巴菲尔德. 危险的边疆:游牧帝国与中国[M]. 袁剑,译. 南京:江苏人民出版社,2011.

[146] [英]贝思飞. 民国时期的土匪[M]. 徐有威,等,译. 上海:上海人民出版社,1992.

[147] [美]博尔文·C. 戈尔茨坦,辛西娅·M. 比尔. 今日西藏牧民——美国人眼中的西藏[M]. 肃文,译. 上海:上海翻译出版公司,1991.

[148] [美]波斯纳. 法律与文学[M]. 增订版. 李国庆,译. 北京:中国政法大学出版社,2002.

[149] [美]布赖恩·Z. 塔玛纳哈. 一般法理学:以法律与社会的关系为视角[M]. 郑海平,译. 北京:中国政法大学出版社,2012.

[150] [英]布罗尼斯拉夫·马林诺夫斯基,[美]索尔斯坦·塞林. 犯罪:社会与文化[M]. 许章润,么志龙,译. 桂林:广西师范大学出版社,2003.

[151] [美]戴尔·布朗. 北欧海盗:来自北方的入侵者[M]. 金冰,译;吴芬,审校. 北京:华夏出版社,2002.

[152] [美]E. 博登海默. 法理学:法律哲学与法律方法[M]. 邓正来,译. 北京:中国政法大学出版社,2004.

[153] [美]费尔南·布罗代尔. 地中海与菲利普二世时代的地中海世界:第二卷[M]. 吴模信,译. 北京:商务印书馆,2013.

[154] [英]弗兰西斯·培根. 培根论说文集[C]. 北京:商务印书馆,1958.

[155] [美]弗雷德里克·巴特. 斯瓦特巴坦人的政治过程:一个社会人类学研究的范例[M]. 黄建生,译,上海. 上海人民出版社,2005.

[156] [德] 弗里德里希·卡尔·冯·萨维尼. 论立法与法学的当代使命 [M]. 徐润章，译. 北京：法制出版社，2001.

[157] [英] G. 埃利奥特·史密斯. 人类史 [M]. 李申，储光明，等，译. 北京：社会科学文献出版社，2002.

[158] [美] 格伦顿，戈登，奥萨魁. 比较法律传统 [M]. 米健，贺卫方，高鸿钧，译. 北京：中国政法大学出版社，1993.

[159] [英] 亨利·萨姆奈·梅因. 古代法 [M]. 高敏，瞿慧虹，译. 北京：中国社会科学出版社，2009.

[160] [美] 霍贝尔. 原始人的法 [M]. 严存生，等，译. 北京：法律出版社，2012.

[161] [美] 杰里·D. 穆尔. 人类学家的文化见解 [M]. 欧阳敏，邹乔，王晶晶，译. 北京：商务印书馆，2009.

[162] [美] 康拉德·菲利普·科塔克. 文化人类学：欣赏文化差异 [M]. 周云水，译. 北京：中国人民大学出版社，2012.

[163] [美] 克莱德·M. 伍茨. 文化变迁 [M]. 何瑞福，译. 石家庄：河北人民出版社，1989.

[164] [美] 克利福德·吉尔兹. 地方性知识 [M]. 王海龙，张家暄，译. 北京：中央编译出版社，2000.

[165] [美] 孔飞力. 中华帝国晚期的叛乱及其敌人 [M]. 谢亮生，杨品泉，谢思炜，译. 北京：中国社会科学出版社，1990.

[166] [美] 拉铁摩尔. 中国的亚洲内陆边疆 [M]. 唐晓峰，译. 南京：江苏人民出版社，2005.

[167] [美] 劳伦斯·罗森. 法律与文化——一位法律人类学家的邀请 [M]. 彭艳崇，译. 北京：法律出版社，2011.

[168] [美] 理查德·A. 波斯纳. 正义/司法的经济学 [M]. 苏力，译. 北京：中国政法大学出版社，2002.

[169] [美] 露丝·本尼迪克. 文化模式 [M]. 何锡章，黄欢，译. 北京：华夏出版社，1987.

[170] [美] 路易斯·亨利·摩尔根. 古代社会 [M]. 杨东莼，马雍，马巨，译. 北京：编译出版社，2007.

[171] [美] 罗伯特·彼·埃克瓦尔. 西藏的地平线 [M]. 刘耀华，译. 拉萨：西藏人民出版社，1992.

[172]［美］罗纳托·罗萨尔多. 伊隆戈人的猎头：一项社会与历史的研究［M］. 张经纬，黄向春，黄瑜，译. 北京：北京大学出版社，2012.

[173]［美］罗斯科·庞德. 通过法律的社会控制［M］. 沈宗灵，译. 北京：商务印书馆，2010.

[174]［美］玛格丽特·米德. 萨摩亚人的成年［M］. 周晓红，李姚军，刘婧，译. 北京：商务印书馆，2010.

[175]［德］马克思. 摩尔根《古代社会》一书摘要［M］. 北京：人民出版社，1975.

[176]［英］马林诺夫斯基. 原始社会的犯罪与习俗［M］. 原江，译. 昆明：云南人民出版社，2002.

[177]［美］马文·哈里斯. 母牛·猪·战争·妖巫——人类文化之谜［M］. 王艺，李红雨，译. 上海：上海文艺出版社，1990.

[178]［美］马修·戴弗雷姆. 法社会学讲义. 学术脉络与理论体系［M］. 郭星华，邢朝国，梁坤，译. 北京：北京大学出版社，2010.

[179]［美］梅·戈尔斯坦. 喇嘛王国的覆灭［M］. 杜永彬，译. 北京：中国藏学出版社，2005.

[180]［法］孟德斯鸠. 论法的精神［M］. 张雁深，译. 北京：商务印书馆，1961.

[181]［美］摩尔根. 美洲土著的房屋和家庭生活［M］. 李培茱，译. 北京：中国社会科学出版社，1985.

[182]［美］穆黛安. 华南海盗：1790—1810［M］. 刘平，译. 北京：中国社会科学出版社，1997.

[183]［美］萨林斯. 石器时代经济学［M］. 张经纬，郑少雄，张帆，译. 北京：生活·读书·新知三联书店，2009.

[184]［法］石泰安. 西藏的文明［M］. 耿昇，译. 北京：中国藏学出版社，2012.

[185]［美］斯科特. 农民的道义经济学：东南亚的反叛与生存［M］. 程立显，刘建，译. 南京：译林出版社，2001.

[186]［英］W. W. 福格森. 青康藏区的冒险生涯［M］. 张文武，译. 拉萨：西藏人民出版社，2003.

［187］［英］西蒙·罗伯茨. 秩序与争议——法律人类学导论［M］. 沈伟, 张铮, 译. 上海: 上海交通大学出版社, 2012.

［188］［奥］尤根·埃利希. 法律社会学基本原理［M］. 叶名怡, 译. 北京: 九州出版社, 2007.

［189］［美］珍妮·理查森·汉克斯. 文化的解读［M］. 刘晓红, 主译; 李子贤, 审校. 昆明: 云南大学出版社, 2002.

二、期刊论文

［1］曹正力. 试比较近代卫藏贵族与西康土司的对内统治差异［J］. 四川民族学院学报, 2015 (3).

［2］陈升朝. 瞻化县差徭问题之剖析［J］. 康导月刊, 1940 (5).

［3］陈一石. 清代瞻对事件在藏族地区的历史地位与影响 (一)［J］. 西藏研究, 1986 (1).

［4］陈一石. 清代瞻对事件在藏族地区的历史地位与影响 (二)［J］. 西藏研究, 1986 (2).

［5］格勒. 略论康巴人和康巴文化［J］. 中国藏学, 2004 (3).

［6］［意］古瑟普·詹纳. 西藏拉萨出土的古人类遗骸［J］. 杨元芳, 陈宗祥, 译. 中国藏学, 1990 (4).

［7］郎维伟, 张晓红, 郎臻. 1955—1960年四川康区民主改革与社会结构变迁［J］. 西藏研究, 2009 (1).

［8］李丽. 简论历史上果洛藏族的尚武精神［J］. 中央民族大学学报, 1994 (4).

［9］李龙江. 乾隆时期郭罗克部落"夹坝"活动述论［J］. 青海民族研究, 2016 (1).

［10］李学琴. 从《格萨尔》看古代藏族部落社会的伦理道德［J］. 西藏研究, 1992 (4).

［11］李中定. 康区的习惯法［J］. 边疆通讯, 1943 (1).

［12］卢梅. 国家权力扩张下的民族地方政治秩序建构: 晚晴康区改流中的制度性选择［J］. 民族研究, 2008 (5).

［13］马烈. 民国时期匪患探源［J］. 江海学刊, 1995 (4).

［14］穆赤·云登嘉措. 藏区习惯法"回潮"问题研究［J］. 法律科学, 2011 (3).

［15］尼玛扎西. 新时期康区研究的历史突破［J］. 中国中学, 2007

（3）.

[16] 欧阳枢北. 瞻化土酋之过去与现在［J］. 康导月刊，1939（12）.

[17] 彭向前. 读史札记：正史胡语考释四则［J］. 青海民族大学学报，2012（3）.

[18] 羌生. 西康的几个习惯法［J］. 边事研究，1936（6）.

[19] 上官剑壁. 瞻对土司布鲁曼兵变杂议［J］. 西南民族学院学报，1980（1）.

[20] 石硕，邹立波. 康藏史研究综述［J］. 西藏大学学报，2011（4）.

[21] 石硕. 近十年大陆学者对康区的研究及新趋势［J］. 西南民族大学学报，2011（12）.

[22] 英华. 康人农业家庭组织研究［J］. 边政公论，1944（6）.

[23] 谭英华. 康人农业家庭组织研究［J］. 边政公论，1944（6）.

[24] 王海兵. 乱世求存：民国时期乡城地区的土头统治［J］. 西南民族大学学报，2013（6）.

[25] 王立. 法与魏晋南北朝复仇文学［J］. 社会科学研究，1991（3）.

[26] 王瑕. 榆科见闻记［J］. 康导月刊，1938（1）.

[27] 王治. 青稞的由来和发展［J］. 农业考古，1991（1）.

[28] 旺希卓玛. 20世纪上半期中国人类学者对藏族牧民的研究［J］. 中国藏学，2012（1）.

[29] 文格. 藏族习惯法在部分地区回潮的原因分析［J］. 青海民族研究，1999（3）.

[30] 萧文哲. 改进西康司法之商榷［J］. 东方杂志，1938（6）.

[31] 熊征. 20世纪以来藏族部落纠纷解决方式研究述论［J］. 青海民族研究，2013（1）.

[32] 许文超. 瞻化上瞻区日巴与哈洼两村之纠纷［J］. 康导月刊，1939（7）.

[33] 杨虚生. 穷穷工布死后之瞻化政途［J］. 新西康，1938（1）.

[34] 杨仲华. 西康之概况［J］. 新亚细亚，1931（3）.

[35] 毅公. 乡人好赌与抢劫之因果［J］. 戍声周报，1937（54）.

[36] 玉珠措姆. 瞻对工布朗结在康区兴起的探析［J］. 中国藏学，2014（2）.

[37] 玉珠措姆. 瞻对工布朗结事件对清末汉藏关系的影响［J］. 中国藏

学，2015（2）.

[38] 袁剑. 人类学视野下的中国边疆史［J］. 读书，2009（4）.

[39] 扎洛. 清末民族国家建设与赵尔丰在康区的法制改革［J］. 民族研究，2014（1）.

[40] 张剑源. 通过风俗的法律研究：解释力、局限及未来可能［J］. 思想战线，2013（4）.

[41] 中国人民银行西藏自治区分行金融研究所. 西藏地方政府近代金融机构一"造币"厂［J］. 西藏金融，1989（3）.

[42] 朱勇，成亚平. 冲突与统一——中国古代社会中的亲情义务与法律义务［J］. 中国社会科学，1996（1）.

[43] 朱祖明. 改流前之瞻化土司［J］. 康导月刊，1939（1）.

三、学位论文

[1] 才秀吉. 民国时期青海藏区的藏族土匪研究［D］. 拉萨：西藏大学，2014.

[2] 陈洲. 金沙江畔三岩的纠纷解决机制研究——社会控制规范化的一个视角［D］. 广州：中山大学，2008.

[3] 迟玉花. 当代藏区村落社会研究［D］. 兰州：兰州大学，2013.

[4] 淡乐蓉. 藏族"赔命价"习惯法研究［D］. 济南：山东大学，2010.

[5] 甘措. 藏族法律文化研究［D］. 北京：中央民族大学，2005.

[6] 胡伟. 1952—1953年西南地区司法改革运动研究［D］. 成都：西南政法大学，2008.

[7] 黄天华. 国家整合与边疆政治：以西康建省为考察中心（1906—1949）［D］. 成都：四川大学，2008.

四、英文文献

[1] Anatoly M. Khazanov. Nomads and the outside world［M］. Madison：University of Wisconsin Press，1994.

[2] Black-Michaud J. Cohesive force：feud in the mediterranean and the middle east［M］. New York：St. Martin's Press，1975.

[3] Epstein, Lwarence (eds.). Khams pa histories：visions of people, place and authority［C］//PIATS 2000：tibetan Studies：proceedings of the ninth seminar of the International Association for Tibetan Studies, Lei-

den 2000. Leiden, Boston & Koln: Brill, 2002.

［4］Geertz C. "Local knowledge: fact and Law in comparative perspective". in C. Geertz, local knowledge ［M］. New York: Basis Press, 1983.

［5］Gulliver P. H. Introduction to Case Studies of Law in Non-Western Societies ［C］//In Laura Nader (ed.). Law in Culture and Society. Chicago: Aldine Publishing Co, 1969.

［6］Janet Hoskins. Headhunting and the social imagination in southeast asia ［M］. California: Stanford University Press, 1992.

［7］Karl N. Llewellyn, E. Adamson hoebel. The cheyenne way ［M］. Norman: University of Oklahoma Press, 1941.

［8］Mukkerjee, Anima. Pattern of polyandrous society with particular ［J］. Man in India, 1950.

［9］Michael Aris, Patrick R. Booz. Lamas, princes, and brigands: joseh rock's photographs of the tibetan borderlands of China ［M］. New York: China House Gallery, China Institute in America, 1992.

［10］Nader L. The anthropological study of law ［J］. American Anthropologist 67, 1965 (6).

［11］Relyea, Scott. Gazing at the tibetan plateau: sovereignty and chinese state expansion in the early twentieth Century ［D］. Chicago: The University of Chicago, 2010.

［12］Robert B. Ekvall. Law and the individual among the tibetan nomads ［J］. American Anthropologist, 1964 (66).

［13］Robert B. Ekvall. Fields on the hoof ［M］. New York: Waveland Press, 1983.

［14］Sally Falk Moore. Certainties undone: fifty turbulent years of legal anthropology, 1949—1999 ［J］. The Journal of the Royal Anthropological Institute, 2001 (7).

［15］Wang, Xiuyu. China's last imperial frontier: statecraft and locality in qing kham tibet, 1890—1911 ［D］. Pittsburgh: Carnegie Mellon University, 2006.

［16］Wang, Xiuyu. China's last imperial frontier: late qing expansion in sichuan's tibetan borderlands ［M］. New York, Toronto & Plymouth,

UK: Lexington Books, 2011.

[17] Yudru Tsomu. Local aspirations and national constriants: a case study of nyarong gonpo namgyel and his rise to power in kham (1836—1865) [D]. Cambridge: Harvard University, 2006.

后 记

俗话说，巧妇难为无米之炊，为了更好地完成本研究，也为了更好地了解藏族文化，我分别于2013年和2014年两次入甘孜藏族自治州新龙县进行田野调查。田野调查过程可谓五味杂陈，其中既有获得理想资料的喜悦又有碰壁时的沮丧，既享受到雪域美景又无时不思念远方的家人。可是，不管怎么说，这都是我人生最独特的旅程与宝贵的财富。因此，值本书付梓之际，回首过往经历，心中不免颇多感慨。借此机会，我想向以各种形式为本书提供支持与帮助的人表示感谢。如有疏漏，笔者在此深表歉意。

授业恩师何国强教授是我从事藏学研究的引路人。本书的选题到研究框架的设计、田野调查点的选择到资料的查找、写作思路的分析到研究问题的探讨，无不凝结了何教授的智慧与心血。在我想放弃的时候，何教授多次给我打电话，给我鼓劲；当我遇到困难的时候，何教授总是会伸出援助之手。在此，我特别感谢何教授对我的关怀与帮助。

同时，我还要感谢在田野调查过程中给予我帮助的每一个人。新龙县档案局全体工作人员给笔者的资料查阅提供了极大的便利。可以说，没有他们的帮助，就不可能有本书的出版。沙堆、日巴、大盖、绕鲁等地方的那些朴实的藏族群众接纳了我这个外来人，虽然我们存在语言上的沟通障碍，但他们还是尽量给予我各方面的帮助。例如，为本书提供重要材料的真正、吉美俄泽、仁青等报道人，他们善良、乐于助人、诚恳的品格，也深深地感动了我。更需感谢的是我的房东吴朱卡、娃朱父子，他们照料我的生活，充当我的翻译。

感谢李何春、李亚锋、王晓等诸位同门。每一次相聚，他们不仅耐心地听取我的研究报告，还提出许多有益的参考意见。感谢各位同窗好友，虽然大家来自天南地北，但相聚便为缘分，感谢他们的支持与帮助。

感谢中山大学出版社嵇春霞编辑对本书的付出，倘若没有她的鼎力支持，本书的出版不会如此顺利。

感谢父母亲的支持与理解，感谢妻子罗世华女士的陪伴与扶持。求学路虽艰辛，但他们的支持与理解让已过而立之年的我并不孤单。对他们，我心永存愧疚，唯有激励自身不断进步，以此作为回报。

最后，我想说，地方社会的暴力民风是一项敏感而复杂的问题，本书的出版不是对"夹坝"民风研究的了结，而是对此问题研究的一个开始，欢迎学界同仁继续深入研究，也欢迎读者不吝赐教。

罗波

2016 年 10 月 22 日